論語相長

論語
孟子

相長

下권

論語

相長 下

초판 1쇄 발행 2022년 1월 20일

옮긴이 이산(移山) 강경우 외
펴낸이 이기봉
편집 좋은땅 편집팀
표지그림 강보라
디자인 이산(移山) 강경우
펴낸곳 도서출판 좋은땅
주소 서울특별시 마포구 양화로12길 26 지월드빌딩(서교동 395-7)
전화 02)374-8616~7
팩스 02)374-8614
이메일 gworldbook@naver.com
홈페이지 www.g-world.co.kr

ISBN 979-11-388-0563-6 (04140)
979-11-388-0561-2 (세트)

論語相長

공자(孔子) 지음

이산(移山) 강경우 옮김

下권

옮긴이의 글 ◈

논어상장(論語相長)과 함께 하며

늦은 나이에 책을 읽기 시작했고 지금까지 살아오면서 느껴보지 못했던 독서 삼매경(三昧境)에 빠졌다. 그러다가 '인문학이 이렇고, 고전이 저렇고'라는 책들을 접하면서 나도 '오래된 책(古典)들을 읽어야만 하는가?' 회의와 갈등에 고민하다가 동양고전 '논어(論語)'를 읽기로 정하고 첫 장을 펼쳤는데 뭔가 모를 미묘한 감정이 엄습해 왔다. 아마도 어마어마한 시간과 공간의 다름이 나를 짓눌렀다. 성인 (聖人) 공자(孔子)를 뵙기 위해 타임머신을 타고 2,500년을 거슬러 고조선, 중국 춘추시대로 여행을 나는 왜 떠나려고 하는가? 우문(愚問)에 우답(愚答)을 나 자신에게 하면서 "그래, 고전을 읽으려면 이 정도는 읽어야지!" 이렇게 여행은 시작이 되었고 하지만 고행(苦行)의 여정이 기다리고 있었다. "학이시습지(學而時習之), 불역열호?(不亦說乎?)" "배우고 때때로 익히면, 또한 기쁘지 아니한가?" 알기는 알겠는데 무슨 말인지 이해가 되지 않고, 이해는 되는데 알지 못하다니, 배우고 시험치기 전날에 벼락치기로 공부하면 되는데 왜 때때로 공부해야 되는가? 그리고 공부하는 것이 어떻게 기쁠까? 또 모르는 한자들은 왜 이렇게 많은지, 결국 논어 책을 던져버리고 나 자신을 합리화 했다. '역시 고물 책은 나하고는 안 맞아'. 포기하고 책장에 고이 모셔두었다.

얼마가 지났을까? 책장에서 잠자고 있던 논어(論語)가 말을 한다.

'2500여 년을 살아남아 지혜를 전하는 동양 최고의 인문고전'이라고 한다. 그 미묘한 감정, 어마어마한 시간과 공간의 다름, 시대를 뛰어넘어야 하기에 힘들었는지도 모르겠다. 그래서 2,500년 전 춘추시대를 공부하기로 하고 사마천의 사기열전과 풍몽룡의 열국지를 읽었다. 그리고 다시 논어 책을 펼쳤는데 나를 밀어내지 않았으며 덜 서먹하였다. 그리고 논어 모임인 '논어상장(論語相長)'을 만들어 선배들과 함께한 지 4년이라는 시간이 지났다. 하지만 책마다 해석이 다르고, 우리말 해석이 더 이해가 안되고, 또 의역(意譯)이 너무 심하여 헤매기를 수십 번 하였다. 의역(意譯)이 아니라 직역(直譯)에 중점을 두고 혼자서도 재미있고 쉽게 공부할 수 있는 논어(論語) 책이 있었으면 좋겠다는 생각에 원문을 '문법'에 맞춰 '직역'으로 해석하고, 문법적 해석과 내 생각을 조금 추가하여 '논어(論語)' 문장을 썼으며, 이 문장으로 논어상장(論語相長) 선배들과 함께 생각을 공유하면서 잘못된 부분을 수정하였다. 이렇게 함께 하기를 4년이 되어 드디어 '논어상장(論語相長)'이라고 책 이름을 정하고 논어((論語)를 옮기게 되었다.

이 모든 것이 나 혼자였다면 불가능했을 것이며, 선배들과 함께 하였기에 가능했으며, 특히 처음부터 끝까지 꼼꼼하게 교정에 참여했던 서경은 선배와 장호근 선배에게 감사를 드리고 싶습니다. 그리고 함께 했던 논어상장(論語相長) 모든 선배들에게 고마움을 전하며, 출간을 도와주신 분들께도 진심으로 감사드립니다.

마지막으로 미진함과 부족함이 있다면 계속해서 수정·보완할 것이며 독자들의 진심 어린 충고를 기다립니다.

2022년 1월
이산(移山) 강경우

차례 ◈

일러두기 ◈

1. 논어 원문 해석을 '문법'에 맞춰 '직역'으로 해석하였다.
〈 〉내의 해석은 원문에는 없지만 예상되는 내용을 추가하여
이해를 돕고자 하였으며, ( ) 내의 해석은 원문에 있는 내용을
이해하기 쉽게 의역을 한 것이다. 〈 〉, ( )내의 해석들도
또한 원문의 내용을 크게 거스르지 않았으며, 〈 〉, ( )내의
해석을 생략하고 해석하면 '직역'으로 해석하는 것이 된다.

2. 문법적 해석은 문법에 맞춰 설명한 것으로, 1편부터 20편까지
같은 문법을 계속 반복하여 나중에는 자연스럽게 기억할 수 있다.

3. '자왈(子曰)'을 '선생님께서 말씀하셨다'라고 해석하는 대신에
글자 그대로 '자왈(子曰)'로 해석하였다.

4. 한 문장의 마지막 부분은 원문의 내용을 담고 있으면서도 유머
스럽고 간략한 문장으로 마무리하였다.

5. 부록에 '한문 문법'를 첨부하여 본문과 대조하면서 쉽게 문법을
이해할 수 있도록 하였다.

6. 참고한 주요 문헌은 아래와 같다.

> 論語集註/詩經集註/大學·中庸集註/孟子集註(성백효, 한국인문고전
> 연구소), 論語(김형찬, 홍익출판사), 논어의 문법적 이해(류종목, 문학과
> 지성사), 孟子(박경환, 홍익출판사), 詩經(심영환, 홍익출판사), 大學·
> 中庸(김미경, 홍익출판사), 史記列傳/史記本紀(사마천·김원중, 민음사)
> 孔子家語(임동석, 동서문화사), 東周列國志(김영문역, 글항아리),
> 四書集解辭典(연세대학교 사서사전편찬실, 성보사), 虛詞大辭典(연세대학교
> 허사사전편찬실, 성보사), 明心寶鑑(秋適, 池濬 譯註), 漢文文法 理解(류재윤,
> 신아사), 漢文文法(김태수, 한국학술정본ㅣ주ㅣ), 漢文文法(이상진, 전통문화
> 연구소), 老子(최재목역주, 을유문화사), 莊子(장자, 김학주 옮김, 연암서가).

顔淵

12.
顔淵
篇

24章

12.顔淵篇. 1章

顔淵問仁, 子曰 "克己復禮爲仁.
一日克己復禮, 天下歸仁焉.
爲仁由己, 而由人乎哉?" 顔淵曰 "請問其目."
子曰 "非禮勿視, 非禮勿聽, 非禮勿言, 非禮勿動."
顔淵曰 "回雖不敏, 請事斯語矣."

안연문인, 자왈 "극기복례위인. 일일극기복례, 천하귀인언. 위인유기, 이유인호재?"
안연왈 "청문기목." 자왈 비례물시, 비례물청, 비례물언, 비례물동." 안연왈 "회수불민,
청사사어의."

안연이 인을 묻자, 자왈 "자기를 이겨 예로 돌아가는 것이 인을
하는 것이다. 하루라도 자기를 이겨 예로 돌아가면, 천하가
인에 귀의할 것이다. 인을 하는 것이 자신에게서 말미하는(달려
있는) 것이지, 남에게서 말미하겠는가(달려 있겠는가)?" 안연이
말하였다. "청컨대 그 조목을 묻습니다." 자왈 "예가 아니면
보지 말고, 예가 아니면 듣지 말며, 예가 아니면 말하지 말고,
예가 아니면 움직이지 말아라." 안연이 말하였다. "제가 비록
총명하지는 못하나, 청컨대 이 말씀에 힘쓰겠습니다."

克:이길극 復:돌아올복/회복할복 由:말미암을유 請:청할청/청컨대청 目:조목목
視:볼시 聽:들을청 敏:민첩할민/총명할민 事:힘쓸사/일삼을사

문법(文法)적 해석

1) 克己復禮爲仁:자기를 이겨 예로 돌아가는 것이 인을 하는 것이다.
  - 己:자기, 자기 자신/1인칭 대명사.
  - 爲:爲+명사는 '~하다'로 해석하며, 목적어의 성격에 따라 그 뜻을
   적절하게 해석할 수 있다.
2) 爲仁由己, 而由人乎哉?:인을 하는 것이 자신에게서 말미하는
   (달려 있는) 것이지, 남에게서 말미하겠는가(달려 있겠는가)?
  - 由(유):말미암다, 따르다.
  - 乎哉(호재):의문과 반문의 어기를 나타내는 종결사.

3) 請問其目:청컨대 그 조목을 묻습니다.
  - 請(청):청컨대, 부디/부사.
  - 目(목):조목(條目), 항목(項目), 목록(目錄).
4) 非禮勿視:예가 아니면 보지 말고,
  - 非:~ 아니면/부정적인 조건을 나타낼 때 쓰기도 하고, 바로 뒤에
    어떤 대상을 명사어로 설정하여 부정하기도 한다.
5) 回雖不敏, 請事斯語矣:제가 비록 총명하지는 못하나,
    청컨대 이 말씀에 힘쓰겠습니다.
  - 雖(수):비록~ 할지라도/조건, 양보의 부사이며, 주어는 雖앞에
    쓰는 것이 일반적이다.
  - 敏(민):총명(聰明)하다, 영리(怜悧)하다, 민첩(敏捷)하다.
  - 事(사):힘쓰다, 노력(努力)하다, 일삼다, 종사(從事)하다, 섬기다.
  - 矣(의):서술, 단정 종결사로 '확신'을 나타낸다.

자기를 이겨 예禮로 돌아가는 것이 인을 하는 것克己復禮爲仁이다.
자기를 이긴다克己?
그리고 그 조목目은 예禮가 아니면 모두 하지 말라고 하는구나.

仲弓問仁, 子曰"出門如見大賓, 使民如承大祭,
己所不欲, 勿施於人. 在邦無怨, 在家無怨."
仲弓曰"雍雖不敏, 請事斯語矣."

중궁문인, 자왈 "출문여견대빈, 사민여승대제, 기소불욕, 물시어인. 재방무원, 재가무원."
중궁왈 "옹수불민, 청사사어의."

중궁이 인을 묻자, 자왈 "문을 나가서는 큰 손님을 뵙는 듯이
하고, 백성을 부릴 때에는 큰 제사를 받들 듯이 하며,
자신이 하고자 하지 않는 것을 남에게 베풀지 말아라.
〈그러면〉 나라에 있어서도 원한이 없고, 집안에 있어서도
원한이 없을 것이다." 중궁이 말했다. "제가 비록 총명하지는
못하나, 청컨대 이 말씀에 힘쓰겠습니다."

賓:손빈 承:받들승/이을승 施:베풀시 雍:화할옹

문법(文法)적 해석

1) 仲弓(중궁):공자보다 29세 아래의 제자로 성은 염(冉)이고,
   이름은 옹(雍)이며, 자는 중궁(仲弓)이고, 노나라 사람이며,
   공자의 제자 중에 덕행(德行)으로 유명하였다.
2) 出門如見大賓, 使民如承大祭:문을 나가서는 큰 손님을 뵙는 듯이
   하고, 백성을 부릴 때에는 큰 제사를 받들 듯이 하며,
   - 如(여):~와 같다, ~듯 하다/비교 형용사로 뒤 문장이 명사구
   이며, 보어이다.
   - 大賓(대빈):큰 손님, 귀빈.
   - 使(사):부리다, 시키다/타동사이며, 주로 보조사로 쓰이지만,
   뒤에 술어가 아닌 목적어(명사/명사구)가 오면 타동사가 된다.
   - 承(승):받들다, 받다, 받아들이다.
3) 己所不欲, 勿施於人:자신이 하고자 하지 않는 것을,
   남에게 베풀지 말아라.
   - 所:~바(것), ~하는 사람/所+술어가 오며, 불완전명사(의존명사),

또는 특수 지시대명사이고, 주어는 대체로 所앞에 온다.
- 施(시):베풀다, 행하다, 시행하다.
- 勿(물):~말라/금지 보조사.
- 於:~에/보어와 목적어 앞에 위치하며, 처소, 대상의 전치사이다.
- 人:남/부정칭 대명사.

4) 在邦無怨, 在家無怨:〈그러면〉 나라에 있어서도 원한이 없고,
   집안에 있어서도 원한이 없을 것이다.
- 無:존재동사로써, '禮'를 보어로 취하며, 보어를 주어처럼
  해석한다.

5) 雍雖不敏, 請事斯語矣:제가 비록 총명하지는 못하나,
   청컨대 이 말씀에 힘쓰겠습니다.
- 雍(옹):仲弓(중궁)의 이름이다.
- 雖(수):비록~ 할지라도/조건, 양보의 부사이며, 주어는 雖앞에
  쓰는 것이 일반적이다.
- 事(사):힘쓰다, 노력(努力)하다, 일삼다, 종사(從事)하다, 섬기다.

인仁이란 큰 손님을 보듯이, 큰 제사를 받들 듯이,
내가 원하지 않는 것을 남에게 베풀지 않는다 己所不欲, 勿施於人.
남이 원하지 않는 것을 남에게 베풀지 않는다 人所不欲, 勿施於人?

12.顔淵篇. 3章

司馬牛問仁, 子曰 "仁者, 其言也訒."
曰 "其言也訒, 斯謂之仁矣乎?"
子曰 "爲之難, 言之得無訒乎?"

사마우문인, 자왈 "인자, 기언야인." 왈 "기언야인, 사위지인의호?"
자왈 "위지난, 언지득무인호?"

사마우가 인을 묻자, 자왈 "인한 사람은 그 말은 참아서(조심해서) 한다." 〈사마우가〉 말하였다. "그 말이 참아서(조심해서) 하면, 이를 인이라고 말합니까?" 자왈 이를 하는 것이 어려우니, 말을 참아서(조심해서) 하지 않을 수 있겠는가?"

司:맡을사 訒:말더듬을인/참을인

문법(文法)적 해석

1) 司馬牛(사마우):공자의 제자로, 성은 사마(司馬), 이름은 경(耕) 또는 리(犁)이며 자는 자우(子牛)이고, 송나라 사람이며 나무를 뽑아 공자를 죽이려고 했던 사마환(상)퇴(司馬桓[尙]魋)의 동생 이고, 말이 많고 조급한 사람이었다.

2) 其言也訒, 斯謂之仁矣乎?:그 말이 참아서(조심해서) 하면, 이를 인이라고 말합니까?
 - 其:그, 자기, 자기 자신/3인칭 대명사이며, '일반적인 사람'을 가리킨다고 할 수 있다.
 - 也:~는(은), ~이(가)/주격 후치사.
 - 訒(인):참다, 조심하다, 말을 더듬다, 함부로 말하지 아니하다.
 - 斯:~면/가정, 조건의 접속사.
 - 矣乎(의호):의(矣)는 이미 그러한 것 혹은 장차 그러한 것을 나타 내고, 호(乎)는 의문의 어기를 나타내는 종결사이다.

3) 爲之難:이를 하는 것이 어려우니,
 - 爲:爲+(대)명사는 '~하다'로 해석.

4) 言之得無訒乎?:말을 참아서(조심해서) 하지 않을 수 있겠는가?

- 之:목적어 '言'를 강조하기 위해 앞으로 도치하고, 목적격 후치사 '之'를 목적어와 술어 사이에 쓴 것이다.
- 得:~할 수 있다/가능의 보조사.
- 無:~않다/부정 보조사로, 동사 앞에 위치하며 不과 같다.
- 乎:의문, 반문의 어기를 나타내는 의문 종결사.

조심訒하다. 인仁에 대한 답이 사람마다 다르다.
공자께서는 인仁에 대해서 그 사람의 눈높이와 성격에 따라
적절한 답변을 하셨구나.

仁 | 訒

能近取譬, 可謂仁之方也已

가까운 데에서 취해서 비유할 수 있다면(깨달음을 얻을 수 있다면)
인의 방법이라고 말할 수 있다.

12.顔淵篇. 4章

司馬牛問君子, 子曰 "君子不憂不懼."
曰 "不憂不懼, 斯謂之君子矣乎?"
子曰 "內省不疚, 夫何憂何懼?"

사마우문군자, 자왈 "군자불우불구." 왈 "불우불구, 사위지군자의호?"
자왈 "내성불구, 부하우하구?"

사마우가 군자를 묻자, 자왈 "군자는 근심하지 않고 두려워
하지 않는다." 〈사마우가〉 말하였다. 근심하지 않고 두려워
하지 않으면, 이를 군자라고 말합니까?" 자왈 "안으로 살펴서
꺼림직하지 않으면, 무엇을 걱정하고 무엇을 두려워하겠는가?"

憂:근심할우 懼:두려워할구 省:살필성 疚:고질병구/꺼림직할구

문법(文法)적 해석

1) 不憂不懼, 斯謂之君子矣乎?:근심하지 않고 두려워하지 않으면,
   이를 군자라고 말합니까?
   - 斯:~면/가정, 조건의 접속사.
2) 內省不疚:안으로 살펴서 꺼림칙하지 않으면,
   - 內:안으로/방향, 위치를 나타낼 경우, 동사 앞에 와서 부사로 쓰인다.
   - 疚(구):꺼림칙하다.
3) 夫何憂何懼?:무엇을 걱정하고 무엇을 두려워하겠는가?
   - 夫:발어사(發語詞)로 말을 시작하거나 문단을 바꿀 때 쓴다.
   - 何憂何懼:의문사가 동사의 목적어이일 경우에 동사 앞으로 도치된다.
4) 주희(朱熹)는 "사마우는 형 상퇴(尙魋)가 난을 일으켜서 항상 근심
   하고 두려워하였으므로 夫子께서 이로써 말씀한 것이다."라고 했다.

군자君子란 근심憂하지도 두려워懼하지도 않는다.
근심투성이, 두려움투성이라면 안內으로 꺼림직하단疚 말인가?

12.顔淵篇. 5章

司馬牛憂曰 "人皆有兄弟, 我獨亡."
子夏曰 "商聞之矣, 死生有命, 富貴在天.
君子敬而無失, 與人恭而有禮, 四海之內,
皆兄弟也. 君子何患乎無兄弟也?"

사마우우왈 "인개유형제, 아독무." 자하왈 "상문지의, 사생유명, 부귀재천.
군자경이무실, 여인공이유례, 사해지내, 개형제야. 군자하환호무형제야?"

사마우가 근심하면서 말하였다. "남들은 모두 형제가 있는데,
나만 홀로 없습니다." 자하가 말하였다. "내가 들으니, 죽음과
삶이 운명에 있고, 부와 귀함이 하늘에 있다고 합니다.
군자가 공경하고 잃음이 없으며, 남과 더불어 공손하고 예가
있으면, 사해의 안에 모두가 형제입니다. 군자가 어찌 형제가
없음을 근심하겠습니까?"

獨:홀로독 商:장사상 患:근심환

문법(文法)적 해석

1) 人皆有兄弟, 我獨亡:남들은 모두 형제가 있는데, 나만 홀로
   없습니다.
   - 人:남, 타인/부정칭 대명사.
   - 皆(개):모두/부사이며, 부정칭 인칭 대명사로 쓰이기도 한다.
   - 有:존재동사로써, 뒤 문장을 보어로 취하며, 보어를 주어처럼
     해석한다.
   - 獨(독):홀로, 오직, 유독/부사.
   - 亡(무):없다/無와 같다.
2) 子夏:공자보다 44세 아래의 제자로, 성은 복(卜)이고, 이름은
   상(商)이며 자는 자하(子夏)이고, 위나라 사람이다.
3) 商聞之矣, 死生有命, 富貴在天:내가 들으니, 죽음과 삶이 운명에
   있고, 부와 귀함이 하늘에 있다고 합니다.
   - 商(상):子夏(자하)의 이름이고, 자기 자신을 지칭할 때 이름으로 말한다.

- 之:무엇을 꼭 지칭하기 위해 쓰인 것이 아니라, 술어 뒤에 之가 붙음으로써 그 술어를 술어답게 만들어주는 어감을 얻고, 어세를 고르게 하기 위해 쓰인다. 만약 여기서 대명사, 목적어로 쓰였다면 문장 '死生有命, 富貴在天'를 가리킨다고 할 수 있으며, 해석하지 않아도 된다.
4) 與人恭而有禮:남과 더불어 공손하고 예가 있으면,
  - 與:~와 더불어, 함께/전치사.
  - 而:(만일, 만약) ~하면/가정, 조건을 나타내는 가정 접속사이다.
5) 四海之內, 皆兄弟也:사해의 안에 모두가 형제입니다.
  - 四海(사해):온 세상, 천하.
  - 皆(개):모두, 다/부정칭 인칭(지시) 대명사.
6) 君子何患乎無兄弟也?:군자가 어찌 형제가 없음을 근심하겠습니까?
  - 何:어찌/의문 부사.
  - 乎:~을(를)/일반적으로 타동사 뒤에는 전치사가 놓이지 않으나, 전치사가 놓이는 경우에는 목적어(절)로 해석한다.
  - 何~也:의문사 ~ 서술 종결사를 사용하여 의문의 뜻을 나타내는 경우이며, 여기서 也는 의문 종결사이다.

삶生과 죽음死이 운명命에 있고, 부富와 귀함貴이 하늘天에 있다?
어쩌란 말인가? 노력하란 말인가? 아니면 말라는 말인가?
삶生, 죽음死, 부富, 귀함貴, 신경 쓰지 말고,
하루하루 최선을 다해서 열심히 살라는 말이구나.

12.顔淵篇. 6章

子張問明, 子曰 "浸潤之譖, 膚受之愬,
不行焉, 可謂明也已矣. 浸潤之譖, 膚受之愬,
不行焉, 可謂遠也已矣."

자장문명, 자왈 "침윤지참, 부수지소, 불행언, 가위명야이의.
침윤지참, 부수지소, 불행언, 가위원야이의."

자장이 밝음을 묻자, 자왈 "〈서서히〉 젖어드는 참소, 피부가
받는 하소연이, 행해지지 않으면, 밝다고 이를 수 있다.
〈서서히〉 젖어드는 참소, 피부가 받는 하소연이, 행해지지
않으면, 멀다고(멀리 내다보는 안목이 있다고) 이를 수 있다."

張:베풀장 浸:젖을침/잠길침 潤:젖을윤/윤택할윤 譖:참소할참 膚:살갗부
愬:하소연할소

문법(文法)적 해석

1) 子張(자장):공자보다 48세 아래의 제자로, 성은 전손(顓孫)이고,
   이름은 사(師)이며 자는 자장(子張)이고, 진(陳)나라 사람이다.
2) 明(명):밝음, 명석함, 총명함을 말한다.
3) 浸潤之譖, 膚受之愬:〈서서히〉 젖어드는 참소, 피부가 받는 하소연이,
   - 浸潤(침윤):물이 배어들고 젖어들듯이 의식하지 못하는 사이에
     점점 스며들다.
   - 之:수식어+之+피수식어의 형태의 관형격 후치사로, 수식어가
     '동사구'이면, 해석은 '~(하)는, ~한'으로 한다.
   - 譖(참):참소(讒訴 · 譖訴), 헐뜯는 말, 참소(譖訴)하다, 헐뜯다.
   - 膚受(부수):피부가 받다, 피부에 와 닿는다.
   - 愬(소):하소연, 호소, 자신의 억울함을 하소연하는 것이다.
   - 이 두가지는 자장(子張)의 결함으로 인하여 말씀하였을 것이다.
4) 不行焉, 可謂明也已矣:행해지지 않으면, 밝다고 이를 수 있나.
   - 不:~면/부정 보조사 '不'로 인해, 이 절은 가정문이라 할 수 있다.

- 焉(언):문장의 중간이나 끝에 쓰여, 어기를 완화시키거나
  쉬어감을 나타낸다. 이런 경우에는 해석하지 않는다.
- 也已矣(야이의):긍정과 단정의 어기를 나타내는 종결사이다.
5) 可謂遠也已矣:멀다고(멀리 내다보는 안목이 있다고) 이를 수 있다.
- 遠(원):밝음이 지극한 것으로, 멀리까지 내다볼 안목이 있으며,
  매우 현명함을 말한다.

자신도 모르게 젖어들고浸潤 피부로 와닿는膚受 나쁜 짓,
그 나쁜 짓을 하지 않는다. 이것이 가능할까?

子張之短

[浸潤之譖
  膚受之愬]

不行焉, 可謂明遠也已矣

12.顔淵篇. 7章

子貢問政, 子曰 "足食, 足兵, 民信之矣."
子貢曰 "必不得已而去, 於斯三者何先?" 曰 "去兵."
子貢曰 "必不得已而去, 於斯二者何先?" 曰 "去食.
自古皆有死, 民無信不立."

자공문정, 자왈 "족식, 족병, 민신지의." 자공왈 "필부득이이거, 어사삼자하선?"
왈 "거병." 자공왈 "필부득이이거, 어사이자하선?" 왈 "거식. 자고개유사, 민무신불립."

자공이 정치를 묻자, 자왈 "식량을 풍족하게 하고, 군비를 풍족
하게 하고, 백성들이 믿도록 하는 것이다." 자공이 말하였다.
"반드시 부득이해서 버린다면, 이 세 가지에서 무엇을 먼저
하시겠습니까?" 자왈 "군비를 버린다." 자공이 말하였다.
"반드시 부득이해서 버린다면, 이 두 가지에서 무엇을 먼저
하시겠습니까?" 자왈 "식량을 버린다. 옛날부터 〈사람은〉
다 죽음이 있었다. 백성이 믿음이 없으면 설(존립할) 수 없다."

足:풍족할족/충분할족 去:갈거/버릴거

문법(文法)적 해석

1) 足食, 足兵, 民信之矣:식량을 풍족하게 하고, 군비를 풍족하게
   하고, 백성들이 믿도록 하는 것이다.
   - 足:충분(充分)하게 하다, 만족(滿足)하게 여기다, 풍족하게 하다.
   - 食(식):식량, 양식.
   - 兵(병):군대와 병기, 군비,
   - 之:무엇을 꼭 지칭하기 위해 쓰인 것이 아니라, 술어 뒤에 之가
     붙음으로써 그 술어를 술어답게 만들어주는 어감을 얻고, 어세를
     고르게 하기 위해 쓰인다. 해석하지 않아도 되지만 대명사, 목적어로
     본다면 '일반적인 사실'을 의미한다고 한 수 있다.
   - 矣(의):단정 종결사로 '확신'을 나타낸다.
2) 必不得已而去:반드시 부득이해서 버린다면,

- 不得已(부득이):마지못하여, 하는 수 없이, 어쩔 수 없이/관용어.
- 而:(만일, 만약) ~하면/가정, 조건을 나타내는 가정 접속사이다.
- 去(거):버리다, 없애다.
3) 於斯三者何先?:이 세 가지에서 무엇을 먼저 하시겠습니까?
- 於:~에(서)/보어와 목적어 앞에 위치하며, 처소, 대상의 전치사이며 보어를 강조하기 위해 문장 앞으로 도치된 것이라 할 수 있다.
- 斯(사):이(것)/지시대명사로써 '足食, 足兵, 民信'를 가리킨다.
- 者:의존명사(불완전명사) 또는 특수 지시대명사로 수사 '三'와 함께 명사구를 이루며, 언급한 것을 합산하여 ~가지, ~사람, ~것 등으로 해석할 수 있다.
- 何先:의문사가 동사의 목적어일 경우에 동사 앞으로 도치된다.
4) 自古皆有死, 民無信不立:옛날부터 〈사람은〉 다 죽음이 있었다. 백성이 믿음이 없으면 설(존립할) 수 없다.
- 自:~로 부터/출발 지점, 시간을 나타내는 전치사.
- 皆:다, 모두/부정칭 인칭 대명사.
- 無(不) ~, 不 ~ :앞 절(조건절) 부정, 뒤 절(결과절) 부정의 형태로, '~없으면(하지 않으면), ~하지 않는다'로 해석할 수 있다.

그 스승에 그 제자라!
자공子貢의 질문은 항상 대단하다. 그리고 끝까지 묻는다.
공문십철孔文十哲 중에 언어言語에는 자공子貢이라.

12. 顔淵篇. 8章

棘子成曰 "君子質而已矣, 何以文爲?"
子貢曰 "惜乎! 夫子之說君子也, 駟不及舌.
文猶質也, 質猶文也, 虎豹之鞹, 猶犬羊之鞹."

극자성왈 "군자질이이의, 하이문위?" 자공왈 "석호! 부자지설군자야, 사불급설.
문유질야, 질유문야, 호표지곽, 유견양지곽."

극자성이 말하였다. "군자는 본질(본래의 바탕) 뿐이니,
무엇 때문에 문식을 하십니까?" 자공이 말하였다. "애석하군요!
선생께서 군자에 대해 말한 것은, 사두마차도 〈선생의〉 혀를
이르지(따르지) 못할 것입니다. 문식은 본질과 같고, 본질은
문식과 같으며, 호랑이와 표범의 털 없는 가죽은 개와 양의
털 없는 가죽과 같은 것입니다."

棘:가시나무극　惜:애석할석/아낄석　駟:사마사　舌:혀설　豹:표범표
鞹:털없는가죽곽

문법(文法)적 해석

1) 棘子成(극자성):위(衛)나라 대부이다.
2) 君子質而已矣, 何以文爲?:군자는 본질(본래의 바탕) 뿐이니,
　무엇 때문에 문식을 하십니까?
　- 質(질):본질, 본래의 바탕, 즉 꾸미지 않은 질박함이다.
　- 而已矣:~일 뿐이다/한정 종결사.
　- 何以:무엇으로써, 무엇 때문에/의문사가 전치사의 목적어일
　　경우에 앞으로 도치된다. 以은 원인을 나타내는 전치사이다.
　- 文:문식, 겉모양이나 형식을 꾸며 질박하지 않다.
　- 爲:의문, 반문을 나타내는 종결사이며, 何와 奚와 함께 쓰인다.
3) 惜乎! 夫子之說君子也:애석하군요! 선생께서 군자에 대해 말한 것은,
　- 惜乎(석호):아깝다, 가엾다, 애석하다/감탄사로써, 놀람, ㄴ낌,
　　부름, 응답을 나타내며 독립어로 떨어져 문장 앞에 사용된다.
　- 之:~가(이), ~은(는)/주격 후치사.

- 也:~가(이), ~은(는)/앞 절 마지막 부분에 놓이거나, 병렬 문장의
  끝에 놓여 잠시 쉬어감을 나타내는 주격 후치사로 해석하지
  않아도 된다.
4) 駟不及舌:사두마차도 〈선생의〉 혀를 이르지(따르지) 못할 것입니다.
- 駟(사):네 마리 말이 끄는 수레, 사마(駟馬) 수레.
- 及(급):미치다, 닿다, 이르다, 도달(到達)하다.
5) 文猶質也, 質猶文也:문식은 본질과 같고, 본질은 문식과 같으며,
- 猶:~와 같다, ~듯 하다/비교 형용사로 보어 '質그리고 文'을
  취한다.
6) 虎豹之鞟, 猶犬羊之鞟:호랑이와 표범의 털 없는 가죽은 개와
  양의 털 없는 가죽과 같은 것입니다.
- 鞟(곽):털을 제거(除去)한 가죽, 생(날)가죽.
- 之:~의/관형격 후치사.
- 猶:~와 같다, ~듯 하다/비교 형용사로 보어구 '犬羊之鞟'을
  취한다.

질質과 문文이 모두 중요하구나.
호랑이와 표범, 개와 양, 모두 털이 없는 날가죽鞟은 똑같거늘,
역시 언어言語의 마술사, 자공子貢이다.
공자 또한 "겉모습과 바탕이 잘 빛난(조화를 이룬) 연후에 군자다운
것이다"라고 하셨구나. 文質彬彬, 然後君子. - 6.雍也篇.16章

哀公問於有若曰 "年饑, 用不足, 如之何?"
有若對曰 "盍徹乎?" 曰 "二, 吾猶不足,
如之何其徹也?" 對曰 "百姓足, 君孰與不足?
百姓不足, 君孰與足?"

애공문어유약왈 "년기, 용부족, 여지하?" 유약대왈 "합철호?" 왈 "이, 오유부족,
여지하기철야?" 대왈 "백성족, 군숙여부족? 백성부족, 군숙여족?"

애공이 유약에게 물었다. "한 해에 기근이 들어서, 쓰임(재정)이
부족하니, 어떻게 해야 하오?" 유약이 대답하였다. "어찌 철법
(10분의 1의 과세법)을 쓰지 않습니까?" 〈애공이〉 말하였다.
〈10분의〉 2도, 나는 오히려 부족하니, 어떻게 철법을 쓰겠습니까?"
〈유약이〉 대답하였다. "백성이 풍족하면, 군주가 누구와 더불어
부족하겠습니까?" 백성이 부족하면, 군주가 누구와 더불어
풍족하겠습니까?"

饑:굶주릴기 盍:어찌아니합/덮을합 徹:통할철

문법(文法)적 해석

1) 哀公(애공):노(魯)나라 임금으로, 성은 희(姬), 이름은 장(蔣)이며,
   애공(哀公)은 그의 시호이다.
2) 有若(유약):노(魯)나라 사람으로 공자의 제자이며, 자는 자유(子
   有)이다. 공자보다 43세 아래였고, 공자와 모습이 많이 닮았다고
   '사기열전'에서 전한다.
3) 年饑, 用不足, 如之何?:한 해에 기근이 들어서, 쓰임(재정)이
   부족하니, 어떻게 해야 하오?
   - 饑(기):흉년(凶年), 흉년(凶年)이 들다.
   - 用:쓰임, 재정, 비용, 국가의 재용을 말한다.
   - 如之何:관용어로 술어로는 '어떻게 할 것인가, 어떠하다'이며,
     부사어로 '어찌, 어떻게'로 해석한다.

4) 盍徹乎?:어찌 철법(10분의 1의 과세법)을 쓰지 않습니까?
  - 盍(합):어찌 ~ 하지 않는가. 何不과 같다.
  - 徹(철):'통하다, 균등하다'의 뜻으로, 주대(周代)의 조세법으로
    백성들은 10분의 9할을 얻고, 국가는 그 1할을 취하는데 이것을
    '徹'이라고 한다. 즉 수입의 10분의 1을 과세하는 법이다.
5) 二, 吾猶不足, 如之何其徹也?:〈10분의〉 2도, 나는 오히려 부족
    하니, 어떻게 철법을 쓰겠습니까?
  - 二:10분의 2를 말한다.
  - 猶(유):오히려/부사.
  - 如之何:어떻게, 어찌/부사어.
  - 其:의문사 뒤에 쓰여 어기를 돕는 후치사이고, 해석하지 않는다.
6) 百姓足, 君孰與不足?:백성이 풍족하면, 군주가 누구와 더불어
    부족하겠습니까?
  - ~면:의미상, 문맥상 가정문이다.
  - 孰與(숙여):누구와 더불어/의문사가 전치사의 목적어일 경우에
    도치된다.

백성百姓이 풍족足하다. 백성이 부족不足하다.
풍족足하고, 부족不足한 것은 나라님哀公의 잘못이 가장 크거늘
백성들만 힘들어하는 세상이었구나.

12.顔淵篇.10章

子張問崇德辨惑, 子曰 "主忠信, 徙義, 崇德也.
愛之欲其生, 惡之欲其死, 旣欲其生,
又欲其死, 是惑也. '誠不以富, 亦祇以異.'"

자장문숭덕변혹, 자왈 "주충신, 사의, 숭덕야.
애지욕기생, 오지욕기사, 기욕기생, 우욕기사, 시혹야. '성불이부, 역지이이.'"

자장이 덕을 높이고 미혹을 분별하는 것을 묻자, 자왈 "충성과
신의를 주로 하고, 의를 옮기는 것(실천하는 것)이, 덕을 높이는
것이다. 사랑할 때에는 그가 살기를 바라고, 미워할 때에는 그가
죽기를 바라는데, 이미 그가 살기를 바라고, 또 그가 죽기를
바라는 것이, 미혹이다. '진실로 부유하기 때문이 아니라,
또한 다만 기이하기 때문이다.'"

崇:높일숭 辨:분별할변 惑:미혹할혹 徙:옮길사 惡:미워할오 誠:진실로성
祇:다만지

문법(文法)적 해석

1) 徙義:의를 옮기는 것(실천하는 것)이,
   - 徙(사):옮기다, 실천하다, (도의에) 따라 살아가다.
2) 愛之欲其生, 惡之欲其死:사랑할 때에는 그가 살기를 바라고,
   미워할 때에는 그가 죽기를 바라는데,
   - 之:무엇을 꼭 지칭하기 위해 쓰인 것이 아니라, 술어 뒤에 之가
   붙음으로써 그 술어를 술어답게 만들어주는 어감을 얻고, 어세를
   고르게 하기 위해 쓰인다. 해석하지 않아도 되지만 대명사, 목적어로
   본다면 '일반적인 사람'을 의미한다고 할 수 있다.
   - 欲:하고자 하다, 바라다/타동사이며, 주로 보조사로 쓰이지만,
   뒤에 술어가 아닌 목적어(명사/명사구)가 오면 타동사가 된다.
   - 其:그, 자기, 자기 자신/3인칭 대명사이며, '일반적인 사람'을
   가리킨다고 할 수 있다.
   - 惡(오):미워하다, 싫어하다.

3) 旣欲其生, 又欲其死, 是惑也:이미 그가 살기를 바라고, 또 그가
   죽기를 바라는 것이, 미혹이다.
   - 旣~, 又 ~:이미~, 또 ~ /관용어.
   - 是:~이다/연계동사이며, 지시대명사로써 문장의 주어로는 거의
     쓰지 않으며, 주어인 '이것'의 뜻도 아니다. 주어와 보어 사이에
     놓여 이를 연결하는 역할을 하며, 주어는 앞 문장이라 할 수 있다.
4) 誠不以富, 亦祇以異:진실로 부유하기 때문이 아니라, 또한 다만
   기이하기 때문이다.
   - 誠(성):진실로, 정말로/부사.
   - 以:~때문에, 때문이다/동작이나 행위가 발생한 원인을 나타낸다.
     만약 '以'를 '~하다'로 해석하면, '진실로 부유하지도 못하고,
     또한 다만 기이하다'로 해석할 수 있으며, 옮긴이는 전자의 해석을
     따른다.
   - 祇(지):다만, 단지, ~할 뿐/부사.
   - 시경(詩經), 소아(小雅), 아행기야(我行其野), 즉 '들판에 나가'의
     끝부분으로 다른 나라에 시집간 여자가 남편이 더 이상 자신을
     돌볼 뜻이 없자 고향에 돌아갈 뜻을 노래했다. '부잣집 딸이
     아니라 색다르기 때문이다'라고 별다른 이유도 없이 색다르기에
     다른 여자에게 마음이 돌아선 자기 남편을 원망한 시이다.
     주희(朱熹)에 따르면 "정자(程子)는 '이 구절이 마땅히 제16편,
     계씨편, 12장의 앞에 있어야 한다.' "라고 하였다.

사랑하면 살기를 바라고愛之欲其生,
미워하면 죽기를 바란다惡之欲其死.
사랑하느냐愛, 미워하느냐惡에 따라 살고 죽다니,
이것이 미혹함惑이구나.

12.顏淵篇.11章

齊景公問政於孔子, 孔子對曰"君君, 臣臣,
父父, 子子." 公曰"善哉! 信如君不君, 臣不臣,
父不父, 子不子, 雖有粟, 吾得而食諸?"

제경공문정어공자, 공자대왈 "군군, 신신, 부부, 자자."
공왈 "선재! 신여군불군, 신불신, 부불부, 자부자, 수유속, 오득이식저?"

제나라 경공이 공자에게 정치를 묻자, 공자께서 대답하셨다.
"임금은 임금답고, 신하는 신하다우며, 아버지는 아버지답고,
자식은 자식다운 것입니다." 제경공이 말하였다. "훌륭합니다!
진실로 만약 임금이 임금답지 않고, 신하가 신하답지 않으며,
아버지가 아버지답지 않고, 자식이 자식답지 않다면,
비록 곡식이 있더라도 내가 그것을 먹을 수 있겠습니까?"

粟:곡식속/조속

문법(文法)적 해석

1) 齊景公:성이 강(姜), 이름이 저구(杵臼)이다. 공자는 노나라
   소공(昭公) 말년(기원전 517년)에 노나라 내란을 피해 제나라에
   갔을 때 제경공과 얘기를 나누었는데 공자 나이 대략 35살 때
   일이었다.
2) 君君, 臣臣, 父父, 子子:임금은 임금답고, 신하는 신하다우며,
   아버지는 아버지답고, 자식은 자식다운 것입니다.
   - 주희(朱熹)는 "이 때에 경공이 정권을 잃어서 대부인 진씨(陳氏)가
     나라에게 후하게 베풀었고, 경공이 또 안에 애첩이 많았고, 태자를
     세우지 않아서 그 군신, 부자간에 다 그 道를 잃었다. 그러므로
     부자께서 이로써 말씀하신 것이다."라고 하였다.
   - 君君:임금이 임금답다/뒤의 君은 명사가 형용사로 전성되어
     술어이다.
3) 善哉! 信如君不君:훌륭합니다! 진실로 만약 임금이 임금답지 않고,
   - 善:훌륭하다, 착하다, 좋다/형용사.

- 信如(신여):진실로 만약 ~면/信과 如는 가정 부사이다.
4) 雖有粟, 吾得而食諸?:비록 곡식이 있더라도, 내가 그것을 먹을
  수 있겠습니까?
- 雖:비록 ~일지라도/가정, 조건, 양보를 나타내는 부사.
- 有:존재동사로써, '粟'을 보어로 취하며, 보어를 주어처럼
  해석한다.
- 得而(득이):~할 수 있다/가능 보조사.
- 諸(저):대명사를 포함한 의문 및 반문 종결사로써 '之乎'와 같다.

정치政라는 것이 군군君君, 신신臣臣, 부부父父, 자자子子라!
먼저 사람의 질서道부터 바르게 해야 하는구나.

12.顔淵篇.12章

子曰 "片言可以折獄者, 其由也與!
子路無宿諾."

자왈 "편언가이절옥자, 기유야여! 자로무숙낙."

자왈 "한 마디 말로 송사를 결단(판결)할 수 있는 자는,
아마도 유일 것이다! 자로는 승낙한 것을 묵힘이 없었다."

片:조각편 折:결단할절/꺾을절 獄:송사옥/옥옥 宿:묵힐숙/잘숙 諾:승낙할낙

문법(文法)적 해석

1) 片言可以折獄者:한 마디 말로 송사를 결단(판결)할 수 있는 자는,
   - 片言(편언):한 조각의 말, 한 마디의 말.
   - 可以:~할 수 있다/가능 보조사.
   - 折(절):판결하다, 판단하다, 결단하다, 시비를 가리다.
2) 其由也與!:아마도 유일 것이다!
   - 其(기):아마(도)/동작이나 행위에 대한 추측을 나타내는 부사.
   - 由(유):자로(子路)의 이름이다.
   - 也與:~일 것이다/감탄, 긍정적인 추측의 어기를 나타내는
     종결사이다.
3) 子路無宿諾:자로는 승낙한 것을 묵힘이 없었다.
   - 宿(숙):묵혀 둠이며, 無宿은 말을 실천함에 급하여 승낙한 것을
     묵혀 두지 않은 것이다.
   - 諾(낙):허락하다.

가끔씩 공자님의 자로에 대한 칭찬.
아마도 자로는 성격이 급하여 일 처리諾도 빨리 했던 것 같다.

12.顔淵篇.13章

子曰 "聽訟, 吾猶人也. 必也使無訟乎!"

자왈 "청송, 오유인야. 필야사무송호!"

자왈 "송사를 판결하는 것은 나도 남들과 같다.
〈그러나〉 반드시 해야 할 것은 송사가 없게 하는 것이다."

聽:판결할청/다스릴청/들을청 **訟**:송사(할)송

문법(文法)적 해석

1) 聽訟, 吾猶人也:송사를 판결하는 것은 나도 남들과 같다.
   - 聽(청):판결(判決)하다, 판정(判定)하다, 심의하다.
   - 猶:~와 같다, ~듯 하다/비교 형용사로써 보어 '人'를 취한다.
2) 必也使無訟乎!:〈그러나〉 반드시 해야 할 것은 송사가 없게
   하는 것이다.
   - 也:부사격 후치사.
   - 使(사):~에게 ~하게 하다/사동보조사. 간접목적어가 생략되었다.
   - 乎:단정과 감탄의 의미를 포함한 종결사.
3) 주희(朱熹)에 따르면 "양시(楊時)는 '성인은 송사를 판결하는
   것은 어려움으로 여기지 않고, 백성으로 하여금 송사가 없게 함을
   귀하게 여겼다.'"고 하였다.

사람이 사는 세상에서 송사訟가 없다는 것이 가능할까?
아마도 사람 이상의 세상이거나 동물들의 세상이 아닐까?

12.顔淵篇.14章

子張問政, 子曰 "居之無倦, 行之以忠."

자장문정, 자왈 "거지무권, 행지이충."

자장이 정치를 묻자, 자왈 "〈위정자의〉 자리(관직)에 있을 때
게으름이 없으며, 충(진실된 마음)으로써 〈정사를〉 행해야 한다."

倦:게으를권

문법(文法)적 해석

1) 子張:공자보다 48세 아래의 제자로, 성은 전손(顓孫)이고,
   이름은 사(師)이며 자는 자장(子張)이고, 진(陳)나라 사람이다.
2) 居之無倦:〈위정자의〉 자리(관직)에 있을 때 게으름이 없으며,
  - 居:~있다, (처지에)놓여 있다.
  - 之:무엇을 꼭 지칭하기 위해 쓰인 것이 아니라, 술어 뒤에 之가
    붙음으로써 그 술어를 술어답게 만들어주는 어감을 얻고, 어세를
    고르게 하기 위해 쓰인다. 만약 여기서 대명사, 목적어로 쓰였다면
    '관직'을 가리킨다고 할 수 있다.
3) 行之以忠:충(진실된 마음)으로써 〈정사를〉 행해야 한다.
  - 以:~로써/'以'는 전성 전치사로 전치사를 수반한 부사구는
    문구 뒤에 위치하는 경우가 많다.
4) 주희(朱熹)에 따르면 "정자(程子)는 '자장은 仁이 적어 성심으로
   백성을 사랑함이 없었으니, 즉 반드시 게으르고 마음을 다하지
   않았을 것이다. 그러므로 이렇게 말씀하신 것이다.' "라고 하였다.

게으름倦은 모든 잘못의 근원이거늘,
자장子張은 게으르고倦, 진실된 마음, 충忠이 부족하였다.
이런 사람이 정치를 하면 나라가 게을러진다?

12.顔淵篇.15章

子曰 "博學於文, 約之以禮, 亦可以弗畔矣夫!"

자왈 "박학어문, 약지이례, 역가이불반의부!"

자왈 "글(학문)을 널리 배우고, 예로써 절제한다면,
또한 〈도리에〉 배반하지(어긋나지) 않을 수 있다.

博:넓을박 約:맺을약/절제할약 畔:배반할반

문법(文法)적 해석

1) 이 문장은 6편. 옹야(雍也)편. 25장에 다시 나왔다. 중출(重出).
2) 博學於文:글(학문)을 널리 배우고,
  - 於:~을(를)/일반적으로 타동사 뒤에는 전치사가 놓이지 않으나,
    전치사가 놓이는 경우에는 목적어로 해석한다.
  - 文:글을 포함한 넓은 의미의 학문을 의미한다.
3) 約之以禮:예로써 절제한다면,
  - 의미상, 문맥상 가정문이다.
4) 亦可以弗畔矣夫!:또한〈도리에〉배반하지(어긋나지) 않을 수 있다.
  - 可以:~할 수 있다/가능 보조사.
  - 弗:~하지 않다/부정 보조사로써 不과 같다.
  - 畔(반):어긋나다, 위배되다.
  - 矣夫(의부):~하구나/矣와 夫가 연용된 것이며, 감탄의 어기를
    나타냄과 동시에 추측의 의미를 겸하는 종결사이다.

글文을 널리 배우고學, 예禮로써 절제約.
도리에 어긋나지 않으려면 배움學과 예禮로써 절제約의 조화和가
필요하구나.

子曰 "君子成人之美, 不成人之惡, 小人反是."

자왈 "군자성인지미, 불성인지악, 소인반시."

자왈 "군자는 남의 아름다움(좋은 점)을 이루게 하고, 남의 악함 (나쁜 점)을 이루지 못하게 한다. 소인은 이와 반대이다."

反:반대할반/돌이킬반

문법(文法)적 해석

1) 君子成人之美:군자는 남의 아름다움(좋은 점)을 이루게 하고,
   - 成(성):이끌어 주고 권장해서 일을 이루게 하는 것이다.
   - 人(인):남/부정칭 대명사.
2) 小人反是:소인은 이와 반대이다.
   - 反(반):반대(反對)하다, 돌이키다.

군자君子는 자신 뿐만아니라, 남의 좋은 점美, 나쁜 점惡 까지도 신경을 쓰지만 소인小人은 자신만을 생각하는구나.

12. 顔淵篇. 17章

季康子問政於孔子, 孔子對曰 "政者, 正也.
子帥以正, 孰敢不正?"

계강자문정어공자, 공자대왈 "정자, 정야. 자솔이정, 숙감부정?"

계강자가 공자에게 정치를 묻자, 공자께서 대답하셨다.
"정치는 바로 잡는 것입니다. 선생께서 바름으로써 인도한다면,
누가 감히 바르지 않겠습니까?"

康:편안할강 正:바로잡을정/바를정 帥:거느릴솔/인도할솔/장수수

문법(文法)적 해석

1) 季康子(계강자):노(魯)나라의 대부인 계손비(季孫肥)로
　　당시 노나라의 실권을 쥔 삼환 중에 한 가문의 사람이다.
　　康(강)은 그의 시호이다.
2) 政者, 正也:정치는 바로 잡는 것입니다.
　- 者:주격 후치사(어기사)로 주어 뒤에 쓰여 '~은(는)'으로 해석
　　하며, 경우에 따라서 해석하지 않는다.
3) 子帥以正:선생께서 바름으로써 인도한다면,
　- 의미상, 문맥상 가정문이다.
　- 帥(솔):인도(引導)하다, 거느리다, 앞장서다.
　- 以:~로써/'以'는 전성 전치사로써 전치사를 수반한 부사구는
　　문구 뒤에 위치하는 경우가 많다.

자신이 먼저 바름正으로써 솔선수범한다면 모두가 따를 것인데,
예나 지금이나 자꾸 남 탓만 합니다.

12.顔淵篇.18章

季康子患盜, 問於孔子,
孔子對曰"苟子之不欲, 雖賞之不竊."

계강자환도, 문어공자, 공자대왈 "구자지불욕, 수상지부절."

계강자가 도둑을 걱정하여, 공자에게 〈대책을〉 물었다.
공자께서 대답하셨다. "진실로 선생께서 욕심을 내지 않는다면,
비록 〈백성들에게〉 상을 준다 하더라도 훔치지 않을 것입니다."

患:근심환 盜:도둑도 賞:상줄상 竊:훔칠절

문법(文法)적 해석

1) 苟子之不欲:진실로 선생께서 욕심을 내지 않는다면,
 - 苟(구):진실로, 만약/가정, 조건의 부사이다.
 - 子:너, 당신, 그대, 선생/2인칭 대명사.
 - 之:~가(이), ~은(는)/주격 후치사.
2) 雖賞之不竊:비록 〈백성들에게〉 상을 준다 하더라도 훔치지
    않을 것입니다.
 - 雖:비록~ 할지라도/가정, 조건, 양보의 부사.
 - 之:무엇을 꼭 지칭하기 위해 쓰인 것이 아니라, 술어 뒤에 之가
    붙음으로써 그 술어를 술어답게 만들어주는 어감을 얻고, 어세를
    고르게 하기 위해 쓰인다. 만약 여기서 대명사, 목적어로 쓰였다면
    '백성들'을 가리킨다고 할 수 있으며, 해석하지 않아도 된다.
 - 竊(절):훔치다, 도둑질하다, 절취하다.

스스로 만족할 줄 모르면 욕심과 욕망은 끝이 없거늘, 위정자의
욕심欲이 나라를 어지럽게하고 결국에는 패망에 이르게 한다.

"욕심이 잉태되면 죄를 낳고 죄가 자라면 죽음을 낳는다."
                                    - 야고보서 中에서 -

12.顔淵篇.19章

季康子問政於孔子曰"如殺無道以就有道, 何如?"
孔子對曰"子爲政, 焉用殺? 子欲善而民善矣.
君子之德風, 小人之德草. 草上之風, 必偃."

계강자문정어공자왈 "여살무도이취유도, 하여?" 공자대왈 "자위정, 언용살?
자욕선이민선의. 군자지덕풍, 소인지덕초. 초상지풍, 필언."

계강자가 공자에게 정치를 물었다. "만약 무도한 자를 죽여서
도가 있는 데로 나아가게 하면 어떻습니까? 공자께서 대답하셨다.
"선생께서 정치를 하는데, 어찌 죽음을 쓰십니까? 선생께서
선하고자 하면 백성들도 선해질 것입니다. 군자의 덕은 바람이요,
소인의 덕은 풀입니다. 풀 위에 바람이 불면 〈풀은〉 반드시
쓰러집니다.

殺:죽일살 就:나아갈취 草:풀초 偃:쓰러질언

문법(文法)적 해석

1) 如殺無道以就有道, 何如?:만약 무도한 자를 죽여서 도가 있는
   데로 나아가게 하면 어떻습니까?
   - 如:만약 ~면/가정 부사.
   - 以:명사절 다음에 이가 오면 '~하면서'의 뜻으로, 접속사로 사용
     되어 而(그래서)와 유사하며, 굳이 우리말로 해석할 것도 없다.
   - 就(취):나아가다, 접근하다, 가까이하다.
   - 何如:어떻습니까? 어떠한가?/如何가 도치된 것이다.
2) 子爲政, 焉用殺?:선생께서 정치를 하는데, 어찌 죽음을 씁니까?
   - 子:너, 당신, 그대, 선생/2인칭 대명사.
   - 爲:爲+명사(목적어)는 '~하다'로 해석하며, 목적어의 성격에 따라
     그 뜻을 적절하게 해석할 수 있다. '爲政'은 정치를 하다.
   - 焉:어찌, 어떻게/의문 부사.
3) 草上之風, 必偃:풀 위에 바람이 불면 〈풀은〉 반드시 쓰러집니다.
   - 風(풍):(바람이)불다, (바람을)쐬다.

- 草上之風: '草上'이 보어로 '風草上(풀 위에 바람이 불면)'이
  도치되면서 之가 추가된 문장으로 볼 수 있으며, 또는 '上'를
  '더하다, 가하다'로 해석하면 之는 풀을 나타내는 보어가 되고
  '풀에 바람을 가하면'으로 해석할 수 있다.
  옮긴이는 전자의 해석을 따른다.
- 偃(언): 쓰러지다, 넘어지다, 엎어지다, 자빠지다, 눕다.

군자의 덕, 소인의 덕, 바람風과 풀草이라.
풀 위草上로 바람風이 분다. 그러면 반드시 쓰러진다偃.
너무나 시적인 표현이지만 왜 이리도 애처롭고 서글플까哀?

풀 위에 바람이 불면 〈풀은〉 반드시 쓰러집니다.

12. 顔淵篇. 20章

子張問"士何如斯可謂之達矣?"
子曰"何哉, 爾所謂達者?"
子張對曰"在邦必聞, 在家必聞."
子曰"是聞也, 非達也. 夫達也者, 質直而好義,
察言而觀色, 慮以下人, 在邦必達, 在家必達.
夫聞也者, 色取仁而行違, 居之不疑, 在邦必聞,
在家必聞."

자장문 "사하여사가위지달의?" 자왈 "하재, 이소위달자?" 자장대왈 "재방필문, 재가필문."
자왈 "시문야, 비달야. 부달야자, 질직이호의, 찰언이관색, 려이하인, 재방필달, 재가필달.
부문야자, 색취인이행위, 거지불의, 재방필문, 재가필문."

자장이 물었다. "선비는 어떻게 하면 통달했다고 말할 수
있습니까? 자왈 "무엇이냐? 네가 통달이라고 말하는 것은?"
자장이 대답하였다. "나라에 있어도 반드시 소문(명성)이 있고,
집안에 있어도 반드시 소문(명성)이 있는 것입니다."
자왈 "소문(명성)이지, 통달이 아니다. 통달이란 것은 바탕이
곧고 의로움을 좋아하며, 말을 살피고 얼굴빛을 관찰하며,
남에게 자신을 낮춤으로써 생각하는 것이니, 나라에 있어도
반드시 통달하고, 집안에 있어서도 반드시 통달하는 것이다.
소문(명성)이란 것은 얼굴빛은 인을 취하면서 행동은 〈인에〉
어긋나며, 거기에 머물면서도 의심하지 않는 것이니, 나라에
있어도 반드시 소문(명성)이 있고, 집안에 있어서도 반드시
소문(명성)이 있는 것이다.

張:베풀장 **達**:통달할달 **慮**:생각할려 **違**:어긋날위 **疑**:의심할의

문법(文法)적 해석

1) 士何如斯可謂之達矣?:선비는 어떻게 하면 통달했다고 말할 수
   있습니까?

- 斯(사):~면/가정, 조건의 접속사.
- 達(달):통달하다, 정통하다.
2) 何哉, 爾所謂達者?:무엇이냐? 네가 통달이라고 말하는 것은?
 - '爾所謂達者, 何哉?'가 도치된 문장이다.
 - 所:~바(것)/所+술어가 오며, 불완전명사(의존명사) 또는
   특수 지시대명사이고, 주어는 대체로 所앞에 온다.
 - 所 ~ 者:~라는 것(사람)/所+수식어가 者를 수식하는 형태로
   '所'는 해석하지 않아도 된다.
3) 是聞也, 非達也:소문(명성)이지, 통달이 아니다.
 - 是~, 非~:是는 연계동사로 '~이다'의 뜻이며, 지시대명사로써
   주어인 '이것이'의 뜻이 아니다. 주어는 문맥상 앞 문장이므로
   굳이 써주지 않아도 된다. 다만, 우리말로 옮기는 과정에서는
   우리말의 어감에 맞게 '이것이'란 주어를 붙여준 것뿐이다.
   非 또한 연계동사로써, '~아니다'의 뜻이다. 뒤에 명사(구/절)이
   오면 이를 부정하는 형태로 주어와 보어 사이에 놓여 이를 연결
   하는 역할을 한다.
 - 聞(문):명성, 명망.
4) 夫達也者:통달이란 것은,
 - 夫:말을 시작하거나 문단을 바꿀 때, 즉 문장의 첫머리에 쓰여
   문장을 이끄는 어기를 나타내는데 해석하지 않는다. 즉 발어사이다.
 - 也者(야자):~는(은), ~이란/주어의 뒤에 쓰이는 주격 후치사이며,
   경우에 따라 해석하지 않아도 된다.
5) 慮以下人:남에게 자신을 낮춤으로써 생각하는 것이니,
 - 慮(려):생각하다.
 - 以:~로써/동작, 수단, 방법을 나타내는 전치사.
 - 下:(자기를)낮추다, 내리다. '人'은 보어라 볼 수 있다.
6) 居之不疑:거기에 머물면서도 의심하지 않는 것이니,
 - 居之:'之'를 대명사로 본다면 앞 문장 즉, '얼굴빛은 인을 취하면서
   행동은 〈인에〉 어긋나며, 그렇게 거기에 머물면서도'이다.

선비士가 통달達한다는 것 또한 어렵구나.
그리고 선비士가 소문聞이 난다는 것 또한 쉽지 않구나?

12.顔淵篇.21章

樊遲從遊於舞雩之下, 曰"敢問崇德, 修慝, 辨惑."
子曰"善哉問! 先事後得, 非崇德與?
攻其惡, 無攻人之惡, 非修慝與?
一朝之忿, 忘其身, 以及其親, 非惑與?"

번지종유어무우지하, 왈 "감문숭덕, 수특, 변혹." 자왈 "선재문! 선사후득, 비숭덕여?
공기악, 무공인지악, 비수특여? 일조지분, 망기신, 이급기친, 비혹여?"

번지가 무우 아래에서 〈공자를〉 따라 노닐다가 말했다. "감히
덕을 높이고, 사악함(악한 마음)을 다스리고, 미혹을 분별함을
여쭙겠습니다." 자왈 "훌륭하구나 질문이! 먼저 일하고 뒤에
얻는 것이, 덕을 높이는 것이 아니겠는가? 자신의 악함을 공격
하고, 남의 악함을 공격하지 않는 것이, 사악함을 다스리는 것이
아니겠는가? 하루 아침의 분노로 그 자신을 잊고서 〈화가〉
그 부모에게까지 미치는 것이 미혹됨이 아니겠는가?"

樊:울타리번 遲:더딜지 遊:놀유 雩:기우제우 崇:높일숭 慝:사특할특
辨:분별할변 攻:공격할공 忿:성낼분

문법(文法)적 해석

1) 樊遲從遊於舞雩之下:번지가 무우 아래에서 〈공자를〉 따라
   노닐다가 말했다.
   - 樊遲(번지):공자보다 36세 아래의 제자로, 성은 번(樊)이고,
     이름은 수(須)이며, 자는 자지(子遲)이고, 제(齊)나라 사람이다.
   - 舞雩(무우):하늘에 제사하고, 기우제를 지내는 곳이다.
2) 善哉問! 先事後得, 非崇德與?:훌륭하구나 질문이! 먼저 일하고
   뒤에 얻는 것이, 덕을 높이는 것이 아니겠는가?
   - 善哉問!:감탄문으로, 평서문으로 볼 때 주어와 술어의 도치 형식
     으로 볼 수 있다. 즉 '問善哉!'가 도치된 문장이며, 善은 훌륭하다.
   - 先~, 後~:먼저~, 뒤에/부사.
   - 非崇德與?:반어문으로 강한 강조를 나타내며, 긍정은 부정,

부정은 긍정를 의미한다. 與는 반문, 의문의 어기를 나타내는
반어 종결사이다.

3) 攻其惡, 無攻人之惡:자신의 악함을 공격하고, 남의 악함을 공격
하지 않는 것이,
  - 其:그, 자기, 자기 자신/3인칭 대명사이며, '일반적인 사람'을
    가리킨다고 할 수 있다.
  - 攻(공):공격(攻擊)하다, 치다, 때리다, 책망(責望)하다.
  - 無:~않다/부정 보조사로, 동사 앞에 위치하며 不과 같다.
  - 人:남, 타인/부정칭 대명사.

4) 一朝之忿, 忘其身, 以及其親, 非惑與?:하루 아침의 분노로
그 자신을 잊고서 〈화가〉 그 부모에게까지 미치는 것이 미혹됨이
아니겠는가?
  - 一朝(일조):하루 아침, 하루, 1일.
  - 以:명사절 다음에 以가 오면 '~하면서'의 뜻으로, 접속사로 사용
    되어 而(그래서)와 유사하며 해석하지 않아도 된다.
  - 及(급):미치다, 이르다, 파급되다.

제자마다 질문에 대한 대답이 다른 맞춤식 답변. 번지는 비루하고
이익을 추구하기를 좋아했으므로 이렇게 말씀하셨구나.
"하루 아침의 분노忿로 자신까지 잊어버리는忘 것이 미혹迷惑"이라고.

12. 顔淵篇. 22章

樊遲問仁, 子曰 "愛人." 問知, 子曰 "知人."
樊遲未達, 子曰 "擧直錯諸枉, 能使枉者直."
樊遲退, 見子夏, 曰 "鄕也, 吾見於夫子而問知,
子曰 '擧直錯諸枉, 能使枉者直,' 何謂也?"
子夏曰 "富哉, 言乎!
舜有天下, 選於衆, 擧皐陶, 不仁者遠矣.
湯有天下, 選於衆, 擧伊尹, 不仁者遠矣."

번지문인, 자왈 "애인." 문지, 자왈 "지인." 번지미달, 자왈 "거직조저왕, 능사왕자직."
번지퇴, 견자하, 왈 "향야, 오현어부자이문지, 자왈 '거직조저왕, 능사왕자직,' 하위야?"
자하왈 "부재, 언호! 순유천하, 선어중, 거고요, 불인자원의.
탕유천하, 선어중, 거이윤, 불인자원의."

번지가 인을 묻자, 자왈 "사람을 사랑하는 것이다." 지혜로움을
묻자, 자왈 "사람을 아는 것이다." 번지가 통달하지 못하자,
자왈 "곧은 사람을 들어서 굽은 사람 위에 두면, 굽은 사람을
곧게 할 수 있다." 번지가 물러나와, 자하를 보고 물었다.
조금 전에, 내가 선생님을 뵙고 지혜로움을 물었는데,
선생님께서 '곧은 사람을 들어서 굽은 사람 위에 두면, 굽은
사람을 곧게 할 수 있다.'라고 말씀하셨는데 무슨 말씀입니까?"
자하가 말했다. "풍부하군요, 말씀이! 순임금이 천하가 있을 때
여러 사람들 중에서 가려서 고요를 들어 쓰시니, 인하지 않는
자들이 멀어졌고, 탕임금이 천하가 있을 때 여러 사람들 중에서
가려서 이윤을 들어 쓰시니, 인하지 않는 자들이 멀어졌습니다."

擧:들거 **錯**:둘조 **枉**:굽을왕 **鄕**:지난번향 **富**:풍부(성)할부 **選**:가릴선 **皐**:언덕고
陶:사람이름요 **湯**:끓일탕 **伊**:저이 **尹**:성씨윤

문법(文法)적 해석

1) 擧直錯諸枉, 能使枉者直:곧은 사람을 들어서 굽은 사람 위에

두면, 굽은 사람을 곧게 할 수 있다.
 - 錯(조):'두다(=措)'로 해석하면 위처럼 해석할 수 있으며,
   '버려두다'로 해석하면 '擧直錯諸(제)枉'은 '곧은 사람은 들고,
   모든 굽은 사람들을 버리면'으로 해석할 수 있다.
 - 能(능):~할 수 있다/가능 보조사.
 - 使(사):~하여금 ~하게 하다/사동(역) 보조사+대상+술어.
2) 子夏:공자보다 44세 아래의 제자로, 성은 복(卜)이고, 이름은
   상(商)이며, 자는 자하(子夏)이고 위(衛)나라 사람이다.
3) 鄕也:조금 전에
 - 鄕(향):조금 전, 앞서, 아까, 지난번.
 - 也:부사격 후치사.
4) 吾見於夫子而問知:내가 선생님을 뵙고 지혜로움을 물었는데,
 - 見(현):뵙다, 알현하다, 대면하다.
 - 於:~을(를)/일반적으로 타동사 뒤에는 전치사가 놓이지 않으나,
   전치사가 놓이는 경우에는 목적어로 해석한다.
5) 何謂也?:무슨 말씀입니까?
 - 何謂:의문사가 동사의 목적어일 경우에 동사 앞으로 도치된다.
 - 何~也:의문사 ~ 서술 종결사를 사용하여 의문의 뜻을 나타내는
   경우이며, 여기서 也는 의문 종결사이다.
6) 富哉, 言乎!:풍부하군요, 말씀이!
 - 강조를 위해 주어와 술어가 도치된 것으로, 주로 의문문과 감탄문
   에서 이루어진다. 哉는 감탄 종결사, 乎는 주격 후치사이다.
7) 舜(순):고대 중국의 전설적인 제왕으로, 5제(五帝)의 한 사람이다.
   성은 우(虞), 이름은 중화(重華)이다. 효행이 뛰어나 요(堯)임금
   으로부터 천하를 물려받았다.
8) 皋陶(고요):순임금의 신하로 법을 담당하는 사구(司寇)가 되었고,
   법의 집행이 공평하기로 유명하였다.
9) 湯(탕):기원전 1600년경에 상(商=殷)나라를 세운 임금으로
   이름은 리(履)이다. 하나라 폭군 걸왕(桀王)을 몰아내어 하왕조를
   멸망시켰다.
10) 伊尹(이윤):탕(湯)임금의 재상이며, 상(商=殷)나라를 세우는
    데 기여했고, 이(伊)는 그의 이름이고, 윤(尹)은 관직 이름이다.

인仁, 사람을 사랑하는愛 것이다. 지知, 사람을 아는知 것이다.
곧고 정직한直 자를 알아서 천거하거나 등용하는擧 것이구나.

12.顔淵篇.23章

子貢問友,
子曰 "忠告而善道之, 不可則止, 無自辱焉."

자공문우, 자왈 "충고이선도지, 불가즉지, 무자욕언."

자공이 벗(벗 사귐)을 묻자, 자왈 "진실되게 일러주고 잘 인도
하되, 불가능하면 그만두어서, 자신을 욕되게 하지 말아라."

道:인도할도 辱:욕될욕

문법(文法)적 해석

1) 忠告而善道之:진실되게 일러주고 잘 인도하되,
 - 忠~, 善~:진실되게~, 잘~/부사.
 - 告(고):깨우쳐 주다.
 - 道(도):인도(引導)하다, 이끌다, 導(도)와 같다.
2) 無自辱焉:스스로를 욕되게 하지 말아라.
 - 無:~말라/금지 보조사. 毋와 같다.
 - 自辱(자욕):자신을 욕되게 하다/'自'는 1인칭 대명사일 경우는
   자기 또는 자신으로 해석하며, 일반적으로 '自'는 동사 앞에 쓰인다.
   동사가 타동사일 때는 목적어로 '자기를, 자신을 스스로를'으로
   해석한다.
 - 焉(언):단정ㆍ지정ㆍ서술 종결사로써, 술어에 붙어서 그 술어의
   대상(목적어), 즉 대명사(=於此, 於是)를 내포하기도 하고, 또는
   단순히 처소격의 의미를 갖는 평서문 종결사이다.

벗友에 대한 공자님의 명쾌한 답변이다.
진실忠과 선善, 하지만 자신을 욕되게 하지 말아라無自辱.

12.顔淵篇.24章

曾子曰 "君子以文會友, 以友輔仁."

증자왈 "군자이문회우, 이우보인."

증자가 말하였다. "군자는 학문으로써 벗을 모으고, 벗으로서 (벗을 통하여) 인을 돕는다(수양한다)."

會:모을회 輔:도울보

문법(文法)적 해석

1) 君子以文會友:군자는 학문으로써 벗을 모으고,
 - 以:~로써/수단, 방법을 나타내는 전치사.
 - 會(회):모으다, 모이게 하다.
2) 以友輔仁:벗으로서(벗을 통하여) 인을 돕는다(수양한다).
 - 輔(보):돕다, 보좌하다.

군자君子는 친구友 또한 학문文으로써 잘 사귀어야 하는구나.

君子之德風

小人之德草 *盂*

草上之風, 必偃

풀 위에 바람이 불면 〈풀은〉 반드시 쓰러집니다.

子路

 13.子路篇
30章

13. 子路篇. 1章

子路問政, 子曰 "先之勞之." 請益, 曰 "無倦."

자로문정, 자왈 "선지로지." 청익, 왈 "무권."

자로가 정치를 묻자, 자왈 "먼저(솔선수범) 하고
〈몸소〉 애쓰며 일해야 한다." 더 〈말씀해 주실 것을〉 청하자,
자왈 "게을리함이 없어야 한다."

勞:일할로(노)/애쓸로(노) 倦:게으를권

문법(文法)적 해석

1) 先之勞之:먼저(솔선수범) 하고 〈몸소〉 애쓰며 일해야 한다.
 - 先:먼저 하다, 앞서다.
 - 之:무엇을 꼭 지칭하기 위해 쓰인 것이 아니라, 술어 뒤에 之가
  붙음으로써 그 술어를 술어답게 만들어주는 어감을 얻고, 어세를
  고르게 하기 위해 쓰인다.
 - 勞(로):일하다, 힘들이다, 애쓰다.
2) 無倦:게을리함이 없어야 한다.
 - 無:존재동사로써, '倦'을 보어로 취하며, 보어를 주어처럼 해석한다.

게으름倦은 모든 죄악의 근원이거늘,
아마도 자로子路가 솔선수범과 성실이 부족했었나?

13. 子路篇. 2章

仲弓爲季氏宰, 問政, 子曰 "先有司, 赦小過,
擧賢才." 曰 "焉知賢才而擧之?"
子曰 "擧爾所知. 爾所不知, 人其舍諸?"

중궁위계씨재, 문정, 자왈 "선유사, 사소과, 거현재." 왈 "언지현재이거지?"
자왈 "거이소지. 이소부지, 인기사저?"

중궁이 계씨의 가신이 되어, 정치를 묻자, 자왈 "유사에게 먼저
하게 하고, 작은 허물을 용서해주며, 현명한 인재를 등용하여라."
〈중궁이〉 말하였다. "어찌 현명한 인재를 알아서 등용합니까?"
자왈 "네가 아는 사람을 등용해라. 네가 모르는 사람을 남들이
어찌 내버려두겠느냐?"

司:맡을사　赦:용서할사　舍:내버려둘사

문법(文法)적 해석

1) 仲弓(중궁):공자보다 29세 아래의 제자로, 성은 염(冉)이고,
   이름은 옹(雍)이며 자는 중궁(仲弓)이고, 노나라 사람이며
   공자의 제자 중에 덕행(德行)으로 유명하였다.
2) 先有司:유사에게 먼저 하게 하고,
   - 先:먼저 시키다(맡기다), 먼저 하게 하다.
   - 有司(유사):실무를 담당하는 직책, 실무 담당자.
3) 擧爾所知:네가 아는 사람을 등용해라.
   - 所:~바(것), ~하는 사람/所+술어가 오며, 불완전명사(의존명사)
     또는 특수 지시대명사이고, 주어는 대체로 所앞에 온다.
4) 人其舍諸?:남들이 어찌 내버려두겠느냐?
   - 其:어찌/강한 반문을 나타내는 부사이다.
   - 諸(저):대명사를 포함한 반어(의문) 종결사로 '之乎'와 같다.

유사有司와 용서赦! 그리고 현명한 인재 등용擧이 정치政의 시작.

子路曰 "衛君待子而爲政, 子將奚先?"
子曰 "必也正名乎!" 子路曰 "有是哉? 子之迂也!
奚其正?" 子曰 "野哉, 由也! 君子於其所不知,
蓋闕如也. 名不正, 則言不順, 言不順, 則事不成,
事不成, 則禮樂不興, 禮樂不興, 則刑罰不中,
刑罰不中, 則民無所措手足. 故君子名之必可言也,
言之必可行也. 君子於其言, 無所苟而已矣."

자로왈 "위군대자이위정, 자장해선?" 자왈 "필야정명호!" 자로왈 "유시재? 자지우야! 해기정?"
자왈 "야재, 유야! 군자어기소부지, 개궐여야. 명부정, 즉언불순, 언불순, 즉사불성,
사불성, 즉예악불흥, 예악불흥, 즉형벌부중, 형벌부중, 즉민무소조수족.
고군자명지필가언야, 언지필가행야. 군자어기언, 무소구이이의."

자로가 말했다. "위나라 임금이 선생님을 모시고 정치를 한다면,
선생님께서는 장차 무엇을 먼저 하시겠습니까?" 자왈 "반드시
명분을 바로 잡겠다!" 자로가 말하였다. "이런 것도 있습니까?
선생님의 우활함(세상물정 모름)이여! 어찌 바로 잡겠습니까?"
자왈 "거칠구나, 유는! 군자는 자신이 알지 못하는 것에 대해서는
대개 빠뜨려 놓는다(빠뜨려 놓고 말하지 않는다). 명분이 바르지
않으면 말은 순하지 않고, 말이 순하지 않으면, 일이 이루어지지
않고, 일이 이루어지지 않으면 예악이 흥하지 않고, 예악이 흥하지
않으면 형벌이 맞지 않고, 형벌이 맞지 않으면, 백성이 손발을 둘
곳이 없다. 그러므로 군자의 명분은 반드시 말할 수 있어야 하고,
말은 반드시 행할 수 있어야 한다. 군자는 그 말에 있어서 구차
함이 없을 뿐이다."

衛:지킬위 待:기다릴대 迂:우활할우/에돌우 野:들야/거칠야 蓋:대개개/덮을개
闕:빠뜨릴궐 順:순할순 罰:형벌벌 措:둘조 苟:구차할구

문법(文法)적 해석

1) 衛君待子而爲政:위나라 임금이 선생님을 모시고 정치를 한다면,
 - 衛君(위군):위나라 임금 위출공(衛出公)이며, 이름은 첩(輒)이다.
   할아버지인 영공(靈公)에게 쫓겨난 아버지 괴외(蒯聵)를 아버지로
   여기지 않았으며, 영공(靈公)이 죽었을 때, 자신이 왕위에 올랐다.
   이것을 공자는 명분에 어긋나는 것으로 생각했다.
 - 待(대):모시다, 대우(待遇)하다, 기다리다.
 - 而:만일(약) ~하면/단문을 연결 시키는 가정 접속사이다.
 - 爲:爲+명사(목적어)는 '~하다'로 해석하며, 목적어의 성격에 따라
   그 뜻을 적절하게 해석할 수 있다. '爲政'은 정치를 하다.
2) 必也正名乎!:반드시 명분을 바로 잡겠다!
 - 也:부사격 후치사.
 - 乎:단정과 감탄의 의미를 포함한 종결사.
3) 子之迂也! 奚其正?:선생님의 우활함(세상물정 모름)이여!
   어찌 바로 잡겠습니까?
 - 迂(우):우활하다, 세상물정 모르다, 물정에 어둡다.
 - 奚(해):어찌/의문 부사.
 - 其:어기를 완만하게 해주며 해석하지 않는다/부사격 후치사.
4) 野哉, 由也!:거칠구나, 유는!
 - 감탄문으로, 평서문으로 볼 때 주어와 술어의 도치 형식으로
   볼 수 있다. 즉 '由也野哉!'가 도치된 문장이다.
 - 野(야):거칠다, 비천(卑賤)하다, 비루하다, 서투르다.
5) 蓋闕如也:대개 빠뜨려 놓는다(빠뜨려 놓고 말하지 않는다)
 - 蓋(개):대개(大槪), 대부분, 아마도.
 - 闕如(궐여):빠뜨리거나 관여하지 않는 모양을 나타낸다.
6) 故君子名之必可言也, 言之必可行也:그러므로 군자의 명분은
   반드시 말할 수 있어야 하고, 말은 반드시 행할 수 있어야 한다.
 - 故:그러므로/원인에 따른 결과를 나타내는 인과 접속사.
 - 君子:군자의/전성 형용사.
 - 之:은(는)/다음 문장의 '之'와 함께 주격 후치사로 해석한다.
7) 無所苟而已矣:구차함이 없을 뿐이다.
 - 苟(구):구차(苟且)하다, 구차(苟且)하게 굴다.
 - 而已矣:~일(할) 뿐이다/제한의 어기를 나타내는 한정 종결사.

무슨 일이든 명분名이 중요하다.
명분名은 아마도 모든 일의 뿌리와 같구나.

13.子路篇. 4章

樊遲請學稼, 子曰 "吾不如老農." 請學爲圃,
曰 "吾不如老圃." 樊遲出, 子曰 "小人哉, 樊須也!
上好禮, 則民莫敢不敬, 上好義, 則民莫敢不服,
上好信, 則民莫敢不用情.
夫如是, 則四方之民, 襁負其子而至矣, 焉用稼?"

번지청학가, 자왈 "오불여로농." 청학위포, 왈 "오불여로포." 번지출,
자왈 "소인재번수야! 상호례, 즉민막감불경, 상호의, 즉민막감불복, 상호신, 즉민막감불용정.
부여시, 즉사방지민, 강부기자이지의, 언용가?"

번지가 농사일을 배우기를 청하자, 자왈 "나는 늙은 농부보다
못하다." 채소밭을 가꾸는 일을 배우기를 청하자, 자왈 "나는
늙은 채소 농사꾼보다 못하다." 번지가 나가자, 자왈 "소인이구나,
번수는! 윗사람이 예를 좋아하면, 백성들이 감히 공경하지
않음이 없고, 윗사람이 의를 좋아하면, 백성들이 감히 복종하지
않음이 없고, 윗사람이 신의를 좋아하면 백성들이 감히 실정을
사용하지(실정대로 하지) 않음이 없다. 이와 같으면, 사방의
백성들이 자기 자식을 포대기에 싸서 업고 올 것인데, 어디에
농사짓는 것을 쓰겠는가?"

樊:울타리번 遲:더딜지 稼:농사가/심을가 農:농사농 圃:채마(소)밭포
須:모름지기수 情:실정정 襁:포대기강 負:질부

문법(文法)적 해석

1) 吾不如老農:나는 늙은 농부보다 못하다.
   - 不如:~보다 못하다/열등 비교이며, 뒤 문장은 보어이다.
2) 請學爲圃:채소밭을 가꾸는 일을 배우기를 청하자,
   - 請學:배우기를 청하다/동사가 연속 이어지는 연동사(連動詞)로
     앞의 동사가 문장의 본동사이다.
   - 爲:爲+명사(목적어)는 '~하다'로 해석하며, 목적어의 성격에 따라
     그 뜻을 적절하게 해석할 수 있다. '爲圃'은 채소밭을 가꾸다.

- 圃(포):채소밭(채소를 심어 가꾸는 밭).
3) 則民莫敢不敬:백성들이 감히 공경하지 않음이 없고,
 - 則:~면/가정, 조건의 접속사.
 - 莫~不~:~하지 않는 것이 없다/이중 부정으로 강한 긍정을 나타낸다.
4) 不用情:실정을 사용하지(실정대로 하지) 않다.
 - 用(용):하다, 행(行)하다.
 - 情(정):실상, 사실, 진상, 실정.
5) 夫如是:이와 같으면,
 - 夫:말을 시작하거나 문단을 바꿀 때, 즉 문장의 첫머리에 쓰여
   문장을 이끄는 어기를 나타내는데 해석하지 않는다. 즉 발어사이다.
 - 如:~와 같다, ~듯 하다/비교 형용사로써 보어 '是'를 취한다.
6) 焉用稼?:어디에 농사짓는 것을 쓰겠는가?
 - 焉(언):어디에(서)/의문 대명사로써 보어(간접목적어)로 도치됨.

번지가 배우고자 한 농農과 포圃.
현실에서는 더 실용적이지 않을까요?

13. 子路篇. 5章

子曰 "誦詩三百, 授之以政, 不達,
使於四方, 不能專對, 雖多, 亦奚以爲?"

자왈 "송시삼백, 수지이정, 부달, 시어사방, 불능전대, 수다, 역해이위?"

자왈 "〈시경〉 시 삼백 편을 외우더라도, 정치를 주었는데
(맡겼는데) 통달하지(잘 해내지) 못하고, 사방에 사신으로
가서 단독으로 대응할 수 없다면, 비록 많다(많이 외운다)
하더라도, 또한 어디에 쓰겠는가?"

誦:외울송 **授**:줄수 **使**:(사신으로)갈시 **專**:단독전/오로지전

문법(文法)적 해석

1) 詩三百, 또는 詩란 詩經을 말하며 시경에는 311편의 시가 있고
   그 중 6편은 제목만 남아 있다. 이를 생시(笙詩)라 한다.
2) 授之以政:정치를 주었는데(맡겼는데)
   - 以:직접 목적어 앞에 전치사 以가 왔으며, 일반적으로 타동사
     뒤에는 전치사가 놓이지 않으나, 전치사가 놓이는 경우에는
     목적어로 해석한다.
3) 使於四方, 不能專對:사방에 사신으로 가서 단독으로 대응할 수
   없다면,
   - 使(시):(사신으로)보내다, (사신으로)가다, 심부름 가다.
   - 專(전):홀로, 단독(單獨)으로, 오로지/부사.
4) 亦奚以爲?:또한 어디에 쓰겠는가?
   - 奚以:의문사가 동사의 목적어(보어)일 경우에 동사 앞으로 도치된다.
   - 以:~쓰다, 하다, 행하다/동사.
   - 爲:의문, 반문을 나타내는 종결사이며, 何(以)와 奚와 함께 쓰인다.

학문의 배움과 실용이 하나여야 하는데
배움만 있고 쓰여지지 않으면不達 죽은 공부이구나.

13. 子路篇. 6章

子曰 "其身正, 不令而行, 其身不正, 雖令不從."

자왈 "기신정, 불령이행, 기신부정, 수령부종."

자왈 "자기 자신이 바르면, 명령하지 않아도 행해지고,
자기 자신이 바르지 않으면, 비록 명령하더라도 따르지 않는다."

令:하여금령(영)

문법(文法)적 해석

1) 其身正:자기 자신이 바르면,
   - 의미상, 문맥상 가정문이다.
   - 其:그, 자기, 자기 자신/3인칭 대명사이며, '위정자'를
     가리킨다고 할 수 있다.
   - 身:自, 身, 己가 주어로 쓰이면 인칭 대명사가 된다.
2) 其身不正:자기 자신이 바르지 않으면,
   - 不:~면/부정 보조사 '不'로 인해, 이 절은 가정문이다.
3) 雖令不從:비록 명령하더라도 따르지 않는다.
   - 雖(수):비록~ 할지라도/조건, 양보의 부사이며, 주어는 雖앞에
     쓰는 것이 일반적이다.

백성이 따르고, 따르지 않는 것은
모두 위정자 자신의 바름正에 달려 있구나.
윗물이 맑淸아야 아랫물이 맑淸거늘, 아랫물만 탓하는구나.

'군주는 배고 백성은 물이다. 물은 배를 띄울 수도 있지만
뒤엎을 수도 있다. 君舟人水. 水能載舟亦能覆舟'

13. 子路篇. 7章

子曰 "魯衛之政, 兄弟也."

자왈 "노위지정, 형제야."

자왈 "노나라와 위나라의 정치는, 형제간이다."

魯:노나라로(노) **衛**:나라이름위/지킬위

문법(文法)적 해석

1) 魯衛之政, 兄弟也:노나라와 위나라의 정치는 형제간이다.
 - 노(魯)나라는 문왕의 넷째 아들 주공(周公)의 후손이고,
   위(衛)나라는 일곱째 아들 강숙(康叔)의 후손이니, 본래 형제의
   나라이다. 주희(朱熹)는 "이 때에 쇠하고 어지러워, 정치도 또한
   서로 비슷하였고, 그러므로 공자께서 한탄한 것이다."라고 하였다.

형제兄弟란 서로 닮은 점이 있는데,
좋은 점이 아니라 못난 점이 닮은 것을 한탄하는구나.

13. 子路篇. 8章

子謂衛公子荊, "善居室. 始有, 曰 '苟合矣.'
少有, 曰 '苟完矣.' 富有, 曰 '苟美矣.'"

자위위공자형, "선거실. 시유, 왈 '구합의.' 소유, 왈 '구완의.' 부유, 왈 '구미의.'"

공자께서 위나라의 공자 형을 평하였다.
"〈그는〉 집에 거처하기를 잘하였다. 처음에 있을 때, '그런대로
모았다'고 하였고, 조금 있을 때, '그런대로 완비하였다'고 하였고,
부유하게 있을 때, '그런대로 아름답다(훌륭하다)'고 하였다."

荊:가시나무형 苟:진실로구/구차할구/겨우구 合:모을합 完:완전할완

문법(文法)적 해석

1) 子謂衛公子荊:공자께서 위나라의 공자 형을 평하였다.
   - 謂(위):말하다, '(논)평하다'의 의미에 가깝다.
   - 衛公子荊:위(衛)나라 대부였다.
2) 善居室:〈그는〉 집에 거처하기를 잘하였다.
   - 善居(선거):거처하기를 잘하다/동사가 연속 이어지는
     연동사(連動詞)로 앞의 동사가 문장의 본동사이다.
3) 始有, 少有, 富有:始/처음에, 少/조금, 富/부유하게,
   모두 부사이다.
4) 苟合矣:그런대로 모았다.
   - 苟(구):그런대로, 대체로, 겨우/부사.
   - 矣:서술, 단정 종결사로써 '확신'을 나타낸다.

첫째도 겸손, 둘째도 겸손... 그런대로苟.
겸손이 모든 덕행의 기본本인가 보다.

子適衛, 冉有僕, 子曰 "庶矣哉!"
冉有曰 "既庶矣, 又何加焉?" 曰 "富之."
曰 "既富矣, 又何加焉?" 曰 "教之."

자적위, 염유복, 자왈 "서의재!" 염유왈 "기서의, 우하가언?" 왈 "부지."
왈 "기부의, 우하가언?" 왈 "교지."

공자께서 위나라에 갔을 때, 염유가 수레를 몰았다.
자왈 "〈백성들이〉 많구나!" 염유가 말하였다. "이미 〈백성들이〉
많으면, 또 무엇을 더해야 합니까?" 자왈 "그들을 부유하게
해야 한다." 염유가 말하였다. "이미 부유하면 또 무엇을 더해야
합니까?" 자왈 "그들을 가르쳐야 한다."

適:갈적/맞을적   僕:마부복/종복   庶:많을서/여러서   既:이미기

문법(文法)적 해석

1) 冉有僕:염유가 수레를 몰았다
   - 冉有(염유):공자보다 29세 아래의 제자로, 성은 염(冉)이고,
     이름은 구(求)이며 자는 자유(子有)이고, 노나라 사람이다.
   - 僕(복):마부, 수레를 몰다, 마차를 몰다.
2) 庶矣哉!:〈백성들이〉 많구나!
   - 庶(서):(사람이) 많다.
   - 矣哉(의재):~구나(도다)/감탄의 어기를 나타내는 감탄 종결사이다.
3) 又何加焉?:또 무엇을 더해야 합니까?
   - 何加:의문사가 동사의 목적어이므로 동사 앞으로 도치된 것이다.
   - 何~焉:의문사 ~ 서술 종결사를 사용하여 의문의 뜻을 나타내는
     경우이며, 焉은 '於是'이고, 대명사를 포함한 의문 종결사이다.

먼저 부유하게富 한 후에 가르친다教.
공자님, 거꾸로 가르친教 이후에 부유하게富 하면 어떻게 됩니까?

子曰 "苟有用我者, 朞月而已可也, 三年有成."

자왈 "구유용아자, 기월이이가야, 삼년유성."

자왈 "만약 나를 쓰는(등용하는) 자가 있다면, 일 년이면 이미 괜찮을 것이다. 삼 년에는 이루어짐이 있을 것이다."

苟:만약구/진실로구 朞:돌기/1주년기 已:이미이

문법(文法)적 해석

1) 苟有用我者:만약 나를 쓰는(등용하는) 자가 있다면,
   - 苟(구):만약 ~면, 진실로 ~면/가정, 조건의 부사.
2) 朞月而已可也:일 년이면 이미 괜찮을 것이다.
   - 朞月(기월):같은 달이 돌아오는 기간, 즉 1년이다.
   - 而:만일(약) ~하면/단문을 연결시키는 가정 접속사이다.
   - 已(이):이미, 벌써/부사.
3) 三年有成:삼 년에는 이루어짐이 있을 것이다.
   - 有成(유성):'有'는 존재동사로써, 뒤에 보어 '成'를 취하며, 보어를 주어처럼 해석한다. '成'은 동사가 명사로 전성된 것이라 할 수 있다.

등용되지用 못한 공자님의 한스러움.
현실에서도 등용되지 못한, 취업하지 못한 가난한 실력자들이 너무나 많구나.

13.子路篇.11章

子曰 "'善人爲邦百年, 亦可以勝殘去殺矣,'
誠哉, 是言也!"

자왈 " '선인위방백년, 역가이승잔거살의,' 성재, 시언야!"

자왈 "'선한 사람이 백 년 동안 나라를 다스리면, 또한 잔인함을
이기고(잔인한 사람들을 교화시키고), 살육(사형)을 없앨 수
있다.' 라고 하니, 진실이구나, 이 말은!"

殘:잔인할잔 殺:죽일살

문법(文法)적 해석

1) 亦可以勝殘去殺矣:또한 잔인함을 이기고(잔인한 사람들을 교화
   시키고), 살육(사형)을 없앨 수 있다.
   - 可以:~할 수 있다/가능 보조사.
   - 勝殘(승잔):잔인함을 이기다. 잔인하고 포악한 사람을 교화시켜
     악한 짓을 하지 않게 하는 것이다.
   - 去殺(거살):살육(사형)을 없애다. 백성들이 교화되어 사형을 쓰지
     않을 수 있다.
2) 誠哉, 是言也!:진실이구나, 이 말은!
   - '是言也, 誠哉!'가 도치된 감탄문이며, 주어와 술어의 도치이며,
     주로 감탄문과 의문문에서 이루어진다.
   - 哉(재):찬양, 비통, 감개 등의 어기를 나타내는 감탄 종결사이다.
   - 也:~가(이), ~은(는)/주격 후치사.

선한 사람善人이 다스려도 태평성대가 오려면 백 년百年이라.
백 년百年 동안 계속해서 선한 사람들善人이 다스릴 수 있을까?

13. 子路篇.12章

子曰 "如有王者, 必世而後仁."

자왈 "여유왕자, 필세이후인."

자왈 "만약 왕자(왕도정치를 행하는 사람)가 있더라도,
반드시 한 세대 이후에 〈백성들이〉 인해진다."

世:세대세

문법(文法)적 해석

1) 如有王者:만약 왕자(왕도정치를 행하는 사람)가 있더라도,
   - 如:만약 ~면/가정, 양보, 조건의 부사.
   - 王者:덕(德)을 가지고 왕도(王道)정치를 하는 사람.
2) 必世而後仁:반드시 한 세대 이후에 〈백성들이〉 인해진다.
   - 世(세):30년을 한 세대라고 말한다.
   - 而後:~이후에/접속사이며, 이후(以後)와 같다.

왕자王者일지라도 30년이 지나야 백성들이 인仁해진다고?
왕자王者도 아니건만 몇 년 만에 백성들이 인仁할 수 있을까?
그리고 백성들이 아니라 왕자王者가 없는 것이 문제구나.

13.子路篇.13章

子曰 "苟正其身矣, 於從政乎, 何有?
不能正其身, 如正人何?"

자왈 "구정기신의, 어종정호, 하유? 불능정기신, 여정인하?"

자왈 "진실로 자기 자신을 바르게 한다면, 정치를 따르는(하는)
데에, 무엇이(무슨 문제가) 있겠는가? 자기 자신을 바르게 할
수 없다면, 어떻게 남을 바르게 하겠는가?"

苟:진실로구/구차할구/겨우구

문법(文法)적 해석

1) 苟正其身矣, 於從政乎, 何有?:진실로 자기 자신을 바르게 한다면,
   정치를 따르는(하는) 데에, 무엇이(무슨 문제가) 있겠는가?
   - 苟(구):만약 ~면, 진실로 ~면/가정, 조건의 부사.
   - 於從政乎는 보어로써 강조하기 위해 문장 앞으로 도치된 것이다.
     즉 何有於從政乎이며, 乎는 의문 종결사이다.
2) 不能正其身, 如正人何?:자기 자신을 바르게 할 수 없다면,
   어떻게 남을 바르게 하겠는가?
   - 不:~면/부정 보조사 '不'로 인해 이 절은 가정문이다.
   - 如 ~ 何:관용어로써 술어로는 '어떻게 ~ 할 것인가?',
     부사어로 '어찌, 어떻게'로 해석한다.

자신의 바름正이 정치政의 시작이자 끝.
자신의 바름正이 모든 일의 시작이자 끝.
그런데 시작만 있고 끝은 없구나.

13. 子路篇. 14章

冉子退朝, 子曰 "何晏也?" 對曰 "有政."
子曰 "其事也. 如有政, 雖不吾以, 吾其與聞之."

염자퇴조, 자왈 "하안야?" 대왈 "유정." 자왈 "기사야. 여유정, 수불오이, 오기여문지."

염자(염구)가 조정에서 물러 나오자, 자왈 "어찌하여 늦었느냐?"
대답하기를 "정사가 있었습니다."라고 하자, 자왈 "그의 〈집안의〉
일이겠지. 만약 정사가 있었다면, 비록 나를 써주지(등용하지)
않았지만, 나는 아마도 참여하여 들었을 것이다."

朝:조정조 晏:늦을안

문법(文法)적 해석

1) 冉子:공자보다 29세 아래의 제자로, 성은 염(冉)이고, 이름은
   구(求)이며 자는 자유(子有)이고, 노나라 사람이다. 염구는
   이때 계씨의 가신이었다.
2) 何晏也?:어찌하여 늦었느냐?
   - 何 ~ 也:의문사 ~ 서술 종결사를 사용하여 의문의 뜻을 나타내는
     경우이며, 何는 의문 부사이고, 여기서 也는 의문 종결사이다.
3) 其事也:그의 〈집안의〉 일이겠지.
   - 其:그, 자기, 자기 자신/3인칭 대명사로 '계씨'를 가리킨다.
4) 雖不吾以:비록 나를 써주지(등용하지) 않았지만,
   - 吾以:부정문에서 대명사가 목적어이므로 '以吾'가 도치된 것이다.
     以는 '~쓰다, ~등용하다'의 의미이다.
5) 吾其與聞之:나는 아마도 참여하여 들었을 것이다.
   - 其(기):아마(도)/동작이나 행위에 대한 추측을 나타내는 부사.
   - 與聞:참여하여 듣다. 與는 '참여하여', 전성 부사로 볼 수 있다.

계씨가 자신의 집에서 가신들과 국정에 대해 의논하였고, 그것에
대해 염구에게 꾸짖은 것이다. 염구에게 무슨 잘못이 있는 건가?

13. 子路篇.15章

定公問 "一言而可以興邦, 有諸?"
孔子對曰 "言不可以若是其幾也,
人之言曰 '爲君難, 爲臣不易.'
如知爲君之難也, 不幾乎一言而興邦乎?"
曰 "一言而喪邦, 有諸?"
孔子對曰 "言不可以若是其幾也,
人之言曰 '予無樂乎爲君, 唯其言而莫予違也.'
如其善而莫之違也, 不亦善乎?
如不善而莫之違也, 不幾乎一言而喪邦乎?"

정공문 "일언이가이흥방, 유저?" 공자대왈 "언불가이약시기기야, 인지언왈 '위군난,
위신불이.' 여지위군지난야, 불기호일언이흥방호?" 왈 "일언이상방, 유저?"
공자대왈 "언불가이약시기기야, 인지언왈 '여무락호위군, 유기언이막여위야.'
여기선이막지위야, 불역선호? 여불선이막지위야, 불기호일언이상방호?"

정공이 물었다. "한 마디 말로 나라를 흥하게 할 수 있는 그런
것이 있습니까?" 공자께서 대답하셨다. "말은 이와 같이
그것(한 마디 말)을 기약할 수 없습니다만, 사람들의 말에
'임금 되기(노릇하기)가 어렵고, 신하 되기(노릇하기)가 쉽지
않다'고 합니다. 만약 임금 되기(노릇하기)가 어렵다는 것을
안다면, 한 마디 말로 나라를 흥하게 하기를 기약할 수 있지
않겠습니까?" 〈정공이〉 말하였다. "한 마디 말로 나라를 망하게
하는 그런 것이 있습니까?" 공자께서 대답하셨다. "말은 이와
같이 그것(한 마디 말)을 기약할 수 없습니다만, 사람들의 말에
'나는 임금 되는(임금 노릇하는) 데에 즐거움이 없고, 오직
그(내) 말에 나를 어기지 않는다(않는 것이 즐겁다).'라고 합니다.
만약 그것이 선한데 어기지 않는다면, 또한 선하지 않겠습니까?
만약 선하지 않는데 어기지 않는다면, 한 마디 말로 나라를
망하게 하기를 기약할 수 있지 않겠습니까?"

幾:기약할기/가까울기 喪:망할상/잃을상 違:어긋날위

문법(文法)적 해석

1) 定公(정공):노(魯)나라 임금이며, 이름은 송(宋)이고, 소공(昭公)의 동생이며, 이 때 공자가 재상으로 있었다.
2) 有諸?:그런 것이 있습니까?
   - 諸(저):대명사를 포함한 의문 종결사로써 '之乎'와 같다.
3) 言不可以若是其幾也:말은 이와 같이 그것(한 마디 말)을 기약할 수 없습니다만,
   - 其:'一言'을 가리키는 대명사로써, 부정문에서 목적어가 술어 앞으로 도치된 것이라 볼 수 있다.
   - 幾(기):기약하다, 기대하다, ~에 가깝다.
4) 爲君難, 爲臣不易:임금 되기(노릇하기)가 어렵고, 신하 되기(노릇하기)가 쉽지 않다.
   - 爲:爲+명사, ~이 되다/자동사.
5) 不幾乎一言而興邦乎?:한 마디 말로 나라를 흥하게 하기를 기약할 수 있지 않겠습니까?
   - 幾는 뒤 문장 전체를 목적절로 취한다.
   - 乎:~을(를)/일반적으로 타동사 뒤에는 전치사가 놓이지 않으나, 놓이는 경우에 목적어로 해석한다.
6) 唯其言而莫予違也:오직 그(내) 말에 나를 어기지 않는다(않는 것이 즐겁다)
   - 莫予違:나를 어기지 않는다/부정문에서 목적어가 술어 앞으로 도치된 것이라 볼 수 있다. 違予가 도치된 것이다.
7) 如其善而莫之違也:만약 그것이 선한데 어기지 않는다면,
   - 如:만약 ~면/가정 부사.
   - 之違:부정문에서 목적어가 술어 앞으로 도치된 것이라 볼 수 있다. 違之가 도치된 것이다.

나라가 흥하興고 방함喪에는 군주君의 책임이 가장 크다.
또한 신하臣의 책임도 크다. 망한 나라들의 앞과 뒤에는
반드시 간신奸臣들이 있었다.

13. 子路篇. 16章

葉公問政, 子曰 "近者說, 遠者來."

섭공문정, 자왈 "근자열, 원자래."

섭공이 정치를 묻자, 자왈 "가까이 있는 사람들은 기뻐하고,
멀리 있는 사람들은 오게 하는 것이다."

葉:땅이름섭/잎엽 **說**:기뻐할열

문법(文法)적 해석

1) 葉公(섭공):초(楚)나라 섭지방의 수장으로서, 이름은 심제량
   (沈諸梁)이고, 자는 자고(子高)이다.
2) 遠者來:멀리 있는 사람들은 오게 하는 것이다.
   - 의미상, 문맥상 사동(역)문이다.

정치政란 먼저 가까이 있는 사람近者이
기쁘고 즐겁고 행복하고 살기 좋게 하는 것.
그러면 멀리서도 살기 위해 찾아오는구나.

13. 子路篇.17章

子夏爲莒父宰, 問政, 子曰 "無欲速, 無見小利.
欲速則不達, 見小利則大事不成."

자하위거보재, 문정, 자왈 "무욕속, 무견소리. 욕속즉부달, 견소리즉대사불성."

자하가 거보의 읍재가 되어, 정치를 묻자, 자왈 "빨리 하려고
하지 말고, 작은 이익을 보지 말라. 빨리 하고자 하면 달성하지
못하고, 작은 이익을 보면 큰 일이 이루어지지 않는다."

莒:땅이름거 父:남자이름보 宰:재상재 速:빠를속

문법(文法)적 해석

1) 子夏爲莒父宰:자하가 거보의 읍재가 되어,
 - 爲:~이 되다/자동사.
 - 莒父(거보):노(魯)나라 읍 이름이다.
2) 無欲速, 無見小利:빨리 하려고 하지 말고, 작은 이익을 보지 말라.
 - 無:~말라/금지 보조사. 毋와 같다.
 - 欲:~하고자 하다/원망(願望) 보조사.
3) 欲速則不達:빨리 하고자 하면 달성하지 못하고,
 - 則:~면/가정, 조건의 접속사.

조그마한 일이라도 이루기 위해 인내의 시간이 필요하다.
그리고 소탐대실小貪大失하지 말아야 하는구나.

13. 子路篇. 18章

葉公語孔子曰 "吾黨有直躬者, 其父攘羊,
而子證之." 孔子曰 "吾黨之直者, 異於是.
父爲子隱, 子爲父隱, 直在其中矣."

섭공어공자왈 "오당유직궁자, 기부양양, 이자증지."
공자왈 "오당지직자, 이어시. 부위자은, 자위부은, 직재기중의."

섭공이 공자에게 말하였다. "우리 마을에 몸을 정직하게 하는
자가 있는데, 그의 아버지가 양을 훔치자, 아들이 증언했습니다."
공자왈 "우리 마을의 정직한 자는, 이와 다릅니다. 아버지는
아들을 위해 숨겨주고, 아들은 아버지를 위해 숨겨주는데,
정직함은 그(그러는) 가운데에 있습니다."

黨:마을당/무리당 **躬**:몸궁 **攘**:훔칠양/물리칠양 **證**:증명할증 **隱**:숨을은

문법(文法)적 해석

1) 吾黨有直躬者:우리 마을에 몸을 정직하게 하는 자가 있는데,
   - 吾:나, 우리, 우리들/1인칭 대명사이다.
   - 黨:500가(家))이며, 마을을 의미한다. 隣(린)은 5가(家), 里(리)는
     25가(家), 族(족)은 100가(家), 州(주)는 2,500가(家), 鄉(향)은
     12,500가(家)이다.
   - 有:존재동사로써, 뒤 문장을 보어로 취하며 보어를 주어처럼
     해석한다.
   - 者:의존명사(불완전명사) 또는 특수 지시대명사로 앞 문장를
     취해서 명사구가 되며, '~하는 사람, ~하는 것'으로 해석한다.
2) 其父攘羊, 而子證之:그의 아버지가 양을 훔치자, 아들이 증언
   했습니다.
   - 其:그, 자기, 자기 자신/3인칭 대명사이며, '直躬者'을 가리킨다고
     할 수 있다.
   - 攘(양):훔치다, 도둑질하다.
   - 證(증):증언하다, 증명하다, 고발(告發)하다.

3) 吾黨之直者, 異於是:우리 마을의 정직한 자는, 이와 다릅니다.
  - 之:~의/관형격 후치사.
  - 於:~보다, ~와(과)/전치사로써, 술어가 '異'처럼 형용사일 때
    비교를 나타낸다.
4) 子爲父隱, 直在其中矣:아들은 아버지를 위해 숨겨주는데,
    정직함은 그(그러는) 가운데에 있습니다.
  - 爲:~위해, ~위하여/전치사.
  - 矣(의):단정 종결사로써 '확신'을 나타낸다.

먼저 천륜天倫과 인정人情이 있다면
정직直하기를 구하지 않아도 자연스럽게 정직直할 수 있다.
정직直의 진정한 의미를 되새기게 하는구나.

13. 子路篇.19章

樊遲問仁, 子曰 "居處恭, 執事敬, 與人忠,
雖之夷狄, 不可棄也."

번지문인, 자왈 "거처공, 집사경, 여인충. 수지이적, 불가기야."

번지가 인을 묻자, 자왈 "평상시에 거주할 때는 공손하고, 일을
처리할 때는 신중하고, 사람들과 함께 할 때는 진심을 다하며,
비록 오랑캐 땅에 가더라도, 버릴 수 없다."

居:평상시거 處:거주할처/곳처 執:처리할집/잡을집 敬:신중할경 夷:오랑캐이
狄:북방오랑캐적

문법(文法)적 해석

1) 居處恭:평상시에 거주할 때는 공손하고,
 - 居(거):평상시, 평소/부사.
 - 處(처):거주하다, 살다, 머무르다.
2) 執事敬:일을 처리할 때는 신중하고,
 - 執(지):처리(處理)하다, 맡아 다스리다.
 - 敬(경):신중하다, 삼가다(몸가짐이나 언행을 조심하다).
3) 與人忠: 사람들과 함께 할 때는 진심을 다하며,
 - 與(여):더불다, 함께 하다, 같이 하다/동사.
 - 忠(충):진심을 다하다, 정성(精誠)스럽다, 충성(忠誠)하다.
4) 雖之夷狄:비록 오랑캐 땅에 가더라도,
 - 雖(수):비록~ 할지라도/조건, 양보의 부사이다.
 - 之:가다, 이르다/동사.
 - 夷狄(이적):오랑캐.

번지가 인仁에 대해서 물은 것이 세 번인데도 대답이 모두 다르다.
아마도 공자께서 그 상황에 맞게 말씀을 하셨겠지?
아니면 전에 말씀하신 것을 기억하지 못하였을까?

子貢問曰 "何如斯可謂之士矣?"
子曰 "行己有恥, 使於四方, 不辱君命, 可謂士矣."
曰 "敢問其次." 曰 "宗族稱孝焉, 鄕黨稱弟焉."
曰 "敢問其次." 曰 "言必信, 行必果, 硜硜然小人哉,
抑亦可以爲次矣." 曰 "今之從政者何如?"
子曰 "噫! 斗筲之人, 何足算也?"

자공문왈 "하여사가위지사의?" 자왈 "행기유치, 시어사방, 불욕군명, 가위사의."
왈 "감문기차." 왈 "종족칭효언, 향당칭제언." 왈 "감문기차." 왈 "언필신, 행필과,
갱갱연소인재, 억역가이위차의." 왈 "금지종정자하여?" 자왈 "희! 두소지인, 하족산야?"

자공이 물었다. "어찌하면 선비라고 이를 수 있습니까?"
자왈 "자신을 행함에 부끄러움이(염치가) 있고, 사방에 사신
으로 가서, 임금의 명을 욕되게 하지 않으면, 선비라고 이를 수
있다." 〈자공이〉 말했다. "감히 그 다음을 묻겠습니다."
자왈 "가족과 친척들이 효성스럽다고 칭찬하고, 마을 사람들이
공손하다고 칭찬하는 것이다." 〈자공이〉 말했다. "감히 그 다음을
묻겠습니다." 자왈 "말은 반드시 믿음이 있고, 행동은 반드시
과단성이 있으면 융통성이 없는 소인이나, 그러나 또한 그 다음이
될 수 있다." 〈자공이〉 말했다. "지금의 정치를 따르는 자들은
어떻습니까?" 자왈 "아! 그릇이 작은 사람들이야, 어찌 계산할
(따질) 수 있겠는가?"

恥:부끄러울치 使:(사신으로)갈시 辱:욕될욕 次:다음차/버금차 宗:일족종/마루종
稱:칭찬할칭/일컬을칭 弟:공경(손)할제 硜:주변머리없을갱(경)/돌소리갱(경)
噫:한숨쉴희 斗:말두 筲:대그릇소 算:계산산

문법(文法)적 해석

1) 何如斯可謂之士矣?:어찌하면 선비라고 이를 수 있습니까?
 - 斯:~면/가정, 조건의 접속사.

2) 使(시):(사신으로)보내다, (사신으로)가다, 심부름 가다.

3) 宗族(종족):가족과 친척.

4) 弟(제):공손하다. 悌(제)와 통한다.

5) 果(과):과단성이 있다, 결단성이 있다, 결단하다.

6) 硜硜然小人哉:융통성이 없는 소인이나

   - 硜硜然(갱갱연):주변머리가 없거나, 융통성이 없는 모양이다.
   然은 모양이나 상태를 나타내는 의태어로써 형용사 접미사이다.

7) 噫! 斗筲之人, 何足算也?:아! 그릇이 작은 사람들이야,
   어찌 계산할(따질) 수 있겠는가?

   - 噫(희):감탄사로써, 놀람, 느낌, 부름, 응답을 나타내며,
   독립어로 떨어져 문장 앞에 사용된다. '아'라고 해석하며 탄식
   하는 표현이다.

   - 斗筲之人(두소지인):斗는 한 말, 筲는 한 말 두대의 양의 단위의
   대나무 그릇이며, 비루하고 자잘한 사람, 즉 그릇이 적은 사람이다.

   - 足(족):족하다, 충분하다/여기서는 '~할 수 있다', 가능보조사로
   볼 수 있다.

   - 算(산):셈하다, 따지다, 헤아리다.

선비士가 되기도 이렇게 힘든데,
어찌 군자君子가 될 수 있겠는가?
그냥 두소지인(斗筲之人)으로서 마음 편하게 사는 것이
최고이구나.

13.子路篇.21章

子曰 "不得中行而與之, 必也狂狷乎!
狂者進取, 狷者有所不爲也."

자왈 "부득중행이여지, 필야광견호! 광자진취, 견자유소불위야."

자왈 "중도로(중용의 도를) 행하는 사람을 얻어 함께 할 수
없다면, 반드시 열광적인 사람이거나 고집스러운 사람일(사람과
함께 할) 것이다! 열광적인 사람은 진취적이고, 고집스러운
사람은 하지 않는 바가 있다."

狂:미칠광 狷:고집스러울견

문법(文法)적 해석

1) 주희(朱熹)에 따르면 "맹자(孟子)는 '공자께서 어찌 중도의 사람을
   원하지 않았겠는가마는 반드시 얻을 수가 없었다. 그러므로 그
   다음을 생각하신 것이다'라고 하였으며, 성인(聖人)은 본래 중도의
   사람을 얻어 가르치려고 하였으나 이미 얻을 수 없고 다만 근후
   (謹厚)한 사람을 얻는다면 반드시 스스로 분발하여 행함이 있지
   못한다. 그러므로 이 광자(狂者)와 견자(狷者)를 얻는 것만 못하다."
   라고 하였다.
2) 必也狂狷乎!:반드시 열광적인 사람이거나 고집스러운 사람일
   (사람과 함께 할) 것이다!
   - 也:부사 뒤에서 부사를 강조한다/부사격 후치사.
   - 狂(광):뜻이 지극히 높으나 행실이 따르지 못하며 열광적이다.
   - 狷(견):지식이 미치지 못하나, 고집이 세고 지조가 굳다.
   - 乎:단정과 감탄의 의미를 포함한 종결사.

중도자中道者, 광자狂者, 견자狷者.
그리고 또 다른 자者는 아마도 이도 저도 아닌 자者일 것이다?

13. 子路篇. 22章

子曰 "南人有言曰 '人而無恒, 不可以作巫醫,' 善夫!
'不恒其德, 或承之羞.'" 子曰 "不占而已矣."

자왈 "남인유언 '인이무항, 불가이작무의,' 선부! '불항기덕, 혹승지수.' " 자왈 "부점이이의."

자왈 "남쪽 지방 사람들에게 말이 있는데 '사람이 항상심이
없으면 무당이나 의원이 될 수 없다' 하니, 좋구나(좋은 말이다)!
〈주역에〉 '그 덕을 항상하게 하지(일정하게 하지) 않으면,
어떤 이가 부끄러움을 잇게 할(줄) 것이다.'" 자왈 "점을 치지
않았을(않아도 알 수 있을) 뿐이다."

恒:항상항 作:될작/지을작 巫:무당무 醫:의원의 承:이을승 羞:부끄러울수
占:점칠점/헤아릴점

문법(文法)적 해석

1) 南人有言曰:남쪽 지방 사람들에게 말이 있는데,
 - 南人(남인):남쪽 나라(지방)의 사람들.
 - 有:존재동사로써, 뒷 문장을 보어로 취하며, 보어를 주어처럼
   해석한다.
2) 人而無恒, 不可以作巫醫:사람이 항상심이 없으면 무당이나
   의원이 될 수 없다.
 - 而:만일(약) ~하면/단문을 연결시키는 가정 접속사이다.
 - 恒(항):항(상)심, 한결같은 마음, 변함 없는 마음.
   항상 하다, 일정하다, 변(變)하지 않고 늘 그렇게 하다.
 - 可以:~할 수 있다/가능 보조사.
 - 作(작):~되다, ~하다, ~을 맡다.
3) 善夫!:좋구나(좋은 말이다)!
 - 善:좋다, 훌륭하다, 착하다/형용사.
 - 夫(부):~구나/감탄문의 끝에 쓰여 감개, 칭송, 비애 등의 어기를
   도와주는 감탄 종결사이다.
4) 不恒其德, 或承之羞:〈주역에〉 '그 덕을 항상하게 하지(일정하게

하지) 않으면, 어떤 이가 부끄러움을 잇게 할(줄) 것이다.
- 주역(周易) 항괘구삼(恒卦九三)의 효사(爻辭)이다.
- 或(혹):어떤 이(사람, 자), 혹자/특정 대상을 가리키지 않고
  막연한 사람을 가리킨다/부정칭 인칭 대명사.
- 承(승):잇다, 주다.
5) 不占而已矣:점을 치지 않았을(않아도 알 수 있을) 뿐이다.
- 주희(朱熹)는 "子曰을 추가하여 주역의 글과 구별하였으니,
  그 뜻은 자세하지 않다."고 했다.
- 而已矣:~일(할) 뿐이다/제한의 어기를 나타내는 한정 종결사.

조급하고, 성급하고, 변득스러운 마음이 아니라, 한결같은 마음,
변함없는 마음인 항상심恒. 가치 있는 무언가를 이루고 성취하는
데에는 항상심恒이 꼭 필요하지 않을까요?

子曰 "君子和而不同, 小人同而不和."

자왈 "군자화이부동, 소인동이불화."

자왈 "군자는 〈사람들과〉 화합하지만 부화뇌동하지 않으며,
소인은 부화뇌동하지만 〈사람들과〉 화합하지 않는다."

和:화할화/화목할화　同:한가지동

문법(文法)적 해석

1) 君子和而不同:군자는 〈사람들과〉 화합하지만 부화뇌동하지
   않으며,
   - 和(화):거스르고 어기는 마음이 없는 것이며, 다른 사람들과
   조화롭게 어울리다.
   - 而:그러나, 그런데/역접 접속사이며, 해석하지 않아도 된다.
   - 同(동):이익이나 취향에 의해 다른 사람들과 동화되다.
2) 주희(朱熹)에 따르면 "윤돈(尹焞)이 '군자는 義를 숭상하므로
   같지 않음이 있고, 소인은 利를 숭상하므로 어찌 和(화)할 수
   있겠는가.'"라고 했다.

부화뇌동附和雷同하며 이리 갔다가 저리 갔다가..
예나 지금이나 소신所信 없이 우레 소리에 맞춰 여기 붙었다가
저기 붙었다가 하는 사람들이 많구나.

13. 子路篇.24章

子貢問曰 "鄕人皆好之, 何如?" 子曰 "未可也."
"鄕人皆惡之, 何如?" 子曰 "未可也.
不如鄕人之善者好之, 其不善者惡之."

자공문왈 "향인개호지, 하여?" 자왈 "미가야." "향인개오지, 하여?"
자왈 "미가야. 불여향인지선자호지, 기불선자오지."

자공이 물었다. "마을 사람들이 모두 좋아하면 어떻습니까?"
자왈 "아직 안 된다." 〈자공이 물었다〉 "마을 사람들이 모두
싫어하면 어떻습니까?" 자왈 "아직 안 된다. 마을 사람들 중에
선한 자가 좋아하고, 그 〈마을의〉 선하지 않는 자가 미워하는
것만 못하다."

惡:미워할오

문법(文法)적 해석

1) 鄕人皆好之, 何如?:마을 사람들이 모두 좋아하면 어떻습니까?
  - 鄕人(향인):마을 사람들, 고을 사람들.
  - 皆(개):모두, 다/부정칭 인칭(지시) 대명사.
  - 何如:어떻습니까?/의문사가 동사의 목적어일 경우에 동사
    앞으로 도치된다. 如何와 같다.
2) 不如鄕人之善者好之, 其不善者惡之:마을 사람들 중에 선한 자가
    좋아하고, 그 〈마을의〉 선하지 않는 자가 미워하는 것만 못하다.
  - 不如:~보다 못하다/열등비교이며, 뒤 문장 전체를 보어절로
    취한다.
  - 鄕人之善者:다수+之+소수, 之는 관형격 후치사로써, 이 때는
    '~중에'로 해석한다. 즉 '마을 사람들 중에 선한 자'로 해석한다.
  - 者:의존명사(불완전명사) 또는 특수 지시대명사로 앞 문장를
    취해서 명사구가 되며, '~하는 사람, ~하는 것'으로 해석한다.
  - 好之:之는 무엇을 꼭 지칭하기 위해 쓰인 것이 아니라, 술어 뒤에
    之가 붙음으로써 그 술어를 술어답게 만들어주는 어감을 얻고,

어세를 고르게 하기 위해 쓰인다. 만약 여기서 대명사, 목적어로 쓰였다면 '그, 즉 일반적인 사람'를 가리킨다고 할 수 있으며, 해석하지 않아도 된다.
- 其:그, 자기, 자기 자신/3인칭 대명사이며, '일반적인 사람'을 가리킨다고 할 수 있다.
- 惡(오):미워하다, 싫어하다, 기피하다.

모두가 좋아하는好 사람이 될 필요는 없다.
그렇지만 모두가 싫어하는惡 사람이 되어서도 안되는구나.
그리고 최악惡은 선한 자가 미워하고, 선하지 않는 자가
좋아하는 것이구나.

13.子路篇.25章

子曰 "君子, 易事而難說也. 說之不以道, 不說也.
及其使人也, 器之. 小人, 難事而易說也.
說之雖不以道, 說也, 及其使人也, 求備焉."

자왈 "군자, 이사이난열야. 열지불이도, 불열야. 급기사인야, 기지.
소인, 난사이이열야. 열지수불이도, 열야, 급기사인야, 구비언."

자왈 "군자는 섬기기는 쉽지만 기쁘게 하기는 어렵다. 기쁘게
하는데 도로써가 아니면 기뻐하지 않으며, 그가(군자가) 사람을
부릴 때에는 그릇으로 쓴다(그릇에 맞게 쓴다).
소인은 섬기기는 어렵지만 기쁘게 하기는 쉽다. 기쁘게 하는데
비록 도가 아닐지라도 기뻐하며, 그가(소인이) 사람을 부릴
때에는 〈온갖 능력을〉 갖추기를 요구한다."

器:그릇기 備:갖출비

문법(文法)적 해석

1) 易事而難說也:군자는 섬기기는 쉽지만 기쁘게 하기는 어렵다.
 - 易~, 難~:특수형용사로써 술어로 쓰이는 경우에 보어를 취하며
   주어처럼 풀이한다.
2) 說之不以道, 不說也.:기쁘게 하는데 도로써가 아니면, 기뻐하지
   않으며,
 - 不 ~, 不 ~:앞 절(조건절) 부정, 뒤 절(결과절) 부정의 형태로,
   '~ 하지 않으면, ~ 하지 않는다.'로 해석한다.
 - 以:~로써/'以'는 전성 전치사로써 전치사를 수반한 부사구는
   문구 뒤에 위치하는 경우가 많다.
3) 及其使人也, 器之:그가(군자가) 사람을 부릴 때에는 그릇으로
   쓴다(그릇에 맞게 쓴다).
 - 及(급):~할 때에, ~에 이르러/전치사.
 - 其:그, 자기, 자기 자신/3인칭 대명사이며, '군자'를 가리킨다고
   할 수 있다.

- 使(사):부리다, 시키다/타동사이며, 주로 보조사로 쓰이지만, 뒤에 술어가 아닌 목적어(명사/명사구)가 오면 타동사가 된다.
- 也:~가(이), ~은(는)/앞 절 마지막 부분에 놓이거나, 병렬 문장의 끝에 놓여 잠시 쉬어감을 나타내는 주격 후치사로써 해석하지 않아도 된다.
- 器(기):그릇으로 쓰다, 그릇으로 여기다.
4) 求備焉:〈온갖 능력을〉 갖추기를 요구한다.
- 求備(구비):갖추어지기를 요구하다/동사가 연속 이어지는 연동사(連動詞)로 앞의 동사가 문장의 본동사이다.
- 焉(언):술어와 붙어서 그 술어의 대상을(목적어) 내포하기도 하고, 또는 단순히 처소격의 의미를 갖는 서술형 종결사로 쓰인다.

군자君子는 도량이 넓고 그릇이 커기에 섬기기가 쉽고易
소인小人은 속이 좁고 그릇이 적기에 섬기기가 어렵구나難.
군자君子가 소인小人이 될 수 있듯이, 소인小人 또한 군자君子가
될 수는 없을까?

君子 | 小人
易事而難說也 | 難事而易說也

13. 子路篇. 26章

子曰 "君子泰而不驕, 小人驕而不泰."

자왈 "군자태이불교, 소인교이불태."

자왈 "군자는 태연하되 교만하지 않고,
소인은 교만하되 태연하지 않다."

泰:태연할태/클태 **驕**:교만할교

문법(文法)적 해석

1) 君子泰而不驕:군자는 태연하되 교만하지 않고,
   - 泰(태):태연하다, 편안(便安)하다, 너그럽다, 느긋하다.
   - 而:그러나, 그런데/역접 접속사이며, 해석하지 않아도 된다.
   - 驕(교):교만(驕慢)하다, 오만(傲慢)하다, 무례하다.

논어에서 군자君子라는 단어가 가장 많이 언급된다.
군자君子와 소인小人의 차이는 어디까지 일까?

13. 子路篇. 27章

子曰 "剛毅木訥, 近仁."

자왈 "강의목눌, 근인."

자왈 "강직하고 굳세고 질박하고 어눌한 것이, 인에 가깝다."

剛:강직할강/굳셀강 **毅**:굳셀의 **木**:질박할목 **訥**:어눌할눌/말더듬거릴눌

문법(文法)적 해석

1) 剛毅木訥:강직하고 굳세고 질박하고 어눌한 것이,
   - 剛(강):강직(剛直)하다, 굳세다, 억세다, 단단하다.
   - 毅(의):굳세다, 강인(强靭)하다, 의연하다.
   - 木(목):질박(質樸)하다, 소박하다, 꾸밈이 없다.
   - 訥(눌):어눌하다, 말을 더듬거리다, 과묵하다.

강직하고剛 굳세고毅 질박하고木 어눌한訥 것이 인仁에 가깝고近,
말을 교묘하게 하고巧言, 얼굴빛을 좋게 하는令色 것이 인仁에
멀구나遠.

13. 子路篇.28章

子路問曰 "何如斯可謂之士矣?"
子曰 "切切偲偲, 怡怡如也, 可謂士矣.
朋友切切偲偲, 兄弟怡怡."

자로문왈 "하여사가위지사의?" 자왈 "절절시시, 이이여야, 가위사의. 붕우절절시시, 형제이이."

자로가 물었다. "어찌하면 선비라고 이를 수 있습니까?"
자왈 "간절하면서도 굳세며(굳세게 노력하게 하며),
〈화합하면서〉 즐거워한다면, 선비라고 이를 수 있다.
붕우 간에는 간절하면서도 굳세며(굳세게 노력하게 하며),
형제 간에는 〈화합하면서〉 즐거워하는 것이다."

切:간절할절/끊을절 偲:굳셀시 怡:즐거워할이/기쁠이

문법(文法)적 해석

1) 何如斯可謂之士矣?
 - 何如:어떤가, 어떻습니까/의문사가 동사의 목적어일 경우에 동사
   앞으로 도치된다. 如何와 같다.
 - 斯:~면/가정, 조건의 접속사.
2) 切切偲偲:간절하면서도 굳세며(굳세게 노력하게 하며),
 - 切切(절절):간절하고 지극함이다.
 - 偲偲(시시):굳세게 전심전력으로 노력하게 함이다.
3) 怡怡如也:〈화합하면서〉 즐거워한다면,
 - 怡怡(이이):화합하면서 즐거워하는 모양이다.
 - 如:모양이나 상태를 나타내는 의태어로써 형용사 접미사.
4) 이 문장의 내용은 모두가 자로(子路)가 부족한 것이기에
   공자께서 말씀해 주신 것이다.

선비士는 똑같은데 누가 묻는가에 따라 대답이 다르다.
피교육자에 맞는 적절한 답변, 자로의 단점을 말씀하셨구나.

13. 子路篇. 29章

子曰 "善人敎民七年, 亦可以卽戎矣."

자왈 "선인교민칠년, 역가이즉융의."

자왈 "선한 사람이 백성들을 칠 년 동안 가르치면, 또한 전쟁에 나아가게 할 수 있다."

卽:나아갈즉 戎:전쟁융/오랑캐융

문법(文法)적 해석

1) 善人(선인):타고난 성품이 선량하고, 자질은 아름답고,
   악한 일은 하지 않으나, 배우지 못한 사람이다.
   - 11편, 선진(先進)편, 19장에 선인(善人)에 대해 자장이 물었다.
    子張問善人之道, 子曰 "不踐迹, 亦不入於室."
2) 亦可以卽戎矣:또한 전쟁에 나아가게 할 수 있다.
   - 可以:~할 수 있다/가능 보조사.
   - 卽(즉):나아가다.
   - 戎(융):전쟁(戰爭), 전투(戰鬪), 싸움.
   - 矣:서술, 단정 종결사로써 '확신'을 나타낸다.

선한 사람善人이 가르치면 7년.
공자께서 가르쳤다면敎 몇 년 만에 가능하였을까?

13. 子路篇. 30章

子曰 "以不敎民戰, 是謂棄之."

자왈 "이불교민전, 시위기지."

자왈 "백성들을 가르치지 않고서 싸우게 하는 것은,
〈바로〉 그들을 버린다고 이르는 것이다."

戰:싸움전/전쟁전 棄:버릴기

문법(文法)적 해석

1) 以不敎民戰:백성들을 가르치지 않고서 싸우게 하는 것은,
   - 以:~로서, ~로써/동작, 수단, 방법을 나타내는 전치사.
   - 戰(전):싸우다, 전쟁(戰爭)하다.
2) 是謂棄之:〈바로〉 그들을 버린다고 이르는 것이다.
   - 是:연계동사로 '~이다'의 뜻이며, 지시대명사로써 주어인 '이것'의
     뜻이 아니다. 주어는 문맥상 앞 문장이므로 굳이 써주지 않아도
     된다. 다만, 우리말로 옮기는 과정에서는 우리말의 어감에 맞게
     '이것이'란 주어를 붙여준 것뿐이라고 할 수 있다.

전쟁戰 뿐만 아니라
무엇을 하던 먼저 가르침, 교육敎이 필요하구나.

父爲子
子爲父]隱 = 直

在其中矣

憲問

14.
憲問
篇
47章

14. 憲問篇. 1章

憲問恥, 子曰 "邦有道, 穀, 邦無道, 穀, 恥也."

헌문치, 자왈 "방유도, 곡, 방무도, 곡, 치야."

원헌이 치욕(수치)을 묻자, 자왈 "나라에 도가 있을 때, 〈자리만 차지하고〉 녹봉만 받으며, 나라에 도가 없을 때, 〈물러나지 않고〉 녹봉을 받는 것이, 치욕(수치)이다."

憲:법헌 **恥**:부끄러울치 **穀**:녹봉곡/곡식곡

문법(文法)적 해석

1) 憲:공자보다 36세 아래의 제자로, 성은 원(原)이고,
   이름은 헌(憲)이며 자는 자사(子思)이고, 노나라 사람이다.
2) 邦有道, 穀:나라에 도가 있을 때, 〈자리만 차지하고〉 녹봉만 받으며,
   - 有:존재동사로써, 보어를 취하며, 보어를 주어처럼 해석한다.
   - 穀(곡):녹봉(祿俸)을 받다, 녹봉으로 받는 쌀, 즉 녹미(祿米)를
     말한다.
3) 恥也:치욕(수치)이다.
   - 恥(치):치욕, 수치, 부끄러움.
   - 也:단정, 지정, 서술 종결사이다.

나라에 도道가 있을 때나 없을 때나
치욕恥스럽지 않도록 해야 하거늘,
그러나 어떠한가?
도道와는 상관없이 사람들만 있고 치욕들만 있지 않은가?

"克伐怨欲, 不行焉, 可以爲仁矣?"
子曰 "可以爲難矣, 仁則吾不知也."

"극벌원욕, 불행언, 가이위인의?" 자왈 "가이위난의, 인즉오부지야."

〈원헌이 물었다.〉 이기려하고 자랑하며 원망하고 욕심내는
일을 행하지 않으면 인이라고 말할 수 있습니까? 자왈 "어렵다고
말할 수 있지만, 인인지는 나는 알지 못하겠다."

克:이길극 伐:자랑할벌 怨:원망할원 欲:욕심욕/하고자할욕

문법(文法)적 해석

1) 克伐怨欲, 不行焉, 可以爲仁矣?:〈원헌이 물었다.〉 이기려하고
   자랑하며 원망하고 욕심내는 일을 행하지 않으면 인이라고
   말할 수 있습니까?
   - 주희(朱熹)에 따르면 "이 또한 원헌이 자신이 능한 것으로써 물은 것
     이다. '克'은 이기기를 좋아하는 것이고, '伐'은 스스로를 자랑하는
     것이고, '怨'은 분하여 원망하는 것이고, '欲'은 탐욕이다."라고 하였다.
   - 不:~면/부정 보조사 '不'로 인해, 이 절은 가정문이라 할 수 있다.
   - 焉(언):문장의 중간이나 끝에 쓰여, 어기를 완화시키거나
     쉬어감을 나타낸다. 이런 경우에는 해석하지 않는다.
   - 爲(위):말하다, 일컫다. 謂(위)와 통한다.
2) 仁則吾不知也:인인지는 나는 알지 못하겠다.
   - 則: ~은, ~가/주어 다음에 위치할 경우에 仁則은 '인(인지)은'
     으로 해석할 수 있다.

누구나 자신의 입장에서 질문하고 긍정적인 대답을 바랄 수 있다.
원헌原憲의 질문에 대한 공자님의 대답은 칭찬爲難 같으면서도
자신을 돌아보게하는 솔직吾不知한 답변이라고 할 수 있구나.

14.憲問篇. 3章

子曰 "士而懷居, 不足以爲士矣."

자왈 "사이회거, 부족이위사의."

자왈 "선비가 편안하기를(편안하게 살기를) 생각한다면,
선비가 될 수 없다."

懷:생각할회/품을회 居:편안할거/살거

문법(文法)적 해석

1) 士而懷居:선비가 편안하기를(편안하게 살기를) 생각한다면,
   - 而:~하면/단문을 연결하는 가정 접속사이다.
   - 懷(회):품다, 생각하다.
   - 居(거):편안하다, 마음에 편안하게 여기다.
2) 不足以爲士矣:선비가 될 수 없다.
   - 足以:족하다, 충분하다/여기서는 '~할 수 있다', 가능 보조사로
     볼 수 있다.
   - 爲:~이 되다/자동사.

선비士가 되기도 힘들구나.
그냥 걱정없이 편안하게居 살면 안되는 것인가?

14. 憲問篇. 4章

子曰 "邦有道, 危言危行, 邦無道, 危行言孫."

자왈 "방유도, 위언위행, 방무도, 위행언손."

자왈 "나라에 도가 있으면, 말을 높게 하고 행동을 높게 하며, 나라에 도가 없으면, 행동을 높게 하고 말은 공손해야 한다."

危:높을위/위태할위 孫:공손할손

문법(文法)적 해석

1) 邦有道, 危言危行:나라에 도가 있으면, 말을 높게 하고 행동을 높게 하며,
 - 有:존재동사로써, 보어를 취하며, 보어를 주어처럼 해석한다.
 - 危(위):높게 하다, 고상하게 하다, 바르다, 똑바르다.
2) 邦無道, 危行言孫:나라에 도가 없으면, 행동을 높게 하고 말은 공손해야 한다.
 - 無:존재동사.
 - 孫(손):공손(恭遜)하다, 순종(順從)하다. 遜(손)과 통한다.

나라에 도道가 있느냐 없느냐에 따라서
녹봉穀은 물론 말言과 행동行을 조심해야 한다.
그렇지 않으면 화禍를 피할 수가 없구나.

14. 憲問篇. 5章

子曰 "有德者必有言, 有言者不必有德.
仁者必有勇, 勇者不必有仁."

자왈 "유덕자필유언, 유언자불필유덕. 인자필유용, 용자불필유인."

자왈 "덕이 있는 사람은 반드시 〈훌륭한〉 말이 있지만,
〈훌륭한〉 말이 있는 사람이 반드시 덕이 있는 것은 아니다.
인한 사람은 반드시 용기가 있지만, 용기가 있는 사람이
반드시 인함이 있지는 않다."

勇:용감할용

문법(文法)적 해석

1) 有言者不必有德:〈훌륭한〉 말이 있는 사람이 반드시 덕이 있는
   것은 아니다.
   - 者:의존명사(불완전명사) 또는 특수 지시대명사로 앞 문장를
     취해서 명사구가 되며, '~하는 사람, ~하는 것'으로 해석한다.
   - 不必:반드시 ~ 것은 아니다/부분 부정으로, 부정사 뒤에
     부사, 必, 常, 甚, 皆, 俱, 盡 등이 오면 부분부정이다.
2) 주희(朱熹)에 따르면 "덕이 있는 자는 화순(和順)이 마음 속에
   쌓여서 영화(英華)가 밖으로 나타나고, 말을 잘 하는 자는 혹
   말을 잘하여 구급(口給)일 뿐이다. 인자(仁者)는 마음에 사적인
   얽매임이 없어서, 의(義)를 보면 반드시 행하고, 용기가 있는 자는
   혹 혈기(血氣)가 강할 뿐이다."라고 했다.

말言을 잘 한다고 해서 덕德이 있는 것이 아니며,
용감勇하다고 해서 인仁한 것도 아니구나.

南宮适問於孔子曰"羿善射, 奡盪舟, 俱不得其死,
然禹稷躬稼而有天下." 夫子不答. 南宮适出,
子曰"君子哉, 若人! 尙德哉, 若人!"

남궁괄문어공자왈 "예선사, 오탕주, 구부득기사, 연우직궁가이유천하." 부자부답.
남궁괄출, 자왈 "군자재, 약인! 상덕재, 약인!"

남궁괄이 공자께 물었다. "예는 활을 잘 쏘았고, 오는 〈힘이 세어
육지에서〉 배를 끌고 다녔으나, 모두 그 죽음을 얻지(제 명에 죽지)
못했습니다. 그러나 우임금과 직은 몸소 농사를 지었는데도
천하가 있었습니다." 선생님께서 대답하지 않으셨다. 남궁괄이
나가자, 자왈 "군자구나, 이 사람은! 덕을 숭상하구나, 이 사람은!"

适:빠를괄 羿:이름예 奡:이름오 盪:움직일탕/씻을탕 俱:함께구 禹:우임금우
稷:피직 躬:몸소궁 稼:심을가 尙:높일상

문법(文法)적 해석

1) 南宮适(남궁괄):공자의 제자로 성은 남궁(南宮)이고, 이름은
   괄(括)이며, 자는 자용(子容)이고, 노나라 사람이다. 시호는 경숙
   (敬叔)이며, 주희(朱熹)는 맹의자(孟懿子)의 형이라고 하였다.
2) 羿(예):하나라 말기 유궁국(有窮國)의 임금으로 활을 잘 쏘았다고
   한다. 그의 신하 한착(寒浞)에게 죽음을 당했다.
3) 奡(오):한착(寒浞)의 아들이고 힘이 세어 육지에서 배를 끌고
   다녔는데, 하(夏)나라 임금 소강(少康)에게 죽음을 당하였다.
4) 俱不得其死:모두 그 죽음을 얻지(제 명에 죽지) 못했습니다.
   - 俱(구):모두, 함께, 다/부사.
   - 不得其死:그 죽음을 얻지 못하다. 제 명에 죽지 못하다.
5) 然禹稷躬稼而有天下:그러나 우임금과 직은 몸소 농사를
   지었는데도 천하가 있있습니다.
   - 然(연):그러나/역접 접속사.
   - 禹(우):순(舜)임금으로부터 나라를 물려받은 우(禹)임금은 홍수를

잘 다스려 마침내 하(夏, 기원전 2070년~기원전 1600년)나라를
세웠으며 중국 고대의 전설상의 국가인 하나라의 첫 임금이다.
- 稷(직):후직(后稷). 순임금의 신하로 백성들에게 농사짓는 법을
가르쳐 주었다고 한다. 주나라를 세운 무왕이 그의 후손이었기에
천하를 소유하였다고 한 것이다.
6) 夫子(부자):대부(大夫) 이상이 되는 벼슬 자리에 있는 사람을
칭하는 말로 쓰였으나, 나중에는 제자가 그 스승을 칭하는 말로
'선생님, 스승'으로 쓰였다.
7) 君子哉, 若人! 尙德哉, 若人!:군자구나, 이 사람은!
덕을 숭상하구나, 이 사람은!
- 감탄문으로, 평서문으로 볼 때 주어와 술어의 도치 형식으로
볼 수 있다. 즉 '若人, 君子哉!'가 도치된 문장이다.
- 哉(재):찬양, 비통, 감개 등의 어기를 나타내는 감탄 종결사이다.
- 若(약):이, 이러한/대명사로써, 가까이 있는 사물, 상황 등을
나타낸다.

공자께서 조카 사위인 남궁괄南宮适을 계속해서 칭찬하고 있다.
남용삼복백규南容三復白圭(11편. 先進篇. 5章).
하얀 홀에 섞인 흠은 갈아 없앨 수 있지만 白圭之玷, 尙可磨也,
이 말에 섞인 흠은 그럴 수가 없다네 斯言之玷, 不可爲也.

14. 憲問篇. 7章

子曰 "君子而不仁者有矣夫, 未有小人而仁者也."

자왈 "군자이불인자유의부, 미유소인이인자야."

자왈 "군자이면서 인하지 않는 사람은 있어도(있구나),
소인이면서 인한 사람은 있지 않다."

문법(文法)적 해석

1) 君子而不仁者有矣夫:군자이면서 인하지 않는 사람은 있어도,
   - 而:그러나, 그런데/역접 접속사이며 해석하지 않아도 된다.
   - 矣夫(의부):~하구나/矣와 夫가 연용된 것이며, 감탄의 어기를
     나타냄과 동시에 추측의 의미를 겸하는 종결사이다.
2) 未有小人而仁者也:소인이면서 인한 사람은 있지 않다.
   - 未:아니다/부정 보조사.
   - 有: 존재동사로써, 뒤 문장 전체를 보어절로 취하며, 보어절을
     주어처럼 해석한다.

군자君子이더라도 모두가 인仁하지는 않구나.
소인小人은 죽었다 깨어나도 인仁할 수가 없단 말인가?
그냥 타고난 팔자대로 살면 안되는 걸까?

14. 憲問篇. 8章

子曰 "愛之, 能勿勞乎? 忠焉, 能勿誨乎?"

자왈 "애지, 능물로호? 충언, 능물회호?"

자왈 "사랑하면서 수고롭게 하지(일을 시키지) 않을 수 있겠는가?
진심으로 대하면서 가르쳐주지 않을 수 있겠는가?"

誨:가르칠회

문법(文法)적 해석

1) 愛之, 能勿勞乎?:사랑하면서 수고롭게 하지(일을 시키지) 않을
   수 있겠는가?
  - 勿(물):~하지 않다/부정 보조사로써 不과 같다.
  - 乎:의문, 반문의 어기를 나타내는 의문 종결사.
2) 忠焉, 能勿誨乎?:진심으로 대하면서 가르쳐주지 않을 수
   있겠는가?
  - 焉(언):문장의 중간이나 끝에 쓰여, 어기를 완화시키거나
    쉬어감을 나타낸다. 이런 경우에는 해석하지 않는다.
  - 誨(회):가르치다, 교도하다, 깨우쳐 주다.

사랑愛한다면,
그가 아니라 나를 수고롭게勞 하는 것이 진정한 사랑愛이 아닐까요?

14. 憲問篇. 9章

子曰 "爲命, 裨諶草創之, 世叔討論之, 行人子羽修飾之, 東里子産潤色之."

자왈 "위명, 비심초창지, 세숙토론지, 행인자우수식지, 동리자산윤색지."

자왈 "〈정나라에서〉명(외교 문서)을 만들 때, 비심이 초안을 작성하고, 세숙이 검토하며 논의하고, 행인 자우가 다듬고 꾸미며, 동리 자산이 윤색을(윤택하게) 하였다."

裨:도울비 **諶**:참심 **草**:초안초/풀초 **創**:시작할창/비롯할창 **討**:탐구할토/칠토 **飾**:꾸밀식 **潤**:윤택할윤

문법(文法)적 해석

1) 爲命:〈정나라에서〉명(외교문서)을 만들 때,
   - 爲+명사(목적어)는 '~하다'로 해석하며, 목적어의 성격에 따라 그 뜻을 적절하게 해석할 수 있다. '爲命'은 명(외교 문서)을 만들다.
   - 命(명):사신이 가지고 갈 외교 문서.
2) 裨諶草創之:비심이 초안을 작성하고,
   - 裨諶(비심):정나라 대부이다.
   - 草(초):시초(始初), 초안(草案), 초고(草稿)를 쓰다.
   - 草創(초창):초고를 작성하다, 초안을 작성하다.
3) 世叔討論之:세숙이 검토하며 논의하고,
   - 世叔(세숙):정나라 대부 유길((游吉)이다.
   - 討論(토론):검토하다, 논의하다, 평론하다.
4) 行人子羽修飾之:행인 자우가 다듬고 꾸미며,
   - 行人(행인):사신을 맡는 관직 이름이다.
   - 子羽(자우):정나라의 대부 공손휘(公孫揮)의 자이다.
   - 修飾(수식):다듬어 정리하다, 고치다, 손질하다.
5) 東里子産潤色之:동리 자산이 윤색을(윤택하게) 하였다.
   - 東里(동리):지명이며, 자산(子産)이 살았던 곳이다.

- 子産(자산):정(鄭)나라 대부 공손교(公孫僑)의 자(字)이며,
  어진 재상으로 정나라를 부강하게 만들었다.
- 潤色(윤색):윤색하다, 다듬다.
  자산에 대해서 5편 공야장(公冶長)편. 15장에 나왔다.
6) 주희(朱熹)는 "정(鄭)나라에서 외교 문서를 만들 때 네 현자(賢者)
  의 손에서 고쳐졌고 이루어졌으며, 이로써 제후들을 응대함에
  실패하는 일이 드물었다."라고 하였다.

외교 문서命는 그 나라의 얼굴이며, 크게는 한 나라의 존망이
달려 있다. 어찌 소홀히 할 수 있으랴.

14.憲問篇.10章

或問子産, 子曰"惠人也." 問子西, 曰"彼哉! 彼哉!"
問管仲, 曰"人也, 奪伯氏騈邑三百, 飯疏食,
沒齒無怨言."

혹문자산, 자왈 "혜인야." 문자서, 왈 "피재! 피재!"
문관중, 왈 "인야 탈백씨병읍삼백, 반소사, 몰치무원언."

어떤 사람이 자산을 묻자, 자왈 "은혜로운 사람이다."
자서를 묻자, 자왈 "그 사람이야! 그 사람이야!" 관중을 묻자,
자왈 〈이〉 사람은 백씨의 병읍 삼백 호를 빼앗았는데,
〈이 때문에 백씨는〉 거친 밥을 먹었으나, 평생을 마치도록
원망하는 말이 없었다."

惠:은혜혜 奪:빼앗을탈 騈:땅이름병/나란히할병 飯:먹을반 疏:거칠소
沒:마칠몰/빠질몰 齒:나이치/이치

문법(文法)적 해석

1) 子西(자서): 초(楚)나라 공자인 신(申)이며, 왕위를 사양하고,
   초소왕(楚昭王)을 세워서 정치를 개혁하고 기강을 세웠으며,
   또한 어진 대부(大夫)이며, 영윤(令尹) 즉 재상을 지냈다. 하지만
   초소왕(楚昭王)이 공자(孔子)를 등용하려 하자 이를 저지하였다.
2) 彼哉! 彼哉!: 그 사람이야! 그 사람이야!
   - 그를 외면하신 말씀이며, 언급할 가치가 없는 인물이라는 뜻이다.
   - 彼(피): 저 (사람), 그 (사람)/3인칭 대명사.
   - 哉(재): 찬양, 비통, 감개 등의 어기를 나타내는 감탄 종결사이다.
3) 管仲(관중): 제(齊)나라 대부(大夫)로 이름은 이오(夷吾), 자는
   중(仲)이다. 제환공(齊桓公)을 도와 제후의 패자(霸者)가 되게
   하였다. 공자는 그의 공적은 높이 평가했지만 사람됨은 별로
   대단치 않게 생각하였다. 사기(史記)에서 "이찌 주나라의 노가
   쇠미해진 상황에서 어진 환공을 도와 왕도(王道)정치로 천하를
   다스리는 군자가 되게 하지 않고 천하의 우두머리로서만 이름을

떨치게 하려고 했는가"라고 했으며, 공자는 그를 경시하였다고
한다. 관중(약 BC 723년, 혹은 BC 716년 ~ BC 645년 추정).

4) 人也, 奪伯氏駢邑三百:〈이〉 사람은 백씨의 병읍 삼백 호를 빼앗았는데,
  - 也:~은(는)/주격 후치사.
  - 伯氏(백씨):제(齊)나라의 대부이다. 제환공(齊桓公)이 백씨의
    병읍을 빼앗아 관중에게 주었고, 백씨는 곤궁하게 몸을 마쳤으나
    원망하는 말이 없었다.

5) 沒齒無怨言:평생을 마치도록 원망하는 말이 없었다.
  - 沒齒(몰치):평생, 일생, 평생을 마치도록.
  - 齒(치):나이, 연령(年齡), 수명을 의미한다.
  - 無:존재동사로써, '怨言'을 보어로 취하며, 보어를 주어처럼 해석한다.

공자님의 뒤끝이 장난이 아니다.
자서子西에 대한 평가가 "그 사람이야彼哉! 그 사람이야彼哉!"
성인聖人 또한 아닌 것은 아니구나.
원한을 덕이 아니라 정직함으로 갚는구나以直報怨.

沒齒無怨言
죽을 때까지 원망하는 말이 없다.

14.憲問篇.11章

子曰 "貧而無怨難, 富而無驕易."

자왈 "빈이무원난, 부이무교이."

자왈 "가난하면서 원망이 없기는 어렵지만,
부유하면서 교만이 없기는 쉽다."

貧:가난할빈 驕:교만할교

문법(文法)적 해석

1) 貧而無怨難:가난하면서 원망이 없기는 어렵지만,
   - 而:그러나, 그런데/역접 접속사이며, 해석하지 않아도 된다.
   - 無:존재동사로써, 보어를 취하며, 보어를 주어처럼 해석하는데
     즉 '원망이 없다'로 해석한다. 만약 부정 보조사로 본다면 不과
     같으며, '원망하지 않다'로 해석할 수도 있다.

가난하면서 교만이 없기는 쉽다. 貧而無驕易.
부유하면서 원망이 없기는 어렵다. 富而無怨難.
문장을 바꿨는데도 말이 되네. 하지만 헤갈리는구나

14.憲問篇.12章

子曰 "孟公綽爲趙魏老則優, 不可以爲滕薛大夫."

자왈 "맹공작위조위로즉우, 불가이위등설대부."

자왈 "맹공작은 〈진나라의〉 조씨와 위씨의 가노가 되는 것이라면 넉넉하지만, 등나라와 설나라의 대부는 될 수 없다."

綽:너그러울작　趙:나라이름조　魏:나라이름위　優:넉넉할우　滕:나라이름등
薛:나라이름설

문법(文法)적 해석

1) 孟公綽爲趙魏老則優:맹공작은 〈진나라의〉 조씨와 위씨의 가노가
　 되는 것이라면 넉넉하지만,
　 - 孟公綽(맹공작):노(魯)나라의 대부이다.
　 - 爲:~이 되다/자동사.
　 - 趙魏(조위):진(晉)나라 경(卿)의 집안들이며 세력이 강하였다.
　 - 老(노):대부의 가신의 우두머리이다.
　 - 則:~면/가정, 조건의 접속사.
2) 滕薛大夫(등설대부):등설(滕薛)은 모두 규모가 작은 제후국이었다.
　 대부(大夫)는 국정을 맡은 자이며, 지위가 높고 책임이 중한데,
　 맹공작은 아마도 청렴하고 욕심이 적은 인물이나 재능이 부족한
　 자인 듯하므로 대부로서는 적절치 않다고 공자는 생각하였다.

사람이 좋은 것이 중요한 것이 아니라
그 직책에 합당한지, 그리고 능력을 갖추고 있는지가 먼저이구나.
자리(직책)가 사람을 만든다고들 하지만 사람이 만들어지기 전까지
주위 사람들의 고통은 어떻게 할 것인가?

14.憲問篇.13章

子路問成人, 子曰 "若臧武仲之知, 公綽之不欲,
卞莊子之勇, 冉求之藝, 文之以禮樂,
亦可以爲成人矣." 曰 "今之成人者, 何必然?
見利思義, 見危授命, 久要不忘平生之言,
亦可以爲成人矣."

자로문성인, 자왈 "약장무중지지, 공작지불욕, 변장자지용, 염구지예, 문지이례악,
역가이위성인의." 왈 "금지성인자, 하필연? 견리사의, 견위수명, 구요불망평생지언,
역가이위성인의."

자로가 성인(인격적으로 완성된 사람)을 묻자, 자왈 "장무중의
지혜와 〈맹〉공작의 탐욕하지 않음과 변장자의 용맹과 염구의
재주에 예와 음악으로써 꾸민다면(장식한다면), 또한 성인이
될 수 있다." 자왈 "지금의 성인은 어찌 반드시 그러하겠는가?
이익을 보고 의를 생각하며, 위태로움을 보고 목숨을 바치며,
오랜 약속에 평소의 말을 잊지 않는다면, 또한 성인이 될 수 있다."

臧:착할장 綽:너그러울작 卞:성씨변 莊:씩씩할장 藝:재주예 授:줄수 要:약속할요

문법(文法)적 해석

1) 成人(성인):전인(全人)이라는 말과 같으며, 인격적으로 완전한
   사람, 완성된 사람을 의미한다.
2) 若臧武仲之知:(만약) 장무중의 지혜와,
   - 若(약):만약 ~면/가정, 조건, 양보 부사로서 뒤 문장 전체를 수식
     한다고 할 수 있다.
   - 臧武仲(장무중):노나라의 대부 장손흘(臧孫紇)이며, 5편. 공야장
     (公冶長)편.17장에 나온 장문중(臧文仲)의 손자이다.
   - 知(지):지혜, 지식, 앎/智(지)와 같다.
3) 卞莊子(변장자):노나라 변읍(卞邑)의 대부였다.
4) 文之以禮樂:예와 음악으로써 꾸민다면(장식한다면),
   - 文(문):꾸미다, 장식하다, 문식하다/문장 앞의 若의 수식을 받아

가정문이 된다.

  - 以:~로써/전성 전치사로써 전치사를 수반한 부사구는 문구 뒤에
    위치하는 경우가 많다.
5) 何必然:어찌 반드시 그러하겠는가?
  - 何:어찌/의문 부사.
  - 然(연):그러하다, 그렇다/상황이나 성질, 상태 등을 대신 나타
    내는 대명사이다.
6) 久要不忘平生之言:오랜 약속에 평소의 말을 잊지 않는다면,
  - 앞 절에 부정사 不, 非, 無 등을 사용하여 가정문이 된다.
  - 要(요):약속, 언약, 약속하다, 언약하다.
  - 平生(평생):평소, 평상시, 일상.

자로가 왜 성인成人에 대해 물었을까?
공자의 답변 또한 자로가 잘 아는 사람들을 인용해서 말하고 있다.
피교육자의 눈높이에 맞는 가르침, 자로가 미칠 수 있는 것을 가지고
말하고 있구나.

成人 [知不欲勇藝 + 禮樂
성인이란
지혜와 탐욕하지 않음과
용맹과 재주에
예와 음악을 더한 사람이구나!

14.憲問篇.14章

子問公叔文子於公明賈曰
“信乎? 夫子不言不笑不取乎?” 公明賈對曰
“以告者過也. 夫子時然後言, 人不厭其言,
樂然後笑, 人不厭其笑, 義然後取, 人不厭其取.”
子曰“其然? 豈其然乎?”

자문공숙문자어공명가왈 “신호? 부자불언, 불소, 불취호?” 공명가대왈 “이고자과야.
부자시연후언, 인불염기언, 낙연후소, 인불염기소, 의연후취, 인불염기취.”
자왈 “기연? 기기연호?”

공자께서 공명가에게 공숙문자를 물으셨다. “정말입니까?
부자께서는 말씀하지 않고 웃지 않고 취하지 않으십니까?”
공명가가 대답하였다. “말한 자가 지나쳤습니다.” 부자께서는
때에 맞은 연후에 말씀하시므로 사람들이 그 말씀을 싫어하지
않으며, 즐거운 연후에 웃으시므로 사람들이 그 웃음을 싫어
하지 않으며, 의로운 연후에 취하시므로 사람들이 그 취함을
싫어하지 않는 것입니다.” 자왈 “그렇습니까?” 어찌 그러합니까?”

笑:웃을소　時:때를맞출시　厭:싫어할염

문법(文法)적 해석

1) 公叔文子(공숙문자):위(衛)나라의 대부 공손지(公孫枝)이다.
2) 公明賈(공명가):위(衛)나라 사람이다.
3) 信乎?:정말입니까?
 - 乎:의문, 반문의 어기를 나타내는 의문 종결사.
4) 以告者過也:고한 자가 지나쳤습니다.
 - 以:앞 문장을 가리키는 대명사 '之'가 생략되었으며,
   以다음에 之등의 대명사가 오는 경우는 생략할 수 있다.
 - 告者(고자):고한 자, 말을 전하는 자.
5) 夫子時然後言:부자께서는 때에 맞은 연후에 말씀하시므로

- 夫子:公叔文子를 가리킨다.
- 時(시):때를 맞추다, 시기적절하다, 적당한 때를 기다리다.
- 然後(연후):~연후에/순접의 접속사.

6) 其然?:그렇습니까?
  - 其:문장의 첫머리에 쓰여 문장을 이끄는 어기를 나타내는데,
    해석하지 않을 수 있다.
  - 然(연):그러하다, 그렇다/상황이나 성질, 상태 등을 대신 나타
    내는 대명사이다.

7) 豈其然乎?:어찌 그러합니까?
  - 豈:어찌/의문 부사.
  - 其:문장의 중간에 쓰여 어기를 완만하게 하고, 또 의문문에 쓰여
    어기를 돕는 후치사이며 해석하지 않는다.

이런 사람이 있다니不言不笑不取,
공자께서도 믿지 못하셨구나. 정말입니까信乎?

14. 憲問篇. 15章

子曰 "臧武仲以防求爲後於魯,
雖曰不要君, 吾不信也."

자왈 "장무중이방구위후어로, 수왈불요군, 오불신야."

자왈 "장무중이 방읍으로써(방읍을 근거로써) 노나라에
〈그의 이복 형이〉 후계자가 되기를 요구하였으니, 비록 임금
에게 강요하지는 않았다고 말할지라도, 나는 믿지 않는다."

臧:착할장 **防**:막을방 **要**:강요할요/요구할요

문법(文法)적 해석

1) 臧武仲以防求爲後於魯:장무중이 방읍으로써(방읍을 근거로써)
   노나라에 〈그의 이복형이〉 후계자가 되기를 요구하였으니,
   - 以:~로써/수단, 방법을 나타내는 전치사.
   - 防(방):지명이며, 장무중이 봉해진 고을이었다.
   - 求爲:~되기를 요구하다/동사가 연속 이어지는 연동사(連動詞)로
     앞의 동사가 문장의 본동사이다.
   - 後(후):후계자, 후손, 자손/그의 이복 형을 후계자로 삼고자 하였다.
2) 雖曰不要君:비록 임금에게 강요하지는 않았다고 말할지라도,
   - 雖:비록~ 할지라도/조건, 양보의 부사.
   - 要(요):강요하다, 협박하다.
   - 曰(왈):말하다, 이르다, 일컫다, ~라고 하다.

도리에 맞지 않는 부탁 또한 예禮에 맞지 않는 것으로써
강요要하지는 않았다고 하더라도 할 수 없이 해야만
한다면 강요要한 것과 같은 것이라고 할 수 있지 않을까?

14.憲問篇.16章

子曰 "晋文公譎而不正, 齊桓公正而不譎."

자왈 "진문공휼이부정, 제환공정이불휼."

자왈 "진나라 문공은 속이고 바르지 않았고,
제나라 환공은 바르고 속이지 않았다."

晋:나아갈진 譎:속일휼 桓:굳셀환

문법(文法)적 해석

1) 晋文公譎而不正:진나라 문공은 속이고 바르지 않았고,
   - 譎(휼):속이다, 교활하다, 권모술수를 쓰다.
   - 晋文公(진문공):진(晋)나라의 임금(기원전 636~628. 재위)으로
     이름이 중이(重耳)이며, 춘추 시대의 두 번째 패자로, 춘추오패
     (春秋伍覇)의 한 사람이었다.
2) 齊桓公(제환공):제(齊)나라의 임금(기원전 685~643. 재위)으로
   이름이 소백(小白)이며, 관중(管仲)을 재상으로 등용하여 춘추
   시대의 첫 번째 패자로, 춘추오패(春秋伍覇)의 한 사람이었다.
3) 주희(朱熹)에 따르면 "환공(桓公)은 초(楚)나라를 칠 때에 의(義)
   로써 말하고 속이는 방법을 따르지 않았고, 문공(文公)은 위나라
   (衛)를 공격하므로써 초(楚)나라에 이르고 음모로써 승리를 취하
   였으니 그 속임이 심하다."라고 하였다.

바른가正? 속이는가譎?
처음의 차이는 미비할지 몰라도 결과는 엄청난 차이가 난다.
역사史는 이를 기록하고 기억한다.

14. 憲問篇. 17章

子路曰"桓公殺公子糾, 召忽死之, 管仲不死."
曰"未仁乎?"子曰"桓公九合諸侯, 不以兵車,
管仲之力也. 如其仁, 如其仁."

자로왈 "환공살공자규, 소홀사지, 관중불사." 왈 "미인호?"
자왈 "환공구합제후, 불이병거, 관중지력야. 여기인, 여기인."

자로가 말하였다. "환공이 공자 규를 죽이자, 소홀은 죽었고
(자살하였고), 관중은 죽지 않았습니다." 〈자로가〉 말했다.
"〈관중은〉 인하지 않은 거죠?" 자왈 "환공은 제휴들을 아홉 번 모았
는데(규합했는데), 병거(무력)를 쓰지 않은 것은 관중의 힘이었다.
그의 인만 같아라, 그의 인만 같아라."

殺:죽일살 糾:얽힐규/모을규 忽:갑자기홀 管:대롱관

문법(文法)적 해석

1) 公子糾(공자 규):제(齊)나라 환공(桓公)의 이복 형제이다.
   아버지인 제양공(齊襄公)이 무도하자 포숙아(鮑叔牙)는 공자
   소백(小伯)을 받들어 거(莒)나라로 가고, 관중과 소홀은
   공자 규(糾)를 받들어 노(魯)나라로 망명했는데, 제양공이 죽자
   소백이 먼저 귀국하여 왕위에 올라 제환공(齊桓公)이 되었고,
   노나라로 하여금 공자 규를 죽이게 하고, 관중과 소홀을 보내줄
   것을 청하자, 소홀은 자살하고 관중은 옥에 갇히기를 자청하였는데,
   포숙아가 환공에게 말하여 정승을 삼게 하였다.
2) 召忽死之:소홀은 죽었고(자살하였고),
 - 召忽(소홀):제(齊)나라 대부(大夫)로서 공자 규(糾)의 스승
   이였고, 공자 규(糾)가 노(魯)나라 임금에게 살해당하자 그도
   따라서 죽었다.
 - 死之:之는 무엇을 꼭 지칭하기 위해 쓰인 것이 아니라, 술어 뒤에
   之가 붙음으로써 그 술어를 술어답게 만들어주는 어감을 얻고,
   어세를 고르게 하기 위해 쓰인다. 해석하지 않아도 되지만 대명사,

목적어로 본다면 '召忽'을 가리키므로 소홀을 죽이다,
즉 '자살하다.'라고 해석할 수 있다.

3) 桓公九合諸侯, 不以兵車:환공은 제후들을 아홉 번 모았는데(규합
했는데), 병거(무력)를 쓰지 않은 것은,

- 九合(구합):아홉 번 모으다, 규합하다/제환공은 모두 아홉 번 규합
하였으며 九(구)는 숫자의 많음을 나타낸다. '춘추좌전(春秋左傳)'에
九는 규(糾)로 되어 있으며, 주희(朱熹)는 '모으다, 규합하다'로
해석하였다.

- 以:~쓰다, 하다, 행하다/동사로써 用과 같다.

4) 如其仁, 如其仁:그 인만 같아라, 그 인만 같아라.

- 如:~와 같다, ~듯 하다/비교 형용사로써 보어 '其仁'를 취한다.

- 其:그, 자기, 자기 자신/3인칭 대명사이며, '관중'을 가리킨다.

5) 주희(朱熹)는 "관중이 비록 어진 사람(仁人)은 될 수는 없으나
그 이익과 은혜가 사람들에게 미쳤으니 仁의 功이 있는 것이다."
라고 했다.

관중管仲이 공적이 있다고 하여 사람됨이 인仁한 것은 아니구나.
하지만 관중 정도만 되어라如其仁!

14. 憲問篇. 18章

子貢曰 "管仲非仁者與? 桓公殺公子糾,
不能死, 又相之." 子曰 "管仲相桓公霸諸侯,
一匡天下, 民到于今受其賜. 微管仲,
吾其被髮左衽矣. 豈若匹夫匹婦之爲諒也,
自經於溝瀆而莫之知也?"

자공왈 "관중비인자여? 환공살공자규, 불능사, 우상지." 자왈 "관중상환공패제후, 일광천하,
민도우금수기사. 미관중, 오기피발좌임의. 기약필부필부지위량야, 자경어구독이막지지야?"

자공이 말하였다. "관중은 인한 사람이 아닐 것입니다?
환공이 공자 규를 죽였는데, 〈따라〉 죽지도 못하고, 또 그를
도왔습니다." 자왈 "관중은 환공을 도와 제후의 으뜸(패자)이
되게 하여, 한 번 천하를 바로잡아, 백성들이 지금에 이르기까지
그 은덕을 받고 있다. 관중이 없었다면, 나는 아마도 머리를
풀어 헤치고 옷깃을 왼편으로 했을(하는 오랑캐가 되었을)
것이다. 어찌 평범한 사람들이 사소한 신의를 위하여, 도랑에서
자신을 목매어 죽어서 알아주는 사람이 없는 것과 같겠는가?"

霸:으뜸패 侯:제후후 匡:바를광 賜:은덕사/줄사 微:없을미/작을미 被:풀어헤칠피/입을피
髮:머리털발 衽:옷깃임 諒:믿을량(양) 經:목맬경/지날경/글경 溝:도랑구 瀆:도랑독

문법(文法)적 해석

1) 管仲非仁者與?:관중은 인한 사람이 아닐 것입니다?
   - 非:연계동사/뒤에 술어가 오면 부정 보조사로 쓰이지만,
     명사(구/절)이 오면 이를 부정하는 형태로, 연계동사로써 주어와
     보어 사이에 놓여 이를 연결하는 역할을 한다.
   - 與:반문과 의문의 어기를 내포한 의문 종결사.
2) 又相之:또 그를 도왔습니다.
   - 又(우):또, 또한/부사.
   - 相(상):돕다, 보조하다, 보좌하다.
3) 民到于今受其賜:백성들이 지금에 이르기까지 그 은덕을 받고 있다.

- 于(우):~에/보어와 목적어 앞에 위치하며, 처소, 대상의 전치사이다.
- 賜(사):은덕, 은혜.
4) 微管仲:관중이 없었다면,
  - 微(미):~없었다면/접속사.
5) 吾其被髮左衽矣:나는 아마도 머리를 풀어 헤치고 옷깃을 왼편으로 했을(하는 오랑캐가 되었을) 것이다.
  - 其:아마도/추측을 나타내는 부사.
  - 被(피):(머리를) 풀어헤치다, 헝클어뜨리다/披(피)와 같은 뜻이다.
  - 髮(발):머리카락, 머리털.
  - 衽(임):옷깃, (옷깃을)여미다.
6) 豈若匹夫匹婦之爲諒也, 自經於溝瀆而莫之知也?:어찌 평범한 사람들이 사소한 신의를 위하여, 도랑에서 스스로 목매어 죽어서 알아주는 사람이 없는 것과 같겠는가?
  - 豈:어찌/의문 부사.
  - 若:~와 같다/비교 형용사로써 뒷 문장 전체가 보어절이다.
  - 匹夫匹婦(필부필부):평범한 남자와 평범한 여자, 보통 사람들.
  - 爲:~하기 위해서, 위하여/전치사로써 동작이나 행위가 발생하는 목적을 나타낸다.
  - 也:~가 (이), ~은 (는)/앞 절 마지막 부분에 놓이거나, 병렬 문장의 끝에 놓여 잠시 쉬어감을 나타내는 주격 후치사로써 해석하지 않아도 된다.
  - 諒(량):작은 신의, 사소한 신의.
  - 自經(자경):자신을 목매다/일반적으로 '自'는 동사 앞에 쓰인다. 동사가 타동사일 때는 목적어로 '스스로를, 자기를, 자신을'으로 해석한다.
  - 於:~에/보어와 목적어 앞에 위치하며, 처소, 장소의 전치사이다.
  - 溝瀆(구독):도랑.
  - 莫:~한 사람이 없다, ~한 것(곳)이 없다/대명사로써 사람이나 사물을 가르킨다.
  - 之:부정문에서 대명사가 목적어이므로 '知之'가 도치된 것이다.

인仁이 무엇이란 말인가?
만약 관중管仲이 따라 죽지도 못하고 그럭저럭 살았더라면
관중은 두 번 죽는 것死이다?

公叔文子之臣大夫僎, 與文子同升諸公, 子聞之曰 "可以爲文矣."

공숙문자지신대부선, 여문자동승저공, 자문지왈 "가이위문의."

공숙문자의 가신인 대부 선이, 문자와 더불어 함께 공조에 올랐다, 공자께서 들으시고 말씀하셨다. "〈시호를〉 문이라고 할 만하다."

僎:갖출선 升:오를승

문법(文法)적 해석

1) 公叔文子之臣大夫僎:공숙문자의 가신인 대부 선이,
   - 公叔文子(공숙문자):위(衛)나라의 대부 공손지(公孫枝)이다.
   - 臣大夫僎(신대부선):공숙문자의 가신이자 대부인 선(僎)이다.
2) 與文子同升諸公:더불어 함께 공조에 올랐다,
   - 與(여):~와 더불어/전치사.
   - 同(동):함께/부사.
   - 公(공):공조(公朝), 즉 '나라의 조정'을 의미한다.
3) 可以爲文矣:〈시호를〉 문이라고 할 만하다.
   - 爲(위):말하다, 일컫다. 謂(위)와 통한다.
   - 文(문):그의 시호(諡號)가 文(문)이며, 시호는 생전의 공적에 따라 시법(諡法)에 의해 내려지며, 가장 높은 단계의 시호이다.

공숙문자公叔文子!(14.憲問篇.14章)
정말입니까信乎?
말하지도 않고 웃지도 않고 취하지도 않고不言不笑不取乎?
역시나 대단한 사람이었던 것 같구나.

14.憲問篇.20章

子言衛靈公之無道也, 康子曰 "夫如是,
奚而不喪?" 孔子曰 "仲叔圉治賓客,
祝鮀治宗廟, 王孫賈治軍旅. 夫如是, 奚其喪?"

자언위령공지무도야, 강자왈 "부여시, 해이불상?"
공자왈 "중숙어치빈객, 축타치종묘, 왕손가치군려. 부여시, 해기상?"

공자께서 위령공의 무도함을 말씀하시자, 계강자가 말하였다.
"이와 같은데, 어찌하여 망하지 않습니까?" 공자께서 말씀하셨다.
중숙어가 빈객을 다스리고(접대를 맡고), 축타가 종묘를 다스
리고(제사를 맡고), 왕손가가 군대를 다스리고(맡고) 있습니다.
이와 같은데, 어찌 망하겠습니까?"

衛:지킬위 靈:신령령 喪:잃을상/망할상 圉:마부어 鮀:모래무지타 廟:사당묘
旅:군대려(여)/나그네려(여)

문법(文法)적 해석

1) 衛靈公(위령공):위(衛)나라의 임금으로서 기원전 534~493년에
   재위하였으며, 무도하였지만 인재를 잘 등용하였다.
2) 康子(강자):계강자(季康子), 노(魯)나라의 대부인 계손비(季孫肥)로
   당시 노나라의 실권을 쥔 삼환 중에 한 가문의 사람이다.
   康(강)은 그의 시호이다.
3) 夫如是, 奚而不喪?:이와 같은데, 어찌하여 망하지 않습니까?
   - 夫:말을 시작하거나 문단을 바꿀 때, 즉 문장의 첫머리에 쓰여
   문장을 이끄는 어기를 나타내는데 해석하지 않는다. 즉 발어사이다.
   - 奚而(해이):왜, 어째서, 어찌하여/부사로써 원인을 묻는다.
4) 仲叔圉治賓客:중숙어가 빈객을 다스리고(접대를 맡고),
   - 仲叔圉(중숙어):위(衛)나라 대부인 공문자(孔文子)이다.
   5편 공야장(公冶長)편. 14장에 나왔다.
   - 治(치):다스리다, 관리하다, 처리하다.
   - 賓客(빈객):사신 즉 외빈(外賓)을 나타낸다.

5) 祝鮀(축타):위(衛)나라의 대부로, 종묘(宗廟)의 관원이며 자(字)가
　　자어(子魚)로 말재주가 있었다. 6편 옹야(雍也)편. 14장에 나왔다.
6) 王孫賈治軍旅:왕손가가 군대를 다스리고(맡고) 있습니다.
　- 王孫賈(왕손가):위(衛)나라 대부(大夫)로 왕손이 성이고,
　　가는 이름이다. 3편 팔일(八佾)편. 13장에 나왔다.
　- 軍旅(군려):군대이며, 군사 12,500명을 1군(軍)이라 하고,
　　군사 500명을 1려(旅)라 하고, 군사 2,500명을 1사(師)라 하며,
　　큰 제후국은 3군을 둘 수 있었다.
7) 夫如是, 奚其喪?:이와 같은데, 어찌 망하겠습니까?
　- 其:의문문에 쓰여 어기를 돕는 후치사이고, 해석하지 않는다.

임금의 어짐 또한 중요하지만 신하의 자질 또한 중요하구나.
한 나라가 흥興하고 망亡함이
어진 신하를 등용했느냐, 간신을 등용했느냐에 달려 있구나.

위나라가 망하지 않았다.

14.憲問篇.21章

子曰 "其言之不怍, 則爲之也難."

자왈 "기언지부작, 즉위지야난."

자왈 "자신의 말을 부끄러워하지 않으면, 하기가(실천하기가/고치기가) 어렵다."

怍:부끄러워할작

문법(文法)적 해석

1) 其言之不怍:자신의 말을 부끄러워하지 않으면,
   - '不怍其言'가 도치된 문장으로 볼 수 있다. 목적어를 강조하기 위해 앞으로 도치시키고 목적격 후치사 '之'를 목적어와 술어 사이에 쓴 것이다.
   - 其:그, 자기, 자기 자신/3인칭 대명사.
2) 則爲之也難:하기가(실천하기가/고치기가) 어렵다.
   - 則:~면/가정, 조건의 접속사.
   - 爲:爲+명사(목적어)는 '~하다'로 해석하며, 목적어의 성격에 따라 그 뜻을 적절하게 해석할 수 있다. '爲之'은 (그것을) 하다.
   - 也:~가(이), ~은(는)/주격 후치사.

부끄러워怍 한다면
조심하거나 고칠려고 노력할 것이다.
그러나 부끄러워怍하면서도 조심하거나 고칠려고 노력하지 않으며 계속하는 사람들은 무엇이란 말인가?

14.憲問篇.22章

陳成子弑簡公, 孔子沐浴而朝, 告於哀公曰
"陳恒弑其君, 請討之." 公曰"告夫三子"
孔子曰"以吾從大夫之後, 不敢不告也,
君曰告夫三子者." 之三子告, 不可.
孔子曰"以吾從大夫之後, 不敢不告也."

진성자시간공, 공자목욕이조, 고어애공왈 "진항시기군, 청토지." 공왈 "고부삼자"
공자왈 "이오종대부지후, 불감불고야. 군왈고부삼자자." 지삼자고, 불가.
공자왈 "이오종대부지후, 불감불고야."

진성자가 〈제나라의〉 간공을 시해하자, 공자께서 목욕 재계하고
입조하시어, 애공에게 아뢰었다. "진항이 그의 임금을 시해
하였으니, 토벌하기를 청합니다." 애공이 말하였다. "저 삼자에게
말하시오." 공자께서 말하였다. 내가 대부의 뒤를 따랐기 때문에
감히 아뢰지 않을 수 없었는데, 임금께서 저 삼자에게 아뢰라고
하시는군요." 〈공자께서〉 삼자에게 가서 아뢰니, 안 된다고 했다.
공자께서 말씀하셨다. "내가 대부의 뒤를 따랐기 때문에,
감히 아뢰지 않을 수 없었습니다."

弑:죽일시 簡:간략할간 沐:머리감을목 浴:목욕할욕 恒:항상항 討:칠토

문법(文法)적 해석

1) 陳成子(진성자):제나라의 대부로 이름이 항(恒)이다.
2) 簡公(간공):제나라의 임금으로 기원전 484~481년에 재위하였으며,
   이름은 임(壬)이며, 제도공(齊悼公)의 아들이다.`
3) 哀公(애공):노(魯)나라 임금으로, 성은 희(姬), 이름은 장(蔣)이며,
   애공(哀公)은 그의 시호이다.
4) 請討之: 토벌하기를 청합니다.
   - 請討(청토):토벌하기를 청하다/동사가 연속 이어지는
     연동사(連動詞)로 앞의 동사가 문장의 본동사이다.

5) 告夫三子:저 삼자에게 말하시오.
  - 夫:이, 저, 그/지시 대명사.
  - 三子:당시 노나라 세도가였던 세 집안의 대부 맹손씨, 숙손씨,
    계손씨를 말하며 노환공(魯桓公, B.C.711~694 재위)의 아들인
    중경보(仲慶父)·숙아(叔牙)·계우(季友)의 집안이며 이들을
    삼환(三桓)이라 하였다.
6) 以吾從大夫之後, 不敢不告也:내가 대부의 뒤를 따랐기 때문에
    감히 아뢰지 않을 수 없었는데,
  - 주희(朱熹)에 따르면 이 문장은 "공자께서 밖으로 나와 스스로
    이와 같이 말씀하신 것이다."라고 하였다.
  - 以:~때문에, ~으로 인해/접속사로써 단문을 연결시켜 주는
    역할을 한다.
  - 從大夫之後:공자께서 겸손하게 말한 것이며, 하대부(下大夫)를
    지낸 적이 있었으며, 아마도 기원전 481년의 일이었다.
  - 不敢不告也:'不 ~ 不'은 이중부정으로 강한 긍정을 나타낸다.
7) 告夫三子者:저 삼자에게 아뢰라고 하시는군요.
  - 者:주어 뒤나, 문장의 중간이나 끝에 쓰여 어기를 부드럽게 하며,
    해석하지 않는다/어기사, 즉 후치사라고 할 수 있다.

공자께서는 이 때에 육경六經 중의 하나인 춘추春秋를 집필하고
있었고, 아마도 71세이었을 것이다.
만약 제나라를 공격하는 일이 이루어졌다면 춘추春秋 집필을
끝낼 수 있었을까?

공자께서 왈曰"후세에 나를 알아주는 사람이 있다면 춘추春秋
때문일 것이고, 나를 비난하는 사람이 있다면 그 역시 춘추春秋
때문일 것이다."
- 공자세가 孔子世家 中-

14. 憲問篇. 23章

子路問事君, 子曰 "勿欺也, 而犯之."

자로문사군, 자왈 "물기야, 이범지."

자로가 임금 섬기는 것을 묻자, 자왈 "속이지 말고,
〈임금의 안색을〉 범하라(범하여 간언하라).

欺:속일기 **犯**:범할범

문법(文法)적 해석

1) 子路問事君:자로가 임금 섬기는 것을 묻자,
   - 問事:섬기는 것을 묻다/동사가 연속 이어지는 연동사(連動詞)로
     앞의 동사가 문장의 본동사이다.
2) 勿欺也, 而犯之:속이지 말고, 〈임금의 안색을〉 범하라(범하여
   간언하라).
   - 勿(물):~말라/금지 보조사.
   - 犯(범):범(犯)하다, 침범(侵犯)하다, 거스르다,
     임금의 안색을 범하여 간쟁(간언)하라.

누군가를 섬김에 범犯할 수 있을까?
잘못 범하다가 쫓겨나고 또 목숨까지 잃을 수도 있다.
반드시 믿음信이 생긴 연후에 간諫해야 하고 범犯해야 한다.

"용이란 벌레는 잘 길들여 가지고 놀 수도 있고 그 등에 탈 수도
있으나, 그 목덜미 아래에 거꾸로 난 한 자 길이의 비늘이 있어
이것을 건드린 사람은 용이 죽인다고 한다. 군주에게도 거꾸로
난 비늘이 있으니, 유세하는 사람이 군주의 거꾸로 난 비늘을
건드리지 않아야 한다."

- 사기열전 老子·韓非列傳 中 -

14. 憲問篇. 24章

子曰 "君子上達, 小人下達."

자왈 "군자상달, 소인하달."

자왈 "군자는 위로 통달하고, 소인은 아래로 통달한다."

達:통달할달

문법(文法)적 해석

1) 君子上達, 小人下達:군자는 위로 통달하고, 소인은 아래로
   통달한다.
   - 上~, 下~:위로, 아래로/上, 下처럼, 방향, 위치를 나타낼 경우,
     동사 앞에 와서 부사로 쓰인다. 東, 西, 南, 北, 上, 下, 左, 右,
     前, 後, 內, 外, 遠, 近 등이 있다.
   - 達(달):통달(通達)하다, 도달(到達)하다, 능숙(能熟)하다.
2) 주희(朱熹)는 "君子는 천리(天理)를 따라서 날로 고명(高明)함에
   나아가고, 小人은 인욕(人慾)을 따라서 날로 아래로 낮아짐에
   이르는 것이다."라고 하였다.

위上로 통달達하는 것도 어렵지만,
아래下로 통달達하는 것도 어렵지 않을까?

14. 憲問篇.25章

子曰 "古之學者爲己, 今之學者爲人."

자왈 "고지학자위기, 금지학자위인."

자왈 "옛날의 배우는 자는 자기를 위하였고, 지금의 배우는 자는 남을 위한다."

爲:위할위

문법(文法)적 해석

1) 古之學者爲己, 今之學者爲人:옛날의 배우는 자는 자기를 위하였고, 지금의 배우는 자는 남을 위한다."
   - 之:~의/관형격 후치사.
   - 爲:위하다, 하다, 되다/동사.
   - 人:남/부정칭 대명사.

위기지학爲己之學, 위인지학爲人之學이라!

"책을 읽는 동기는 두 가지, 하나는 책을 읽는 것이 좋아서 읽는 것이고, 또 하나는 책을 읽었다고 자랑할 수 있어서 읽는 것이다."

- 버트런드 러셀(1872~1970/영국, 철학자, 사회평론가) -

14.憲問篇.26章

蘧伯玉使人於孔子. 孔子與之坐而問焉,
曰 "夫子何爲?" 對曰 "夫子欲寡其過而未能也."
使者出, 子曰 "使乎! 使乎!"

거백옥시인어공자. 공자여지좌이문언, 왈 "부자하위?" 대왈 "부자욕과기과이미능야."
사자출, 자왈 "사호! 사호!"

거백옥이 공자에게 사람을 보내자, 공자께서 그와 함께 앉아서
물으셨다. "선생님께서는 무엇을 하시는지요?" 〈사자가〉 대답
하였다. "선생님께서는 자신의 허물을 적게 하고자 하시는데
아직 능하지 못하십니다(잘 안되는 모양입니다). 사자가
나가자, 자왈 "〈훌륭한〉 사자로다! 〈훌륭한〉 사자로다!"

蘧:패랭이꽃거 使:보낼시/사신사 寡:적을과

문법(文法)적 해석

1) 蘧伯玉使人於孔子:거백옥이 공자에게 사람을 보내자
  - 蘧伯玉(거백옥):위(衛)나라의 대부이며,이름이 원(瑗), 자가 자옥
   (子玉)이다. 공자께서 위나라에 계실 적에 그의 집에 머물렀다.
  - 使(시):(사신으로) 보내다, (사신으로) 가다, 심부름 보내다.
   使(사):사신(使臣), 사자, 심부름꾼, 하인(下人).
2) 與之:그와 함께/'與'는~와 더불어, ~와 함께/전치사.
3) 夫子何爲?:선생님께서는 무엇을 하시는지요?
  - 何爲:의문사가 동사의 목적어일 경우에 동사 앞으로 도치된다.
4) 使乎! 使乎!:〈훌륭한〉 사자로다! 〈훌륭한〉 사자로다!
  - 使乎(사호):두 번 '使乎'라고 한 것은 거듭 찬미하신 것이다.

공자께서는 심부름使 온 사람일지라도
심부름을 보낸 사람을 존경하듯이 대하셨구나.

14.憲問篇.27章

子曰 "不在其位, 不謀其政."

자왈 "부재기위, 불모기정."

자왈 "그 자리에 있지 않으면 그 정사를 꾀(도모)하지 않는다."

位:자리위　謀:꾀할모/도모할모

문법(文法)적 해석

1) 8편. 태백(泰伯)편. 14장에 나온 것이다. 중출(重出).
2) 不在其位, 不謀其政:그 자리에 있지 않으면 그 정사를 꾀(도모)
   하지 않는다.
   - 其:그, 자기, 자기 자신/3인칭 대명사이며, '일반적인 사람'을
     가리킨다고 할 수 있다.
   - 位(위):자리, 지위, 직위.
   - 不 ~, 不 ~ :앞 절(조건절) 부정, 뒤 절(결과절) 부정의 형태로,
     '~ 하지 않으면, ~ 하지 않는다.'로 해석한다.
   - 謀(모):꾀하다, 도모(圖謀)하다, 의논하다.
   - 政(정):정치, 정사(政事).

왜 반복되었을까?
둘 중 하나일 것이다.
너무나 중요하기 때문에,
아니면 중복되었는지 몰랐기 때문이 아닐까?

14.憲問篇.28章

曾子曰 "君子思不出其位."

증자왈 "군자사불출기위."

증자가 말하였다. "군자는 생각이 그 자리(위치)를
나가지(벗어나지) 않는다."

位:자리위

문법(文法)적 해석

1) 曾子(증자):공자보다 46세 아래의 제자로, 성은 증이고,
   이름은 삼(參)이며 자는 자여(子輿)이고, 대학(大學)을 저술
   했다고 전해진다.
2) 思不出其位:생각이 그 자리(위치)를 나가지(벗어나지) 않는다.
   - 주역(周易)의 간괘(艮卦)의 상사(象辭)의 내용이다.
   - 出(출):(장소)를 나가다, ~내다, 떠나다, 벗어나다/타동사.
   - 其:그, 자기, 자기 자신/3인칭 대명사이다.
3) 주희(朱熹)는 "증자가 일찍이 이것을 말씀하였는데, 쓰는 자가
   위장(27章)의 말과 같은 종류(類)라 하여 기록한 듯하다."라고
   하였다.

진정한 군자君子가 되려면 생각 또한 자제不出가 필요하다.
역시나 군자君子 되기가 힘드는구나.

14. 憲問篇. 29章

子曰 "君子恥其言而過其行."

자왈 "군자치기언이과기행."

자왈 "군자는 자신의 말이 자신의 행동을 지나치는(능가하는) 것을 부끄러워 한다."

恥:부끄러울치

문법(文法)적 해석

1) 君子恥其言而過其行:군자는 자신의 말이 자신의 행동을 지나치는 (능가하는) 것을 부끄러워 한다,
   - 恥(치):뒤 문장 전체를 목적절로 받으며, '~을 부끄러워 하다'의 뜻이다.
   - 其:그, 자기, 자기 자신/3인칭 대명사이다.
   - 而:'之'와 같이 주어와 술어 사이에 쓰여 문장의 독립성을 없애 주는 역할을 하는 어조사, 즉 후치사라 할 수 있다.

군자의 말言과 행동行.
눌어언이민어행訥於言而敏於行이라!

14. 憲問篇. 30章

子曰 "君子道者三, 我無能焉. 仁者不憂,
知者不惑, 勇者不懼." 子貢曰 "夫子自道也."

자왈 "군자도자삼, 아무능언. 인자불우, 지자불혹, 용자불구." 자공왈 "부자자도야."

자왈 "군자의 도가 셋인데, 나는 능한 것이 없다. 인한 사람은
근심하지 않고, 지혜로운 사람은 미혹되지 않고, 용감한 사람은
두려워하지 않는다." 자공이 말하였다. "선생님께서 스스로를
(자신에 대해서) 말씀하신 것이다."

憂:근심할우　惑:미혹할혹　懼:두려워할구　道:말할도

문법(文法)적 해석

1) 君子道者三, 我無能焉:군자의 도가 셋인데, 나는 능한 것이 없다.
  - 者:주어 뒤나, 문장의 중간이나 끝에 쓰여 어기를 부드럽게 하며,
    해석하지 않는다/어기사, 즉 후치사라고 할 수 있다.
  - 無:존재동사로써, 뒤 문장 '能焉'을 보어구로 취하며, 보어구를
    주어처럼 해석한다.
2) 仁者不憂, 知者不惑, 勇者不懼:인한 사람은 근심하지 않고, 지혜
    로운 사람은 미혹되지 않고, 용감한 사람은 두려워하지 않는다.
  - 9편. 자한(子罕)편. 28장에 나온 것이다. 중출(重出).
3) 夫子自道也:선생님께서 스스로를 (자신에 대해서) 말씀하신 것이다.
  - 自道:스스로를(자신을) 말하다/'自'는 일인칭 대명사일 경우는
    자기 또는 자신으로 해석하며, 일반적으로 '自'는 동사 앞에 쓰인다.
    동사가 타동사일 때는 목적어로 '자신을, 스스로를'으로 해석한다.
  - 道(도):말하다.

군자의 도道에 공자께서는 능한 것이 없었다無能?
공자께서는 인하지도仁, 지혜롭지도知, 용감하지도勇 않았단 말인가?

14.憲問篇.31章

子貢方人, 子曰 "賜也賢乎哉! 夫我則不暇."

자공방인, 자왈 "사야현호재! 부아즉불가."

자공이 사람들을 비방하자, 자왈 "사(賜)는 어진가 보구나!
나는 〈그럴〉 겨를이 없다."

方:비방할방　暇:겨를가

문법(文法)적 해석

1) 方人:사람들을 비방하자,
   - 方(방):비방하다, 견주다, 헐뜯다/謗(방)과 같은 뜻이다.
2) 賜也賢乎哉!:사(賜)는 어진가 보구나!
   - 也:~가(이), ~은(는)/주격 후치사.
   - 乎哉(호재):의문, 반문, 감탄 등을 나타내는 종결사.
3) 夫我則不暇:나는 〈그럴〉 겨를이 없다.
   - 夫:말을 시작하거나 문단을 바꿀 때, 즉 문장의 첫머리에 쓰여
     문장을 이끄는 어기를 나타내는데 해석하지 않는다.
     즉 발어사이다.
   - 則: ~은, ~가/주어 다음에 위치할 경우에 이처럼 해석한다.
   - 暇(가):겨를, 틈, 한가하다.

수首제자 중의 한 사람인 자공도
가끔씩은 스승님에게 꾸지람을 들었구나賜也賢乎哉!.

14.憲問篇.32章

子曰 "不患人之不己知, 患其不能也."

자왈 "불환인지불기지, 환기불능야."

자왈 "남이 나를 알아주지 않음을 걱정하지 말고,
자신이 능하지 못함을 걱정하라."

患:근심환

문법(文法)적 해석

1) 不患人之不己知:남이 나를 알아주지 않음을 걱정하지 말고,
   - 이와 유사한 문장이 논어에서 1편, 4편, 14편, 15편에 4번 나온다.
   - 不:~하지말라/금지보조사 勿과 같다.
   - 患(환):뒤 문장 전체를 목적절로 취한다.
   - 人:남/부정칭 대명사.
   - 不己知:부정문에서 인칭 대명사가 목적어(보어)로 쓰이면 강조를
     위해 앞으로 도치할 수 있다. '不知己'가 도치된 것이다.
2) 患其不能也:자신이 능하지 못함을 걱정하라.
   - 患:뒤 문장 전체를 목적절로 취한다.
   - 其:자기, 자기 자신/3인칭 대명사.

능력能이 없음을 모르고 남이 알아주지 않음不己知을
걱정하는患 것이 2,500년 전이나 지금이나 똑같구나.

14.憲問篇.33章

子曰 "不逆詐, 不億不信, 抑亦先覺者, 是賢乎!"

자왈 "불역사, 불억불신, 억역선각자, 시현호!"

자왈 "〈남이 나를〉 속일까 미리 헤아리지 않고,
〈남이 나를〉 믿지 않을까를 미리 억측하지 않으면서도,
그러나 또한 먼저 깨닫는 자가 현명한 것이다!"

逆:미리헤아릴역/거스릴역 詐:속일사 億:억측할억/헤아릴억 抑:누를억
覺:깨달을각

문법(文法)적 해석

1) 不逆詐:〈남이 나를〉 속일까 미리 헤아리지 않고,
   - 逆(역):미리 헤아리다, 생각하다.
2) 億(억):억측하다, 헤아리다, 추측(推測)하다.
3) 抑亦先覺者:그러나 또한 먼저 깨닫는 자가,
   - 抑(억):그러나/역접 접속사.
   - 先(선):먼저, 우선/부사.
4) 是賢乎!:현명한 것이다!
   - 是:연계동사로 '~이다'의 뜻이며, 지시대명사로써 주어인 '이것'의
     뜻이 아니다. 주어는 문맥상 앞 문장이므로 굳이 써주지 않아도
     된다. 다만, 우리말로 옮기는 과정에서는 우리말의 어감에 맞게
     '이것이'란 주어를 붙여준 것뿐이라고 할 수 있다.
   - 乎:단정과 감탄의 의미를 포함한 종결사.

미리 헤아리지도逆 않고, 미리 억측하지도億 않으면서
먼저 깨닫는다는 것이 가능할까?
가능하다면 진정으로 알면서 깨닫는 것覺이 아닐까요?

14. 憲問篇. 34章

微生畝謂孔子曰 "丘何爲是栖栖者與?
無乃爲佞乎?" 孔子曰 "非敢爲佞也. 疾固也."

미생무위공자왈 "구하위시서서자여? 무내위녕호?" 공자왈 "비감위녕야. 질고야."

미생무가 공자에게 말하였다. "구는 어찌하여 이렇게 바빠해 하는 것이오(바쁘게 뛰어다니는 것이오)? 말재주를 부리는 것이 아니오?" 공자께서 말하였다. "감히 말재주를 부리는 것이 아닙니다. 고집스러운 것을 미워하는 것입니다."

微:작을미 畝:이랑무(묘) 栖:바쁜모양서/깃들일서 佞:말재주녕(영)/아첨할녕(영)
疾:미워할질 固:고집할고

문법(文法)적 해석

1) 微生畝:성이 미생(微生)이고, 이름은 무(畝)이다. 주희(朱熹)에 따르면 "공자의 이름을 부르고 말이 심히 거만하니, 아마도 나이와 덕이 있으면서 은둔한 자인 듯하다."고 했다.
2) 丘何爲是栖栖者與?:구는 어찌하여 이렇게 바빠해하는 것이오 (바쁘게 뛰어다니는 것이오)?
 - 何爲(하위):어찌하여, 무엇을 위하여/부사어.
 - 是(시):이렇게, 이리도/상황을 나타내는 부사어이다.
 - 栖栖(서서):바쁘게 뛰어다니는 모양.
 - 者與(자여):어기를 강조하는 '者'와 의문, 반문을 나타내는 '與'로 이루어진 종결사이며, 중점은 '與'에 있다.
3) 無乃爲佞乎?:말재주를 부리는 것이 아니오?
 - 無乃 ~ 乎?: ~ 이 아닌가?
 - 爲:爲+명사는 '~하다'로 해석하며, 목적어의 성격에 따라 그 뜻을 적절하게 해석할 수 있다. '爲佞'은 말재주를 부리다.
 - 乎:의문, 반문의 어기를 나타내는 의문 종결사.
4) 非敢爲佞也. 疾固也:감히 말재주를 부리는 것이 아닙니다. 고집스러운 것을 미워하는 것입니다.

- 非:부정 보조사로, 동사 앞에 위치하면 不과 같다.
- 疾(질):미워하다, 증오(憎惡)하다.
- 固(고):완고(頑固)하다, 우기다(억지를 부려 제 의견을 고집스럽게
  내세우다), 고루(固陋)하다/형용사가 명사로 전성된 것이다.

말재주佞라?
공자님의 '고집스러움固을 미워한다.'는 말, 또한 말재주를 부리는
것이 아닐까?

말재주를 부리는 것이 아니오?

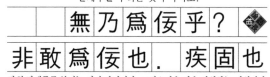

감히 말재주를 부리는 것이 아닙니다. 고집스러운 것을 미워하는 것입니다.

14.憲問篇.35章

子曰 "驥不稱其力, 稱其德也."

자왈 "기불칭기력, 칭기덕야."

자왈 "천리마는 그 힘을 칭찬하는 것이 아니라,
그 덕을 칭찬하는 것이다."

驥:천리마기 **稱**:칭찬할칭/일컬을칭

문법(文法)적 해석

1) 驥不稱其力:천리마는 그 힘을 칭찬하는 것이 아니라,
   - 驥(기):천리마, 좋은 말의 명칭이다.
   - 稱(칭):칭찬(稱讚)하다, 일컫다, 부르다.
   - 其:그, 자기, 자기 자신/3인칭 대명사, 지시 대명사이다.
2) 稱其德也:그 덕을 칭찬하는 것이다.
   - 德(덕):길이 잘 들고, 성질이 온순함을 말한다.

말馬 또한 이러하거늘, 재주力만 있고 덕德이 없는 사람들이 많구나.
우리는 재주力만 보고 칭찬稱을 하는구나.

14. 憲問篇. 36章

或曰 "以德報怨, 何如?"
子曰 "何以報德? 以直報怨, 以德報德."

혹왈 "이덕보원, 하여?" 자왈 "하이보덕? 이직보원, 이덕보덕."

어떤 사람이 말하였다. "덕으로써 원망(한)을 갚는 것은
어떻습니까?" 자왈 〈그러면〉 무엇으로써 덕을 갚겠는가?
정직함으로써 원망(한)을 갚고, 덕으로써 덕을 갚아야 한다."

報:갚을보 怨:원망원 直:곧을직

문법(文法)적 해석

1) 以德報怨, 何如?:덕으로써 원망(한)을 갚는 것은 어떻습니까?
  - 주희(朱熹)에 따르면 "혹자가 말한 것은 '老子' 책에 보인다."고
    하였다. '老子. 통행본, 63장'에 '報怨以德'이 나온다.
  - 以:~로써/수단, 방법, 동작을 나타내는 전치사.
  - 何如:어떻습니까? 어떠한가?/如何가 도치된 것이다.
2) 以直報怨, 以德報德:정직함으로써 원망(한)을 갚고, 덕으로써
    덕을 갚아야 한다.
  - 直(직):곧음, 정직함. 주희(朱熹)에 따르면 "원망하는 자에게는
    사랑하고 미워함과 취하고 버림을 한결같이 지극히 공평하고,
    사사로움이 없이 하는 것이 정직이란 것이다."고 하였다.

공자께서 "정직直으로 원망怨을 갚으라."라고 하셨는데,
정직하지 않은 자는 정직할 수 없는데, 이런 자는 무엇으로
원망怨을 갚아야 합니까?

14.憲問篇.37章

子曰 "莫我知也夫!" 子貢曰 "何爲其莫知子也?"
子曰 "不怨天, 不尤人.
下學而上達, 知我者其天乎!"

자왈 "막아지야부!" 자공왈 "하위기막지자야?" 자왈 "불원천, 불우인. 하학이상달, 지아자기천호!"

자왈 "나를 알아주는 사람이 없구나!" 자공이 말하였다. "어찌
하여 선생님을 알아주는 사람이 없습니까?" 자왈 "〈나는〉 하늘을
원망하지 않고, 〈다른〉 사람을 탓하지 않는다. 아래로 배워서
위로 통달하였으니, 나를 알아주는 것은 아마도 하늘이로다!"

尤:탓할우/허물우

문법(文法)적 해석

1) 莫我知也夫!:나를 알아주는 사람이 없구나!
 - 莫(막):~한 사람이 없다, ~한 것(곳)이 없다/주어로 쓰이며,
   대명사로써 사람이나 사물을 가르킨다.
 - 我知:'知我'가 도치된 것/부정문에서 대명사가 목적어일때 도치.
 - 也夫(야부):감탄의 어기나 예측을 강조하는 종결사.
2) 何爲其莫知子也?:어찌하여 선생님을 알아주는 사람이 없습니까?
 - 何爲(하위):어찌하여/의문 부사.
 - 其:문장의 중간에 쓰여 어기를 완만하게 하고, 또 의문문에 쓰여
   어기를 돕는 후치사이며 해석하지 않는다.
 - 也:의문사와 서술 종결사를 사용하여 의문의 뜻을 나타내는
   경우이며, 여기서 也는 의문 종결사이다.
3) 不尤人:〈다른〉 사람을 탓하지 않는다.
 - 尤(우):원망하다, 책망하다, 탓하다.
 - 人:남, 타인/부정칭 대명사.
4) 下學而上達:아래로 배워서 위로 통달하였으니,
 - 下~上~:아래로~ 위로~/방향, 위치를 나타낼 경우, 동사 앞에
   와서 부사로 쓰인다.

- 而:그리고, 그래서/앞에 명사(구,절), 부사, 동사가 왔어 뒤 문장과 연결하는 순접 접속사이다. 즉 단어와 구 혹은 단문을 연결하는 역할을 하며, 해석하지 않아도 된다.
5) 知我者其天乎!:나를 알아주는 것은 아마도 하늘이로다!
  - 者:의존명사(불완전명사) 또는 특수 지시대명사로 앞 문장를 취해서 명사구가 되며, '~하는 사람, ~하는 것'으로 해석한다.
  - 其:아마도/추측을 나타내는 부사이다.
  - 乎:단정과 감탄의 의미를 포함한 종결사.

세상에서 알아주는 사람이 없더라도
아래로 배워서下學 위로 통달하고上達 싶다.

14.憲問篇.38章

公伯寮愬子路於季孫, 子服景伯以告,
曰"夫子固有惑志於公伯寮, 吾力猶能肆諸市朝."
子曰"道之將行也與, 命也, 道之將廢也與, 命也.
公伯寮其如命何?"

공백료소자로어계손, 자복경백이고, 왈 "부자고유혹지어공백료, 오력유능사저시조."
자왈 "도지장행야여, 명야, 도지장폐야여, 명야. 공백료기여명하?"

공백료가 계손에게 자로를 참소하자, 자복경백이 〈공자께〉
아뢰었다. "부자(계손)께서 진실로 공백료에게 미혹된 마음이
있습니다만, 내 힘으로도 오히려 〈그를 죽여서〉 시체를 시장
이나 조정에 늘어놓을 수 있습니다." 자왈 "도가 장차 행해지는
것도 천명이고, 도가 장차 폐해지는 것도 천명이다. 공백료가
장차 천명을 어떻게 하겠는가?"

寮:동료료 愬:참소할소 志:마음지/뜻지 肆:늘어놓을사/방자할사 廢:폐할폐

문법(文法)적 해석

1) 公伯寮(공백료):노나라 사람으로 성이 公伯(공백), 이름이
   寮(료)이며, 자는 자주(子周)이다.
2) 子服景伯以告:자복경백이 〈공자께〉 아뢰었다.
   - 子服景伯(자복경백):노나라의 대부로 성이 子服(자복), 景(경)은
     그의 시호이며, 자가 伯(백)이고, 이름이 하(何)이다.
   - 以:앞 문장을 대신하는 之가 以뒤에 생략된 것이다. 해석할 때는
     생략할 수도 있다.
3) 夫子固有惑志於公伯寮:부자(계손)께서 진실로 공백료에게 미혹된
   마음이 있습니다만,
   - 夫子(부자):'季孫'을 가리킨다.
   - 固(고):진실로~/가정 부사.
   - 惑志(혹지):미혹된 마음, 의혹하는 마음.

4) 吾力猶能肆諸市朝:내 힘으로도 오히려 〈그를 죽여서〉 시체를 시장이나 조정에 늘어놓을 수 있습니다.
   - 猶(유):오히려/부사. 명사 앞에서는 '~와 같다', 형용사가 술어의 역할을 하지만, 술어 앞에서는 '오히려', 부사 역할을 한다.
   - 肆(사):시신을 늘려놓는 것, 즉 죄인을 죽여 효시(梟示)하는 것, 공백료를 죽이고자 함을 말한다.
   - 諸(저):'之於'와 같으며 之는 '公伯寮의 시신'을 말한다.
   - 市朝(시조):시장과 조정을 뜻하며, 대부(大夫)이상은 시체를 조정에 내걸고, 사(士)이하는 시체를 시장에 내걸었다고 한다.
5) 道之將行也與, 命也:도가 장차 행해지는 것도 천명이고,
   - 將(장):장차/차(且)와 함께 미래를 나타내는 시간 부사.
   - 也與(야여):문장 가운데 쓰여 정돈을 나타내는 종결사.
6) 公伯寮其如命何?:공백료가 장차 천명을 어떻게 하겠는가?
   - 其:장차, 곧, 막/부사.
   - 如 ~ 何:관용어로써 술어로는 '어떻게 할 것인가, 어떠하다'이며, 부사어로 '어찌, 어떻게'로 해석한다.

천명天命은 있는 것일까?
천명이 있다면 악한 자는 벌을 받고 착한 자는 복을 받지 않을까?
권선징악勸善懲惡이 천명이거늘, 하늘天만 있고 명命은 없는 것
같구나.

14.憲問篇.39章

子曰 "賢者辟世, 其次辟地, 其次辟色, 其次辟言."

자왈 "현자피세, 기차피지, 기차피색, 기차피언."

자왈 "현명한 사람은 〈도가 행해지지 않는〉 세상을 피하고, 그 다음은 〈어지러운〉 지역을 피하고, 그 다음은 〈무례한〉 안색을 〈보고〉 피하고, 그 다음은 〈그릇된〉 말을 피한다."

辟:피할피 次:버금차

문법(文法)적 해석

1) 辟(피):피(避)하다, 벗어나다, 회피(回避)하다.
2) 世(세):도(道)가 행해지지 않는 세상을 의미한다.
3) 地(지):어지러운 지역을 의미한다.
4) 色(색):무례한 안색을 의미한다.
5) 言(언):그릇된 말을 의미한다.

현자賢者는 세상世, 지역地, 안색色, 말言, 그 다음에 또 무엇을 피했을까辟? 이것 이외에도 피했던 것이 있지 않았을까?

14.憲問篇.40章

子曰 "作者七人矣."

자왈 "작자칠인의."

자왈 "〈세상을 떠나 은둔을〉 행한 사람이 일곱 사람이다."

作:행할작/일어날작/지을작

문법(文法)적 해석

1) 作者:〈세상을 떠나 은둔을〉 행한 사람, 은둔한 사람.
  - 18편.미자(微子)편. 8장에 일민(逸民)은 백이·숙제·우중·이일·
    주장·유하혜·소련(伯夷·叔齊·虞仲·夷逸·朱張·柳下惠·少連)이
    라고 나온다. 주희는 "그 누구인지는 알 수 없으나, 반드시 사람들을
    찾아서 밝히는 것은 집요하게 파헤치는 것이다."라고 말하였다.

은둔한逸 사람이 일곱이라!
은둔한逸 사람을 찾아낸다. 어찌하여何 그러는가?
세상이 싫어 은둔 자, 세상 또한 은둔 자를 싫어하지 않을까?

14.憲問篇.41章

子路宿於石門, 晨門曰 "奚自?"
子路曰 "自孔氏." 曰 "是知其不可而爲之者與?"

자로숙어석문, 신문왈 "해자?" 자로왈 "자공씨." 왈 "시지기불가이위지자여?"

자로가 석문에서 묵었는데, 성문의 문지기가 말하였다. "어디
에서 왔습니까?" 자로가 말하였다. "공씨(문하)에서 왔습니다."
〈문지기가〉 말하였다. "그것이 할 수 없는 줄 알면서 하는
사람말인가요?"

宿:묵을숙/잘숙 晨:새벽신

문법(文法)적 해석

1) 子路宿於石門:자로가 석문에서 묵었는데,
  - 宿(숙):묵다, (잠을)자다, 숙박(宿泊)하다.
  - 於:~에(서)/처소, 장소의 전치사.
  - 石門(석문):노나라 성문의 하나이다.
2) 晨門曰 "奚自?:문의 문지기가 말하였다. "어디에서 왔습니까?
  - 晨門(신문):새벽에 성문을 열어주는 일을 하는 문지기이며,
    은둔한 자인 듯하다.
  - 奚自(해자):'自'~로 부터/출발 지점을 나타내는 전치사로
    의문사'奚'가 전치사 앞으로 도치된 것이다.
3) 是知其不可而爲之者與?:그것이 할 수 없는 줄 알면서 하는
    사람 말인가요?
  - 是:연계동사로 '~이다'의 뜻이며, 지시대명사로써 주어인 '이것'의
    뜻이 아니다.
  - 其:그, 자기, 자기 자신/지시 대명사 또는 3인칭 대명사이다.
  - 與:의문의 어기를 내포한 의문 종결사.

공자께서는 소문이 다 났구나. 할 수 없는 不可줄 알면서 하는 사람!

14. 憲問篇. 42章

子擊磬於衛, 有荷蕢而過孔氏之門者,
曰 "有心哉, 擊磬乎!" 既而曰 "鄙哉, 硜硜乎!
莫己知也, 斯已而已矣. 深則厲, 淺則揭."
子曰 "果哉! 末之難矣."

자격경어위, 유하괴이과공씨지문자, 왈 "유심재, 격경호!"
기이왈 "비재, 갱갱호! 막기지야, 사이이이의. 심즉려, 천즉게." 자왈 "과재! 말지난의."

공자께서 위나라에서 경쇠를 치셨는데(연주하고 계셨는데),
삼태기를 메고 공씨의 문 〈앞〉을 지나던 자가, 〈그가〉 말하였다.
마음이 있구나, 경쇠를 침이여(연주함이여)!" 조금 있다가
말하였다. "비루하구나, 땡땡거리는 소리가! 자기를 알아
주는 사람이 없으면 그만둘 뿐이다. 〈물이〉 깊으면 옷을 벗고
건너고, 얕으면 옷을 걷고 건넌다." 자왈 "과감하구나! 〈세상을
버리는 일은〉 어려울 것이 없다."

擊:칠격 **磬**:경쇠경 **衛**:지킬위/나라이름위 **荷**:멜하 **蕢**:삼태기궤 **鄙**:비루할비
硜:돌소리갱 **深**:깊을심 **厲**:옷벗고건널려/갈려(여) **淺**:얕을천 **揭**:옷걷고건널게
果:과감할과 **末**:없을말

문법(文法)적 해석

1) 子擊磬於衛:공자께서 위나라에서 경쇠를 치셨는데(연주하고
   계셨는데),
   - 擊磬(격경):경쇠를 치면서 연주하다. 磬(경)은 돌이나 옥으로
     만든 타악기이다.
2) 有荷蕢而過孔氏之門者:삼태기를 메고 공씨의 문 〈앞〉을
   지나던 자가,
   - 有:불특정한 대상을 지목할 때 붙여주는 관용어로써, 이 때는
     어떤, 어느, 또는 해석하지 않을 수노 있다.
   - 者:의존명사(불완전명사) 또는 특수 지시대명사로 앞 문장를
     취해서 명사구가 되며, '~하는 사람, ~하는 것'으로 해석한다.

3) 旣而曰 "鄙哉, 硜硜乎!:조금 있다가 말하였다.
   "비루하구나, 땡땡거리는 소리가!"
   - 旣而(기이):조금 있다가, 잠시 뒤에/而는 부사의 접미사로써
     부사는 일반적으로 시간을 나타낸다.
   - 鄙哉, 硜硜乎!:감탄문으로, 평서문으로 볼 때 주어와 술어의 도치
     형식으로 볼 수 있다. 즉 ' 硜硜乎, 鄙哉!'가 도치된 문장이다.
4) 莫己知也, 斯已而已矣:자기를 알아주는 사람이 없으면 그만둘
   뿐이다.
   - 莫:~한 사람이 없다, ~한 것(곳)이 없다/주어로 쓰이며,
     대명사로써 사람이나 사물을 가르킨다.
   - 己知:부정문에서 대명사가 목적어이므로 '知己'가 도치된 것이다.
   - 也:~가(이), ~은(는)/앞 절 마지막 부분에 놓이거나, 병렬 문장의
     끝에 놓여 잠시 쉬어감을 나타내는 주격 후치사로써 해석하지
     않아도 된다.
   - 斯(사):~면/가정, 조건의 접속사.
   - 已(이):끝나다, 그치다, 그만두다.
   - 而已矣:~일(할) 뿐이다/제한의 어기를 나타내는 한정 종결사.
5) 深則厲, 淺則揭:〈물이〉 깊으면 옷을 벗고 건너고, 얕으면 옷을
   걷고 건넌다.
   - 시경(詩經), 패풍(邶風), 포유고엽(匏有苦葉)의 제1장 제3·4구
     로써 혼인을 앞둔 남녀가 부른 노래이다.
   - 則:~면/가정, 조건의 접속사.
   - 厲(려):옷을 벗고 물을 건너다.
   - 揭(게):아랫도리 옷을 걷고 물을 건너다.
6) 果哉! 末之難矣:과감하구나! 〈세상을 버리는 일은〉 어려울
   것이 없다.
   - 果(과):과감(果敢)하다, 과단성(果斷性)이 있다.
   - 末:~없다, ~아니다, ~않다/금지, 부정을 나타내며, 부정 보조사.
   - 之難:부정문에서 대명사가 목적어이므로 '難之'가 도치된 것이다.
   - 矣(의):단정 종결사로써 '확신'을 나타낸다.

나를 알아주는 사람이 없으면 그만둔다己?
얕으면 옷을 걷고 건너고淺則揭, 깊으면 옷을 벗고 건넌다深則厲?
배船 을 타고 건널 수도 있지 않을까요?

14. 憲問篇. 43章

子張曰 "書云 '高宗諒陰, 三年不言.' 何謂也?"
子曰 "何必高宗? 古之人皆然.
君薨, 百官總己, 以聽於冢宰三年."

자장왈 "서운 '고종량음, 삼년불언.' 하위야?"
자왈 "하필고종? 고지인개연. 군훙, 백관총기, 이청어총재삼년."

자장이 말하였다. "서경에 이르기를 '고종이 양음(묘막)에서
삼 년 동안 말을 하지 않으셨다.' 무엇을 말하는 것입니까?"
자왈 "어찌 반드시 고종〈뿐〉이겠는가? 옛사람들은 다 그러했다.
임금이 돌아가시면, 모든 신하들이 자기를(자기의 직무를)
다하며, 삼 년 동안 총재에게서 〈명령을〉 들었다."

諒:살펴알량(양)/믿을량(양) 陰:그늘음 薨:죽을훙 總:다총 冢:클총/무덤총

문법(文法)적 해석

1) 子張(자장):공자보다 48세 아래의 제자로, 성은 전손(顓孫)이고,
   이름은 사(師)이며, 자는 자장(子張)이고 진(陳)나라 사람이다.
2) 書(서):서경(書經)을 말하며, 유교 경전의 하나이다.
   작자는 고대의 사관(史官)인데, 공자가 정리하였다고 한다.
3) 高宗諒陰, 三年不言:고종이 양음(묘막)에서 삼 년 동안 말을 하지
   않으셨다.
   - 서경 무일(無逸)에 있는 구절이다. 은나라 고종의 아버지 소을
     (小乙)이 죽었을 때 일이다.
   - 高宗(고종):은나라왕 무정(武丁)이다.
   - 諒陰(양음):상(喪)을 당했을 때 무덤 곁의 거처하는 묘막(墓幕)을
     말하며, 머무는 오두막은 풀로 만들고 창문이 없어 어두운 까닭에
     '양암(諒暗)'이라고도 한다.
4) 何謂也?:무엇을 말하는 것입니까?
   - 何謂(하위):의문사가 동사의 목적어으로 앞으로 도치된 것이다.
   - 何 ~ 也:의문사 ~ 서술 종결사를 사용하여 의문의 뜻을 나타내는

경우이며, 간혹 의문사가 없을지라도 문맥상, 의미상으로 서술
종결사가 의문 종결사로 의문문을 이룰 수도 있으며, 여기서
也는 의문 종결사로 쓰인다.

5) 古之人皆然:옛사람들은 다 그러했다.
  - 皆(개):모두, 다/부정칭 인칭(지시) 대명사.
  - 然:상황이나 성질, 상태 등을 대신 나타내는 대명사로써 '그러한,
  그러하다'로 해석한다.

6) 薨(홍):죽다, 홍거하다/임금이 죽은 것을 말한다.
  예기(禮記)·곡례하(曲禮下)에서 천자가 죽은 것을 崩(붕)이라
  하고, 제후가 죽은 것을 薨(홍)이라 하며, 大夫가 죽은 것을 卒
  (졸)이라 하고, 士가 죽은 것을 不祿(불록)이라 하며, 庶人이 죽은
  것을 死(사)라 한다.

7) 以聽於冢宰三年:삼 년 동안 총재에게서 〈명령을〉 들었다.
  - 以:명사절 다음에 以가 오면 '~하면서'의 뜻으로, 접속사로 사용
  되어 而(그래서)와 유사하며, 굳이 우리말로 해석할 것도 없다.
  - 於:~에/보어와 목적어 앞에 위치하며, 처소, 대상의 전치사이다.
  - 冢宰(총재):주(周)나라 때의 관직명으로서, 태재(太宰)라고도
  하며, 즉 재상의 관직이다.

삼 년三年 상, 삼 년 동안 말을 하지 않는다三年不言.
삼 일三日 상, 삼 일 동안 말을 하지 않는다三日不言.

14.憲問篇.44章

子曰 "上好禮, 則民易使也."

자왈 "상호례, 즉민이사야."

자왈 "윗사람이 예를 좋아하면 백성들은 부리기가 쉽다."

易:쉬울이 使:부릴사

문법(文法)적 해석

1) 주희(朱熹)에 따르면 "사량좌(謝良佐)가 '예가 시행되어 분수가
   정해져 그러므로 백성을 부리기가 쉽다.'"고 했다.
2) 則民易使也:백성들은 부리기가 쉽다.
   - 則:~면/가정, 조건의 접속사.
   - 易(역):특수형용사로써 술어로 쓰이는 경우에 보어를 취하며
     보어를 주어처럼 해석한다.
   - 使(사):부리다. 시키다/타동사이며, 주로 보조사로 쓰이지만,
     여기서는 동사로 쓰였다.

백성들民이 예禮를 좋아했었다면 어떻게 되었을까?
그러면 부리기使가 힘들어졌을까難?

14. 憲問篇. 45章

子路問君子, 子曰 "修己以敬." 曰 "如斯而已乎?"
曰 "修己以安人." 曰 "如斯而已乎?"
曰 "修己以安百姓. 修己以安百姓, 堯舜其猶病諸!"

자로문군자, 자왈 "수기이경." 왈 "여사이이호?" 왈 "수기이안인."
왈 "여사이이호?" 왈 "수기이안백성. 수기이안백성, 요순기유병저!"

자로가 군자를 물으니, 자왈 "자신을 닦아서 공경스러워지는
것이다." 〈자로가〉 말하였다. "이와 같을 뿐입니까?"
자왈 "자신을 닦아서 사람을 편안하게 하는 것이다." 〈자로가〉
말하였다. "이와 같을 뿐입니까?" 자왈 "자신을 닦아서 백성을
편안하게 하는 것이다. 자신을 닦아서 사람을 편안하게 하는
것은 요임금과 순임금도 아마도 오히려 어려워했을 것이다."

堯:요임금요 **舜**:순임금순 **病**:어려워할병/병병

문법(文法)적 해석

1) 修己以敬:자신을 닦아서 공경스러워지는 것이다.
   - 己:자기, 자기 자신/1인칭 대명사.
   - 以:명사절 다음에 이가 오면 '~하면서'의 뜻으로, 접속사로 사용
     되어 而(그래서)와 유사하며, 굳이 우리말로 해석할 것도 없다.
2) 如斯而已乎?:이와 같을 뿐입니까?
   - 如:~와 같다, ~듯 하다/비교 형용사로써 보어 '斯'를 취한다.
   - 而已乎:~일(할) 뿐입니까?/제한과 의문의 어기를 나타내는 종결사.
3) 堯舜其猶病諸!:요임금과 순임금도 아마도 오히려 어려워했을 것이다.
   - 其(기):아마(도)/동작이나 행위에 대한 추측을 나타내는 부사.
   - 病(병):어렵다, 힘들다, 괴롭다.

군자가 첫 번째 해야 하는 것은 수기修己, 즉 수신修身이다.
그런 후에 경敬하고, 사람과 백성들을 편안安하게 하는 것이구나.

14. 憲問篇. 46章

原壤夷俟, 子曰 "幼而不孫弟, 長而無述焉,
老而不死, 是爲賊." 以杖叩其脛.

원양이사, 자왈 "유이불손제, 장이무술언, 노이불사, 시위적." 이장고기경.

원양이 걸터앉아서 〈공자를〉 기다리자, 자왈 "어려서는 공손
하지 않고, 장성해서는 말할(칭찬할) 것이 없고, 늙어서는
죽지도 않으니, 도적이 되는 것이다(남을 해치는 것이다)."
지팡이로써 그의 정강이를 두드리셨다(때려셨다).

壤:흙덩이양 夷:걸터앉을이/오랑캐이 俟:기다릴사 幼:어릴유 述:말할술/펼술
賊:도둑적 杖:지팡이장 叩:두드릴고 脛:정강이경

문법(文法)적 해석

1) 原壤夷俟:원양이 걸터앉아서 〈공자를〉 기다리자,
 - 原壤(원양):노나라 사람이며, 공자의 친구이고, 어머니가 죽었는데
   노래를 불렀다고 한다.
 - 夷(이):걸터앉다, 다리를 벌린 채로 앉다.
2) 述(술):말하다, 서술(敍述)하다, 칭찬하다.
3) 是爲賊:도적이 되는 것이다(남을 해치는 것이다).
 - 是:연계동사로 '~이다'의 뜻이며, 지시대명사로써 주어인 '이것'의
   뜻이 아니다.
 - 爲:~이 되다/자동사.
4) 以杖叩其脛:지팡이로써 그의 정강이를 두드리셨다(때려셨다).
 - 以:~로써/수단, 방법을 나타내는 전치사.
 - 叩(고):두드리다, 때리다

공자 자신의 친구朋友에 관한 이야기이며 유머스럽다.
늙어서는 죽지도 않는다老而不死. 늙어서 뭐가 되려는지?

14. 憲問篇. 47章

闕黨童子將命, 或問之曰 "益者與?"
子曰 "吾見其居於位也, 見其與先生幷行也.
非求益者也, 欲速成者也."

궐당동자장명, 혹문지왈 "익자여?" 자왈 "오견기거어위야, 견기여선생병행야.
비구익자야, 욕속성자야."

궐당의 동자가 명령을 전하고 있었는데, 어떤 사람이 말하였다.
"더하는 자(학문에 정진하는 자)입니까?" 자왈 "나는 그가
자리에 앉아 있는 것을 보았고, 그가 선생(웃어른)과 더불어
나란히 가는 것을 보았습니다. 더함을(학문에 정진을) 구하는
아이가 아니라, 빨리 이루기를 바라는 아이입니다."

闕:대궐궐 將:전할장/받들장 位:자리위 幷:나란히병/아우를병

문법(文法)적 해석

1) 闕黨童子將命:궐당의 동자가 명령을 전하고 있었는데,
  - 闕黨(궐당):고을 이름으로 공자가 살았던 궐리(闕里)라고도 한다.
  - 將(장):전(달)하다. 將命(장명)은 명을 받아 손님의 말과 주인의
    말을 왔다갔다하며 전달하는 심부름을 하는 것을 말한다.
2) 益(익):더하다, 진보(進步)하다, 향상(向上)되다.
3) 吾見其居於位也:나는 그가 자리에 앉아 있는 것을 보았고,
  - 見:뒤 문장 전체를 목적절로 취한다.
  - 居(거):앉다, 자리 잡다.
4) 非:연계동사/뒤에 술어가 오면 부정 보조사로 쓰이지만, 명사(구/절)이
    오면 이를 부정하는 형태로, 연계동사로써 주어와 보어 사이에 놓여
    이를 연결하는 역할을 한다.

예리銳하시다. 행동 하나를 보면 열을 아시는구나見一知十.
누가 공자님을 속일 수 있을까요?

衛靈公

15.衛靈公篇

41章

15.衛靈公篇. 1章

衛靈公問陳於孔子, 孔子對曰 "俎豆之事,
則嘗聞之矣, 軍旅之事, 未之學也." 明日遂行.
在陳絶糧, 從者病, 莫能興. 子路慍見曰
"君子亦有窮乎?" 子曰 "君子固窮, 小人窮斯濫矣."

위령공문진어공자, 공자대왈 "조두지사, 즉상문지의, 군려지사, 미지학야." 명일수행.
재진절량, 종자병, 막능흥. 자로온현왈 "군자역유궁호?" 자왈 "군자고궁, 소인궁사람의."

위령공이 공자에게 진법을 묻자, 공자께서 대답하셨다.
제기(제사)의 일이라면, 일찍이 들었으나, 군대(군사)의 일은
배우지 못했습니다." 〈하시고〉 다음날 마침내 떠나셨다.
진나라에 있으면서 양식이 떨어져, 따르던 사람들이 병이 나서
일어날 수 있는 사람이 없었다. 자로가 성이 나서 뵙고는 말하였다.
"군자도 또한 궁함이(궁할 때가) 있습니까?" 자왈 "군자는 궁함에
굳지만 소인은 궁하면 넘친다(함부로 행동한다)."

靈:신령령(영) 陳:진법진/베풀진/나라이름진 俎:제기조 豆:제기두 旅:군대려
遂:드디어수/마침내수 糧:양식량(양) 慍:성낼온 窮:궁할궁 濫:넘칠람(남)

문법(文法)적 해석

1) 衛靈公問陳於孔子:위령공이 공자에게 진법을 묻자,
  - 衛靈公(위령공):위(衛)나라의 임금으로서 기원전 534~493년에
    재위하였으며, 무도하였지만 인재를 잘 등용하였다.
    재위 당시 공자가 여러 차례 위(衛)나라에 이르렀으나 끝내는
    등용되지 않았다.
  - 陳(진):군대의 배치, 대오(隊伍), 진법.
2) 俎豆之事, 則嘗聞之矣:제기(제사)의 일이라면, 일찍이 들었으나,
  - 俎豆(조두):조(俎)와 두(豆)는 모두 고대에 육류를 담던 그릇으로
    예(禮)를 행할 때에 사용하는 그릇이며, 제기이다.
  - 則:~면/가정, 조건의 접속사.

3) 軍旅之事, 未之學也:군대(군사)의 일은 배우지 못했습니다.
  - 軍旅(군려):군대이며, 군사 12,500명을 1군(軍)이라 하고,
    군사 500명을 1려(旅)라 하고, 군사 2,500명을 1사(師)라 하며,
    큰 제후국은 3군을 둘 수 있었다.
  - 之學:부정문에서 대명사가 목적어이므로 '學之'가 도치된 것이다.
4) 明日遂行:다음날 마침내 떠나셨다.
  - 明日(명일):다음날, 익일.
  - 遂(수):마침내, 드디어/부사.
5) 莫能興:일어날 수 있는 사람이 없었다.
  - 莫:~한 사람이 없다, ~한 것(곳)이 없다/주어로 쓰이며,
    대명사로써 사람이나 사물을 가르킨다.
6) 子路慍見曰:자로가 성이 나서 뵙고는 말하였다.
  - 慍(온):성이 나서/전성 부사로 해석할 수 있다.
7) 君子固窮, 小人窮斯濫矣:군자는 궁함에 굳지만 소인은 궁하면
    넘친다(함부로 행동한다)
  - 固窮(고궁):궁함에 굳다/窮(궁)은 전성명사로 보어로 볼 수 있다.
  - 斯(사):~면/가정, 조건의 접속사.
  - 濫(람):(예의나 법에 어긋나게) 함부로 하다, 넘치다, 범람하다.

군자는 어지러운 나라에는 머물지 않고危邦不居 바로 떠나며逐行,
궁함에도 태연固하지만 소인은 궁하면 함부로 행동하는구나濫.

君子固窮 | 小人濫窮
군자는 궁함에 굳지만 소인은 궁함에 넘친다.

15. 衛靈公篇. 2章

子曰 "賜也, 女以予爲多學而識之者與?"
對曰 "然, 非與?" 曰 "非也. 予一以貫之."

자왈 "사야, 여이여위다학이지지자여?" 대왈 "연, 비여?" 왈 "비야. 여일이관지."

자왈 "사야, 너는 내가 많이 배워서 기억하는 사람이라고
여기느냐?" 〈자공이〉 대답하였다. "그렇습니다. 아닙니까?"
〈자왈〉 "아니다. 나는 하나〈의 이치〉로써 〈모든 것을〉 꿰뚫는다."

賜:줄사 **識**:기억할지 **貫**:꿰뚫을관

문법(文法)적 해석

1) 賜也, 女以予爲多學而識之者與?:사야, 너는 내가 많이 배워서
   기억하는 사람이라고 여기느냐?
  - 賜(사):위(衛)나라 사람으로 공자의 제자이며, 성은 단목(端木),
    이름은 사(賜), 자공은 그의 자(字)이고, 공자보다 31세 아래였다.
  - 也:호격(呼格) 후치사다.
  - 以 ~爲 ~:~을 ~라고 여기다, ~을 ~라고 생각하다, ~을 ~로 삼다.
  - 多(다):많이/형용사가 부사로 전성된 것이다.
  - 識(지):기억하다, 기록하다.
  - 與:반문과 의문의 어기를 내포한 의문 종결사.
2) 予一以貫之:나는 하나〈의 이치〉로써 〈모든 것을〉 꿰뚫는다.
  - 以:~로써/수단, 방법을 나타내는 전치사로써 '以一'이 도치된
    것으로, 강조 효과를 위하여 목적어를 전치사 앞에 놓은 것이다.
  - 貫(관):꿰뚫다, 일관하다.

일이관지一以貫之라! 개이관일皆以貫一이라!
모든 것으로써 하나를 꿰뚫으면皆以貫一 잘못된 것인가?

15. 衛靈公篇. 3章

子曰 "由, 知德者, 鮮矣."

자왈 "유, 지덕자선의!"

자왈 "유야, 덕을 아는 사람이 드물구나."

鮮:드물선/고울선/생선선

문법(文法)적 해석

1) 由:공자보다 9세 아래의 제자로, 성은 중(仲)이고, 이름은 유(由)
   이며 자는 자로(子路) 또는 계로(季路)이고, 노나라 사람으로
   성격이 우직하고 용맹스러우며 정치에 재능이 있었고, 논어에서
   가장 많이 등장하는 제자이다.
2) 知德者, 鮮矣:덕을 아는 사람이 드물구나.
   - ~者, 鮮矣:는 자주 쓰이는 구문으로, '~하는 것이 드물다. ~하는
     사람이 드물'이다.
   - 矣(의):단정 종결사로써 '확신'을 나타낸다.
3) 주희(朱熹)에 따르면 "이 장(章)은 아마도 (1장(章)에서 자로가)
   성난 얼굴로 드러냈기 때문에 말씀한 것이다."라고 하였다.

공자께서 덕德을 아는 자가 드물다鮮고 하였으니,
덕德을 알면서 또한 행하는 자는 더욱 드물겠구나鮮.

15.衛靈公篇. 4章

子曰 "無爲而治者, 其舜也與!
夫何爲哉? 恭己正南面而已矣."

자왈 "무위이치자, 기순야여! 부하위재? 공기정남면이이의."

자왈 "〈잘 다스릴려고〉 함이 없이 다스리신 사람은 아마도
순임금이실 것이다! 무엇을 하셨는가? 몸을 공손히 하고 정면
으로 남쪽을 마주했을(마주해서 앉아 있었을) 뿐이었다."

治:다스릴치 舜:순임금순 恭:공손할공 面:방면(쪽)면/낯면

문법(文法)적 해석

1) 其舜也與!:아마도 순임금이실 것이다!
   - 其:아마도/추측을 나타내는 부사이다.
   - 也與:~일 것이다/감탄, 긍정적인 추측의 어기를 나타내는 종결사이다.
2) 夫何爲哉?:무엇을 하셨는가?
   - 夫:문장의 첫머리에 쓰여 문장을 이끄는 어기를 나타내는데,
     해석하지 않는다. 즉 발어사이다.
   - 何爲:의문사가 동사의 목적어일 경우에 동사 앞으로 도치된다.
3) 恭己正南面而已矣:몸을 공손히 하고 정면으로 남쪽을 마주했을
     (마주해서 앉아 있었을) 뿐이었다.
   - 正:정면으로 ~ 을 마주하다/동사.
   - 南面(남면):임금이 정사를 다스리는 자리/'南'을 '남', '面'을
     '방면(方面) 또는 쪽'으로 해석한다.
   - 而已矣:~일 뿐이다/한정 종결사.

함이 없다無爲?
함이 없어도 스스로 그렇게 된다? 무위자연無爲自然이라.

15.衛靈公篇. 5章

子張問行, 子曰"言忠信, 行篤敬, 雖蠻貊之邦, 行矣.
言不忠信, 行不篤敬, 雖州里, 行乎哉?
立則見其參於前也, 在輿則見其倚於衡也.
夫然後行." 子張書諸紳.

자장문행, 자왈 "언충신, 행독경, 수만맥지방, 행의. 언불충신, 행부독경, 수주리, 행호재?
입즉견기참어전야, 재여즉견기의어형야. 부연후행." 자장서저신.

자장이 행해짐을 묻자, 자왈 "말이 진실되고 믿음이 있으며,
행동이 독실하고 공경스러우면, 비록 오랑캐의 나라일지라도,
행해질 것이다. 말이 진실되지 않고 믿음이 없으며, 행동이
독실하지 않고 공경스럽지 않으면, 비록 〈자신의〉 마을일지라도
행해지겠는가? 서 있으면 그것이(忠信와 篤敬) 앞에 나란히 서
있음을 보고, 수레에 있으면 그것이 멍에에 기대고 있음을 본다.
그런 연후에 행해지는 것이다." 자장이 〈이 말씀을〉 큰 띠에 썼다.

篤:도타울독 蠻:오랑캐만 貊:오랑캐맥 州:고을주 參:나란히설참/참여할참
輿:수레여 倚:기댈의/의지할의 衡:멍에형/저울대형 紳:큰 띠신

문법(文法)적 해석

1) 子張問行:자장이 행해짐을 묻자,
 - 子張(자장):공자보다 48세 아래의 제자로, 성은 전손(顓孫)이고,
   이름은 사(師)이며 자는 자장(子張)이고, 진(陳)나라 사람이다.
 - 行:자신의 주장이나 뜻이 행하여지다, 행해지다.
2) 雖蠻貊之邦, 行矣:비록 오랑캐의 나라일지라도, 행해질 것이다.
 - 雖(수):비록~ 할지라도/조건, 양보의 부사.
 - 蠻貊(만맥):오랑캐 나라/蠻은 남쪽 오랑캐, 貊은 북쪽 오랑캐를
   말한다.
3) 雖州里, 行乎哉?:비록 〈자신의〉 마을일지라도 행해지겠는가?
 - 州里(주리):州는 2,500호의 마을, 里는 25호의 마을을 말한다.
   즉 州里는 '자신의 마을'을 의미한다.

- 乎哉(호재):의문, 반문, 감탄 등을 나타내는 종결사.
4) 立則見其參於前:서 있으면 그것이(忠信와 篤敬) 앞에 나란히 서
   있음을 보고,
   - 則:~면/가정, 조건의 접속사.
   - 見:뒤 문장 전체를 목적절로 취한다.
   - 其:그, 자기, 자기 자신/지시 대명사 또는 3인칭 대명사이며,
     忠信와 篤敬를 가리킨다.
   - 參(참):나란하다(여럿이 줄지어 늘어선 모양이 가지런하다),
     가지런하다, 나란히 서다.
5) 在輿則見其倚於衡也:수레에 있으면 그것이 멍에에 기대고
   있음을 본다.
   - 倚(의):기대다, 의지하다.
   - 衡(형):멍에, 수레채 끝에 댄 횡목(橫木).
6) 夫然後行:그런 연후에 행해지는 것이다.
   - 夫(부):이, 저, 그/지시 대명사. 가까운 곳이나 먼 곳에 있는 사람
     이나 사물을 가리킨다고 할 수 있다.
   - 然後:~연후에/순접의 접속사.
7) 子張書諸紳:자장이 〈이 말씀을〉 큰 띠에 썼다.
   - 書(서):~을 쓰다/동사. 명사로는 글. 책의 뜻이다.
   - 諸:之於이고, 之는 공자께서 말씀한 내용이다.
   - 紳(신):예복에 매는 큰 띠로 아래로 드리워진 부분이다.

자장子張은 공자께 많은 것을 물었다.
인仁과 정치政는 기본이고, 녹봉을 구하는 방법干祿, 명석함明,
덕을 숭상하고崇德 미혹됨을 구별하는 것辨惑, 통달함達,
이외에도 많은 것을 물었다.
그러나 자하子夏, 자유子遊, 증자曾子가 자장子張을 폄하하는
내용이 논어에 나오는데 이들은 자장을 좋아하지 않는 것 같구나.

15. 衛靈公篇. 6章

子曰 "直哉, 史魚! 邦有道如矢, 邦無道如矢.
君子哉, 蘧伯玉! 邦有道則仕,
邦無道則可卷而懷之."

자왈 "직재, 사어! 방유도여시, 방무도여시. 군자재, 거백옥! 방유도즉사,
방무도즉가권이회지."

자왈 "곧구나 사어여! 나라에 도가 있어도 화살과 같고(화살처럼
곧고), 나라에 도가 없어도 화살과 같구나(화살처럼 곧구나).
군자답구나, 거백옥이여! 나라에 도가 있으면 벼슬하고, 나라에
도가 없으면 〈능력을〉 거두어 품을 수 있구나(감출 수 있구나)."

直:곧을직 矢:화살시 蘧:패랭이꽃거 仕:벼슬사/섬길사 卷:거둘권/책권 懷:품을회

문법(文法)적 해석

1) 直哉, 史魚!:곧구나 사어여!
 - 감탄문으로, 평서문으로 볼 때 주어와 술어의 도치된 형식이다.
 - 史魚(사어):위(衛)나라 대부 사추(史鰌)를 말한다. 주희(朱熹)에
 따르면 "어진이를 나아가게 하고, 불초한 이를 물리치지 못했다
 하여 죽은 뒤에도 오히려 시신(尸)으로 간했다"고 하였다.
2) 如:~와 같다, ~듯 하다/비교 형용사이며, 보어 '矢'를 취한다.
3) 蘧伯玉(거백옥):위(衛)나라의 대부이며, 이름이 원(瑗), 자가 자옥
 (子玉)이다. 공자께서 위나라에 계실 적에 그의 집에 머물렀다.
4) 邦無道則可卷而懷之:나라에 도가 없으면 〈능력을〉 거두어 품을
 수 있구나(감출 수 있구나).
 - 卷(권):거두다, 단절(斷切)하다, 책(册), 두루마리.
 - 懷(회):품다, 숨기다, 숨다, 임신(妊娠)하다.

나라에 도道가 있고, 없음에 따라 처세하는 것이 중요하구나.

15.衞靈公篇. 7章

子曰 "可與言而不與之言, 失人,
不可與言而與之言, 失言.
知者, 不失人, 亦不失言."

자왈 "가여언이불여지언, 실인, 불가여언이여지언, 실언. 지자, 불실인, 역불실언."

자왈 "더불어 말을 할 수 있으나 더불어 말을 하지 않으면,
사람을 잃고. 더불어 말을 할 수 없으나 더불어 말을 하면,
말을 잃는다. 지혜로운 사람은 사람을 잃지 않으며, 또한 말을
잃지 않는다."

失:잃을실

문법(文法)적 해석

1)可與言而不與之言:더불어 말을 할 수 있으나 더불어 말을 하지
   않으면,
 - 可:~할 수 있다/가능 보조사. 可以와 같다
 - 與:~와 더불어/전치사. 목적어가 생략되었다고 볼 수도 있다.
 - 之:무엇을 꼭 지칭하기 위해 쓰인 것이 아니라, 술어 뒤에 之가
   붙음으로써 그 술어를 술어답게 만들어주는 어감을 얻고, 어세를
   고르게 하기 위해 쓰인다. 해석하지 않아도 되지만 대명사, 목적어로
   본다면 '일반적인 사람'을 의미한다고 할 수 있다.
2) 知者, 不失人, 亦不失言:지혜로운 사람은 사람을 잃지 않으며,
   또한 말을 잃지 않는다.
 - 知:지혜롭다/형용사로 전성된 것으로 智와 같다.
 - 失言(실언):말을 잃다. 말이 헛되이 된다는 의미이다.

지혜로운 사람知者이라면 모르겠지만, 말을 해야 될지, 안 해야
될지 모를 땐 침묵, 그러면 말은 잃지失言 않을 수 있구나.

15. 衛靈公篇. 8章

子曰 "志士, 仁人, 無求生以害仁, 有殺身以成仁."

자왈 "지사, 인인, 무구생이해인, 유살신이성인."

자왈 "뜻 있는 선비와 인한 사람은, 삶을 구하여 인을 해함이
없고, 자신을 죽여서(목숨을 바쳐서) 인을 이룸이 있다."

害:해할해 殺:죽일살

문법(文法)적 해석

1) 志士, 仁人:뜻 있는 선비와 인한 사람은,
 - 志士(지사):뜻이 있는 선비, 큰 뜻을 품은 사람.
 - 仁人(인인):덕(德)을 이룬 사람, 인한 사람.
2) 無求生以害仁, 有殺身以成仁:삶을 구하여 인을 해함이 없고,
   자신을 죽여서(목숨을 바쳐서) 인을 이룸이 있다.
 - 無~, 有~:존재동사로써, 각각 뒤 문장 전체를 보어절로 취하며,
   보어절을 주어처럼 해석한다.
 - 以:명사절 다음에 以가 오면 '~하면서'의 뜻으로, 접속사로 사용
   되어 而(그래서)와 유사하며 해석하지 않아도 된다.

삶生과 인仁, 둘 중 하나를 선택해야 한다면 어느 것을 선택할
것인가? 당연히 삶生이지만, 인仁을 해함害도 없고, 자신도 죽이지
않고, 명命대로 살 수는 없는 것인가?

15.衛靈公篇. 9章

子貢問爲仁, 子曰 "工欲善其事, 必先利其器.
居是邦也, 事其大夫之賢者, 友其士之仁者."

자공문위인, 자왈 "공욕선기사, 필선리기기. 거시방야, 사기대부지현자, 우기사지인자."

자공이 인을 행함을 묻자, 자왈 "장인(기술자)이 그 일을
잘할려고 하면, 반드시 먼저 그 도구(연장)를 날카롭게(갈아야)
한다. 〈마찬가지로〉 어떤 나라에 살면서, 그 대부들 중에 어진
자를 섬기고, 그 선비들 중에 인한 자를 벗해야 한다."

善:잘할선/착할선 利:날카로울리 器:도구기

문법(文法)적 해석

1) 子貢問爲仁:자공이 인을 행함을 묻자
  - 爲仁(위인):爲+명사는 '~하다'로 해석하며, 목적어의 성격에 따라
    그 뜻을 적절하게 해석할 수 있다. '爲仁'은 인을 행하다.
2) 工欲善其事, 必先利其器:장인(기술자)이 그 일을 잘할려고 하면,
    반드시 먼저 그 도구(연장)를 날카롭게(갈아야) 한다.
  - 工(공):장인(匠人), 공인, 기술자.
  - 善(선):잘하다, 잘되다, 훌륭하다, 착하다, 선하다, 좋다, 잘(부사)
  - 利(리):날카롭다, 날카롭게 하다, 예리하다.
3) 居是邦也, 事其大夫之賢者, 友其士之仁者:〈마찬가지로〉 어떤
    나라에 살면서, 그 대부들 중에 어진 자를 섬기고, 그 선비들
    중에 인한 자를 벗해야 한다.
  - 是:어떤, 모든, 무릇/총괄적이고 불특정한 것을 나타낸다.
  - 之:다수+之+소수, 之는 관형격 후치사로써, 이 때는 '~중에'로 해석
    한다. 즉 '그 대부들 중에 어진 자, 그 선비들 중에 인한 자'로 해석한다.

자공에게 인을 행함에 대해 예例를 들어서 답변하셨구나.
그리고 "어질고賢 인한仁 사람을 섬기고事, 벗하라友"고 하셨구나

15. 衛靈公篇. 10章

顏淵問爲邦, 子曰 "行夏之時, 乘殷之輅,
服周之冕, 樂則韶舞, 放鄭聲, 遠佞人.
鄭聲淫, 佞人殆."

안연문위방, 자왈 "행하지시, 승은지로, 복주지면, 악즉소무, 방정성, 원녕인. 정성음, 녕인태."

안연이 나라를 다스리는 것을 묻자, 자왈 "하나라의 時(역법,
책력)를 행하며, 은나라의 수레를 타며, 주나라의 면류관을
쓰며, 음악은 소무(순임금의 음악)이며, 정나라 음악을 추방
하고, 말 잘하는 사람을 멀리 해야 한다. 정나라 음악은 음란
하고, 말 잘하는 사람은 위태롭다."

殷:은나라은 輅:수레로(노) 冕:면류관면 韶:풍류이름소 舞:춤출무 聲:음악성
放:추방할방/놓을방 佞:말잘할녕/아첨할녕 淫:음란할음 殆:위태할태

문법(文法)적 해석

1) 爲邦:爲+명사는 '~하다'로 해석하며, 목적어의 성격에 따라
   그 뜻을 적절하게 해석할 수 있다. '爲邦'은 나라를 다스리다.
2) 夏之時(하지시):하나라의 역법, 책력이다.
3) 殷之輅(은지노):은나라 수레/나무로 되어 질박하고 튼튼하였다.
4) 周之冕(주지면):예복(禮服)에 갖추어 쓰던 주나라의 면류관이다.
5) 樂則韶舞:음악은 소무(순임금의 음악)이며,
   - 則: ~은, ~가/주어 다음에 위치할 경우에 이처럼 해석한다.
   - 韶舞(소무):순임금의 음악과 춤.
6) 放鄭聲:정나라 음악을 추방하고,
   - 鄭聲(정성):정나라 음악/남녀간의 사랑을 노래한 것이 많았고,
     음란한 것이 많았다.

나라를 다스릴 때 역법時과 좋은 문화와 좋은 음악을 행하고,
그리고 말 잘하는 사람佞人은 위태로우니 경계하라고 하셨구나.

子曰 "人無遠慮, 必有近憂."

자왈 "인무원려, 필유근우."

자왈 "사람이 멀리 생각함이 없으면,
반드시 가까이 근심함이 있다."

慮:생각할려 **憂**:근심할우

문법(文法)적 해석

1) 人無遠慮, 必有近憂:사람이 멀리 생각함이 없으면, 반드시
   가까이 근심함이 있다.
   - 無~, 有~:존재동사로써, 각각 뒤 문장을 보어로 취하며, 보어를
     주어처럼 해석한다.
   - 遠~, 近~:멀리~, 가까이~/형용사가 부사로 전성된 것이라
     할 수 있다.

멀리遠 생각하지 않으면, 가까이에近 근심이 있다.
가까이近 생각하지 않으면, 멀리遠 잘못됨 또한 있지 않을까요?

15. 衛靈公篇. 12章

子曰 "已矣乎! 吾未見好德如好色者也."

자왈 "이의호! 오미견호덕여호색자야."

자왈 "끝났구나! 나는 덕을 좋아하는 것이 여색을 좋아하는
것과 같이 하는 자를 보지 못하였다."

已:끝날이/이미이 色:여색색/빛색

문법(文法)적 해석

1) 已矣乎!:끝났구나!
  - 已(이): 끝나다, 그치다, 그만두다.
  - 矣乎(의호):감탄문의 끝에 쓰여, '矣'는 이미 그러함을 나타내고,
    '乎'는 감탄을 나타낸다/감탄 종결사.
2) 吾未見好德如好色者也:나는 덕을 좋아하는 것이 여색을 좋아
    하는 것과 같이 하는 자를 보지 못하였다.
  - 이 문장은 9편, 자한(子罕)편, 17장에 나온 것이다. 중출(重出).
  - 見:뒤 문장 전체를 목적절로 취한다.
  - 如:~와 같다, ~듯 하다/비교 형용사이다.
  - 者:의존명사(불완전명사) 또는 특수 지시대명사로 앞 문장
    '好德如好色者'를 취해서 '~하는 것, ~하는 사람'으로 해석한다.

여색을 좋아好色하듯이
덕이든, 학문이든, 일이든 좋아할好 수 없단 말인가?

15.衛靈公篇.13章

子曰 "臧文仲, 其竊位者與.
知柳下惠之賢, 而不與立也."

자왈 "장문중, 기절위자여. 지유하혜지현, 이불여립야."

자왈 "장문중은 아마도 지위를 훔친 자일 것이다. 유하혜의
어짊(현명함)을 알면서도 더불어 〈조정에〉 서지 않았다."

臧:착할장 竊:훔칠절 位:지위위/자리위 惠:은혜혜

문법(文法)적 해석

1) 臧文仲(장문중):노(魯)나라의 대부로 성은 장손(臧孫), 이름은
   신(辰)이며, 문(文)은 시호, 중(仲)은 자이다.
   5편, 공야장(公冶長)편, 17장에서 언급이 되었다.
2) 其竊位者與:아마도 지위를 훔친 자일 것이다.
   - 其:아마도/추측을 나타내는 부사.
   - 竊(절):훔치다, 도둑질하다, 절취하다.
   - 與:일반적으로 추측을 나타내는 부사 '其'와 같이 쓰여 추측의
     어기를 나타내는 종결사이다.
3) 知柳下惠之賢, 而不與立也:유하혜의 어짊(현명함)을 알면서도
   더불어 〈조정에〉 서지 않았다.
   - 柳下惠(유하혜):노(魯)나라의 대부로 성은 전(展)이고, 이름은
     획(獲)이며 자는 금(禽)이다. 유하(柳下)에 살았고 시호를 혜(惠)
     라 하였으므로 유하혜(柳下惠)라고 칭하였다.
   - 與(여):~와 더불어/전치사. 목적어 '유하혜'가 생략되었다.

자신보다 나은 사람을 추천하지 않는 사람이 이뿐이겠는가?
왜 그럴까? 혹시나 자신의 자리位가 빼앗길까 봐 그런가?

15. 衛靈公篇. 14章

子曰 "躬自厚, 而薄責於人, 則遠怨矣."

자왈 "궁자후, 이박책어인, 즉원의."

자왈 "스스로 자신을 〈책망하기를〉 후하게(엄중하게) 하고,
남을 책망하기를 엷게(가볍게) 하면, 원망을 멀리하게 된다."

躬:몸궁　厚:후할후/두터울후　薄:엷을박　責:책망할책/꾸짖을책　怨:원망할원

문법(文法)적 해석

1) 躬自厚:스스로 자신을 〈책망하기를〉 후하게(엄중하게) 하고,
 - 躬(궁):스스로, 몸소/부사.
 - 自:자신을, 스스로를/대명사로써 타동사 '厚'의 목적어 역할을 한다.
 - 厚(후):후하게 하다, 두텁다/형용사가 동사로 전성된 것이며,
   뒤에 '責'이 생략된 것이라 할 수 있다.
2) 而薄責於人, 則遠怨矣:남을 책망하기를 엷게(가볍게) 하면,
   원망을 멀리하게 된다.
 - 薄責(박책):책망하기를 엷게(가볍게) 하다/동사가 연속 이어지는
   연동사(連動詞)로 앞의 동사가 문장의 본동사이다.
 - 於:타동사 뒤에는 전치사가 오지 않지만, 올 경우에는 '~을(를)',
   목적어로 해석하거나, 또는 피동으로 해석한다.
 - 人:남/부정칭 대명사.
 - 則(즉):~면/가정, 조건의 접속사.

자신에게는 엄중厚하게, 남에게는 가볍薄게,
하지만 우리는 반대일 때가 많다.
자신은 너그럽게 용서하고, 남은 신랄하게 비판하고 책망한다.
그래서 원한을 사고 원망을 듣는구나.

15. 衛靈公篇. 15章

子曰 "不曰 '如之何如之何'者,
吾末如之何也已矣."

자왈 "불왈 '여지하여지하'자, 오말여지하야이의."

자왈 " '어떻게 할까, 어떻게 할까' 라고 말하지 않는 사람은,
나는 어떻게 할 수가 없을 따름이다."

末:없을말/끝말

문법(文法)적 해석

1) 不曰 '如之何如之何'者:'어떻게 할까, 어떻게 할까' 라고 말하지
   않는 사람은,
   - 如 ~ 何:관용어로써 술어로는 '어떻게 할 것인가, 어떠하다'이며,
     부사어로 '어찌, 어떻게'로 해석한다.
   - 者:의존명사(불완전명사) 또는 특수 지시대명사로 앞 문장
     '不曰 '如之何如之何'者'를 취해서 '~하는 사람, ~하는 것'으로
     해석한다.
2) 吾末如之何也已矣:나는 어떻게 할 수가 없을 따름이다.
   - 末:~없다, ~아니다, ~않다/금지, 부정을 나타내는 부정보조사.
   - 也已矣:~일 따름이다/긍정이나 단정, 제한 등의 어기를 나타내며,
     간혹 개탄의 의미를 겸하기도 하는 종결사이다.

묻고 생각하고 고민하라如之何.
깊이 생각하지 않으면 얻음이 없구나不甚思則亡.

子曰 "群居終日, 言不及義, 好行小慧, 難矣哉!"

자왈 "군거종일, 언불급의, 호행소혜, 난의재!"

자왈 "여럿이 거주하며 하루를 마치면서도, 말이 의리에 미치지 않고, 작은 지혜를 행하기 좋아하는 것은 곤란하구나!"

群:여럿군/무리군 居:거주할거 慧:지혜혜

문법(文法)적 해석

1) 群居終日:여럿이 거주하며 하루를 마치면서도,
   - 群(군):많은, 여러, 여럿의/형용사가 부사로 전성된 것이다.
   - 居(거):거주(居住)하다, 거처하다, 머물다.
2) 好行小慧, 難矣哉!:작은 지혜를 행하기 좋아하는 것은
   곤란하구나!
   - 好行(호행):~행하기 좋아하다/동사가 연속 이어지는 연동사
     (連動詞)로 앞의 동사가 문장의 본동사이다.
   - 小慧(소혜):작은 지혜, 작은 꾀, 작은 총명함.
   - 矣哉(의재):~구나(도다)/감탄의 어기를 나타내는 감탄 종결사이다.

비슷한 사람끼리 모여서群居
올바름義은 뒷전이고 하찮은 지혜小慧를 자랑하며,
토론인지 발표인지도 모르는 독서 문화, 곤란難하구나.

15.衛靈公篇.17章

子曰 "君子, 義以爲質, 禮以行之, 孫以出之,
信以成之, 君子哉!"

자왈 "군자, 의이위질, 예이행지, 손이출지, 신이성지, 군자재!"

자왈 "군자는 의로써 바탕으로 여기고, 예로써 (의를) 행하며,
공손함으로써 (의를) 내며, 믿음으로써 (의를) 이루니,
군자답도다!"

質:바탕질 孫:공손할손

문법(文法)적 해석

1) 義以爲質:군자는 의로써 바탕으로 여기고,
   - 以義爲質가 도치된 문장으로, 以爲는 '~로써 ~라고 여기다,
     ~로써 ~라고 생각하다, ~로써 ~로 삼다.'로 해석한다.
2) 孫以出之:공손함으로써 (의를) 내며,
   - 孫以:以孫이 도치된 것이며, 孫은 遜(겸손할 손)과 같다.
   - 出(출):~을 내다, ~를 나가다/(타)동사.
3) 君子哉!:군자답도다!
   - 君子:군자답다, 군자 같다/명사가 형용사로 전성된 것이다.
   - 哉(재):찬양, 비통, 감개 등의 어기를 나타내는 감탄 종결사이다.
4) 주희(朱熹)에 따르면 "정자(程子)는 '義로써 바탕을 여긴다는 것은
   質幹(질간)과 같은 것이다. 禮가 이것을 행하고, 孫이 이것을 내고,
   信이 이것을 이룬다. 이 네 句(구)는 다만 한 가지 일이며, 義로써
   근본(本)을 삼는다.'라고 하였다.

의義가 없는 예禮, 공손함孫, 믿음信은 의미가 없다.
그래서 군자君子는 의義를 중요시하는구나.

15. 衛靈公篇. 18章

子曰 "君子, 病無能焉, 不病人之不己知也."

자왈 "군자, 병무능언, 불병인지불기지야."

자왈 "군자는 〈자신이〉 능력이 없음을 근심하지, 남이 자기를 알아주지 않음을 근심하지 않는다."

病:근심할병/병병

문법(文法)적 해석

1) 病無能焉:군자는 〈자신이〉 능력이 없음을 근심하지,
   - 病(병):근심하다, 앓다, 괴로워하다/뒤 문장 전체를 목적절로 취한다.
   - 焉(언):술어와 붙어서 그 술어의 대상을(목적어) 내포하기도 하고, 또는 단순히 처소격의 의미를 갖는 서술형 종결사로 쓰인다.
2) 不病人之不己知也:남이 자기를 알아주지 않음을 근심하지 않는다.
   - 이와 유사한 문장이 논어에서 1편, 4편, 14편, 15편에 4번 나온다.
   - 人:남/부정칭 대명사.
   - 之:주격 후치사.
   - 不己知:부정문에서 대명사가 목적어이므로 '不知己'가 도치된 것이다.

우리는 어떻게 하면 남에게 알릴까를 고민하고 걱정하지病,
자신의 무능함無能을 걱정하지 않는다.
군자君子 되기가 참 어렵습니다.

15.衛靈公篇.19章

子曰 "君子, 疾沒世而名不稱焉."

자왈 "군자, 질몰세이명불칭언."

자왈 "군자는 일생을 마치고(죽어서) 이름이 일컬어지지
않음을 싫어한다."

疾:미워할질 沒:마칠몰/빠질몰 世:일생세/인간세 稱:일컬을칭

문법(文法)적 해석

1) 疾沒世而名不稱焉:일생을 마치고(죽어서) 이름이 일컬어지지
   않음을 싫어한다.
 - 疾(질):미워하다, 증오(憎惡)하다/뒤 문장 전체를 목적절로
   취한다.
 - 沒(몰):마치다, 죽다, 다하다, 끝나다, 빠지다.
 - 世(세):일생(一生), 생애(生涯), 대(代), 세대(世代).
 - 焉:술어와 붙어서 그 술어의 대상을(목적어) 내포하기도 하고,
   또는 단순히 처소격의 의미를 갖는 서술형 종결사로 쓰인다.

호랑이는 죽어서 가죽을 남기고虎死留皮,
사람은 죽어서 이름을 남긴다人死留名.
이런들 어떠하리此亦何如 저런들 어떠하리彼亦何如!(何如歌 中에서)
한 평생 그냥 편하게 살다 가면 안되는 것인가요?

15. 衛靈公篇. 20章

子曰 "君子求諸己, 小人求諸人."

자왈 "군자구저기, 소인구저인."

자왈 "군자는 자기에게서 〈잘못이나 일의 원인을〉 구하고 (찾고), 소인은 남에게서 〈잘못이나 일의 원인을〉 구한다 (찾는다)."

求:구할구 諸:어조사저/모두제

문법(文法)적 해석

1) 君子求諸己:군자는 자기에게서 〈잘못이나 일의 원인을〉 구하고(찾고),
   - 求(구):구(求)하다, 취(取)하다, 찾다.
   - 諸(저):'之於'이고, 여기서 之는 일반적인 사실이나 잘못, 일의 원인을 나타낸다고 할 수 있다.
   - 己:자기, 자기 자신/1인칭 대명사.

내 탓, 나에게서 찾는가求諸己? 남 탓, 남에게서 찾는가求諸人?
잘 된 것은 내 탓, 잘못된 것은 남 탓이라 하는구나.

15.衛靈公篇.21章

子曰 "君子矜而不爭, 群而不黨."

자왈 "군자긍이부쟁, 군이부당."

자왈 "군자는 자긍심을 가지나 다투지 않고, 무리를 짓지만 편당하지 않는다."

矜:자긍심을 가질긍/자랑할긍 爭:다툴쟁 群:무리군 黨:편당할당

문법(文法)적 해석

1) 君子矜而不爭:군자는 자긍심을 가지나 다투지 않고,
   - 矜(긍):자긍심을 가지다, 동정하다, 불쌍히 여기다.
   - 而:그러나, 그런데/역접 접속사이며, 해석하지 않아도 된다.
   - 爭(쟁):다투다, 싸움하다, 경쟁하다.
2) 群而不黨:무리를 짓지만 편당하지 않는다.
   - 群(군):무리 짓다, 떼를 짓다.
   - 黨(당):편당을 짓다, 서로 도와 잘못을 숨겨 주다.

자기 생각과 같지 않으면 다투고爭, 같으면 편당黨을 만들고
자긍심인지 자만심인지 모르겠구나.

15.衛靈公篇.22章

子曰 "君子, 不以言擧人, 不以人廢言."

자왈 "군자, 불이언거인, 불이인폐언."

자왈 "군자는 말로써(말만 듣고서) 사람을 추천(천거)하지
않고, 사람으로서(사람 됨됨이만 보고) 말을 버리지(묵살
하지) 않는다."

擧:추천할거/들거 廢:버릴폐

문법(文法)적 해석

1) 不以言擧人:말로써(말만 듣고서) 사람을 추천(천거)하지 않고,
 - 以:~로써/수단, 방법을 나타내는 전치사.
 - 擧(거):추천(推薦)하다, 천거하다, 들다.
2) 不以人廢言:사람으로서(사람 됨됨이만 보고) 말을 버리지(묵살
   하지) 않는다.
 - 以人:사람으로서, 사람 됨됨이만 보고, 사람이 나쁘거나 학벌,
   집안 등.
 - 廢(폐):버리다, 폐(廢)하다.

사람을 등용하거나 추천擧할 때 말ᇹ 뿐만이 아니라 행동,
그리고 사람 됨됨이를 보고 소신껏 판단해야 되는구나.

15.衛靈公篇.23章

子貢問曰 "有一言而可以終身行之者乎?"
子曰 "其恕乎! 己所不欲, 勿施於人."

자공문왈 "유일언이가이종신행지자호?" 자왈 "기서호! 기소불욕, 물시어인."

자공이 물었다. "한 마디 말로 종신토록 행할 수 있는 것이
있습니까? 자왈 "아마도 서(恕)일 것이다! 자기가 하고자 하지
않는 것을 남에게 베풀지 말아라."

恕:용서할서/어질서 施:베풀시

문법(文法)적 해석

1) 有一言而可以終身行之者乎?:한 마디 말로 종신토록 행할 수 있는
   것이 있습니까?
   - 有:존재동사로써, 뒤 문장 전체를 보어절로 취하며, 보어절을
     주어처럼 해석한다.
   - 而:'之'와 같이 주어와 술어 사이에 쓰여 문장의 독립성을 없애
     주는 역할을 하는 어조사, 즉 후치사라 할 수 있다.
   - 可以:~할 수 있다/가능 보조사.
   - 之:무엇을 꼭 지칭하기 위해 쓰인 것이 아니라, 술어 뒤에 之가
     붙음으로써 그 술어를 술어답게 만들어주는 어감을 얻고, 어세를
     고르게 하기 위해 쓰인다.
   - 者:의존명사(불완전명사) 또는 특수 지시대명사로 앞 문장를
     취해서 명사구가 되며, '~하는 사람, ~하는 것'으로 해석한다.
   - 乎:의문의 어기를 나타내는 의문 종결사.
2) 其恕乎!:아마도 서(恕)일 것이다!
   - 其(기):아마(도)/동작이나 행위에 대한 추측을 나타내는 부사.
   - 恕(서):자기가 하고자 하지 않는 것을 남에게 베풀지 않는 것이며,
     입장을 바꾸어 생각하여 남의 처지를 이해하며 대하는 것을
     뜻한다.
   - 乎:단정과 감탄의 의미를 포함한 감탄 종결사.

3) 己所不欲, 勿施於人:자기가 하고자 하지 않는 것을 남에게 베풀지
   말아라.
   - 己:自, 身, 己가 주어로 쓰이면 인칭 대명사가 된다.
   - 所:~바(것)/所+술어가 오며, 불완전명사(의존명사) 또는
     특수 지시대명사로, 주어는 대체로 所앞에 온다.
   - 勿(물):~말라/금지 보조사.
   - 施(시):베풀다, 실시(實施)하다, 미치게 하다.
   - 於:~에/보어와 목적어 앞에 위치하며, 처소, 대상의 전치사이다.
   - 人:남, 타인/부정칭 대명사.

내己가 원하지 않는 것을 남人에게 행하지 않는 것이 서恕라면
내가 아닌, 그 사람이 원하지 않는 것을 그 사람에게 행하지 않는
것 또한 중요하지 않을까? 그러면 남人이 원하지 않는 것을
남人에게 행하지 않는 것人所不欲, 勿施於人은 무엇일까?

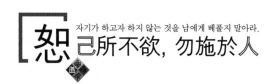

恕 己所不欲, 勿施於人
자기가 하고자 하지 않는 것을 남에게 베풀지 말아라.

15.衛靈公篇.24章

子曰 "吾之於人也, 誰毀誰譽? 如有所譽者,
其有所試矣. 斯民也, 三代之所以直道而行也."

자왈 "오지어인야, 수훼수예? 여유소예자, 기유소시의. 사민야, 삼대지소이직도이행야."

자왈 "내가 사람들(남들)에 대해서 누구를 헐뜯고 누구를 칭찬
하더냐? 만약 칭찬한 사람이 있다면 아마도 시험한 바가 있을
것이다. 〈지금〉 이 백성들은 삼대(하,은,주 세 왕조)가 곧은
도로써 행해 오던 사람들이다 〈그러므로 함부로 헐뜯거나
칭찬할 수 없다〉."

毀:헐뜯을훼 譽:칭찬할예/기릴예 試:시험할시 代:시대대/대신할대

문법(文法)적 해석

1) 如有所譽者, 其有所試矣:만약 칭찬한 사람이 있다면 아마도
   시험한 바가 있을 것이다.
   - 如:만약 ~면/가정, 양보 부사.
   - 所 ~ 者:~라는 것(사람)/所+수식어가 者를 수식하는 형태로
     '所'는 해석하지 않아도 된다.
   - 其(기):아마(도)/동작이나 행위에 대한 추측을 나타내는 부사.
2) 三代之所以直道而行也:삼대(하,은,주 세 왕조)가 곧은 도로써 행해
   오던 사람들이다 〈그러므로 함부로 헐뜯거나 칭찬할 수 없다〉.
   - 三代(삼대):하(夏), 은(殷), 주(周)나라 세 왕조를 말한다.
   - 之:~가(이), ~은(는)/주격 후치사.

누구를 헐뜯고毀 누구를 칭찬하더냐譽?
공자님의 남들에 대해 평가誰毀誰譽에 신중한 태도를 볼 수 있구나.

15. 衛靈公篇. 25章

子曰 "吾猶及史之闕文也, 有馬者借人乘之, 今亡矣夫!"

자왈 "오유급사지궐문야, 유마자차인승지, 금무의부!"

자왈 "나는 〈옛날에는〉 오히려 사관이 〈의심스러운〉 글을
빼놓고, 말이 있는 사람이 남에게 빌려주어 타게 함에
이르렀는데(볼 수 있었는데), 지금은 없어졌구나!"

猶:오히려유　及:이를급/미칠급　史:사관사　闕:빼놓을궐　借:빌려줄차　亡:없을무

문법(文法)적 해석

1) 吾猶及史之闕文也:나는 〈옛날에는〉 오히려 사관이 〈의심스러운〉
   글을 빼놓고,
   - 猶(유):오히려/부사.
   - 及(급):이르다, 미치다/'史之闕文也, 有馬者借人乘之'를
     보어절로 취한다.
   - 史(사):사관(史官:임금의 언행을 기록하거나 국가의 공문서
     작성을 맡은 사람), 사기(史記), 역사(歷史).
   - 之:~가(이), ~은(는)/주격 후치사.
   - 闕文(궐문):의심스러운 글을 빼놓고 기록하지 않는다.
2) 今亡矣夫!:지금은 없어졌구나!
   - 亡(무):~없다/무(無)와 통하며, 동작, 행위, 상황 등에 대한
     부정을 나타낸다.
   - 矣夫:~하구나/감탄과 추측의 어기를 나타내는 종결사.

2,500년 전에
공자께서 曰 "지금은 없어졌구나ㄴ! 세상이 어떻게 될 지..?"
공지님! 2,500년이 지난 지금도 여전히 세상은 잘 돌아가고 있습니다.

15. 衛靈公篇. 26章

子曰 "巧言亂德, 小不忍則亂大謀."

자왈 "교언란덕, 소불인즉란대모."

자왈 "교묘한 말은 덕을 어지럽히고, 작은 것을 참지 못하면 큰 계책을 어지럽힌다(그르친다)."

巧:교묘할교/공교할교 忍:참을인 謀:계책모/꾀모

문법(文法)적 해석

1) 小不忍則亂大謀:작은 것을 참지 못하면 큰 계책을 어지럽힌다(그르친다).
   - 小不忍:작은 것을 참지 못한다/목적어 '小'를 강조하기 위해 앞으로 도치시킨 문장이라 할 수 있다. '不忍小'라 할 수 있다.
   - 則:~면/가정, 조건의 접속사.
   - 謀(모):계책, 술책, 대책.

교묘한 말巧言은 덕德 뿐만 아니라 모든 것을 어지럽게亂 하고, 작은 것小을 참지 못하면不忍 무엇을 이룰 수 있으랴?
역시 공자님이시다.

15. 衛靈公篇. 27章

子曰 "衆惡之, 必察焉, 衆好之, 必察焉."

자왈 "중오지, 필찰언, 중호지, 필찰언."

자왈 "많은 사람들이 미워하더라도 반드시 〈좋은 점이 있는지〉 살펴보아야 하고, 많은 사람들이 좋아하더라도 반드시 〈나쁜 점이 있는지〉 살펴보아야 한다."

衆:무리중 惡:미워할오 察:살필찰

문법(文法)적 해석

1) 衆惡之, 必察焉:많은 사람들이 미워하더라도 반드시 〈좋은 점이 있는지〉 살펴보아야 하고,
   - 문맥상, 의미상 비교, 양보의 절이다.
   - 衆(중):많은 사람(들), 사람들, 군중, 뭇사람.
   - 惡(오):미워하다, 헐뜯다, 싫어하다.
   - 焉:'於是'이고, 술어와 붙어서 그 술어의 대상을(목적어) 내포 하기도 하고, 또는 단순히 처소격의 의미를 갖는 서술형 종결사로 쓰인다.

많은 사람들衆이 좋아하고好, 싫어하더라도惡
반드시 그 진상을 알아야지 많은 사람들의 이야기에
부화뇌동附和雷同하여서는 안되는구나.

15.衛靈公篇.28章

子曰 "人能弘道, 非道弘人."

자왈 "인능홍도, 비도홍인."

자왈 "사람이 도를 크게 할 수 있는 것이지, 도가 사람을 크게
할 수 있는 것은 아니다."

弘:클홍/넓을홍

문법(文法)적 해석

1) 人能弘道:사람이 도를 크게 할 수 있는 것이지,
   - 能:~할 수 있다/가능 보조사.
   - 弘(홍):크다, 넓다, 넓히다, 넓혀서 크게 하는 것이다.
2) 非道弘人:도가 사람을 크게 할 수 있는 것은 아니다.
   - 非:~아니다/연계동사. 뒤에 술어가 오면 부정 보조사로 쓰이지만,
     보어로 명사(구/절)이 오면 연계동사로써 주어와 보어 사이에 놓여
     이를 연결하는 역할을 한다. 주어는 생략되었다고 할 수 있다.

사람人으로 인해서 모든 것이 이루어지는 것이지,
모든 것이 사람人을 이루게 하는 것은 아니구나.

15.衛靈公篇.29章

子曰 "過而不改, 是謂過矣."

자왈 "과이불개, 시위과의."

자왈 "허물이 있으면서 고치지 않는 것이, 〈바로〉 허물이라고
말하는 것이다."

過:허물과

문법(文法)적 해석

1) 過而不改, 是謂過矣:허물이 있으면서 고치지 않는 것이,
   〈바로〉 허물이라고 말하는 것이다.
   - 而:그런데, 그러나/역접 접속사이다.
   - 是:연계동사로 '~이다'의 뜻이며, 지시대명사로써 주어인 '이것'의
     뜻이 아니다. 주어는 문맥상 앞 문장이므로 굳이 써주지 않아도
     된다. 다만, 우리말로 옮기는 과정에서는 우리말의 어감에 맞게
     '이것이'란 주어를 붙여준 것뿐이라고 할 수 있다. 그리고 是의 보어는
     명사구가 아닌, 서술절로서 '謂過'이다.
     또 이 문장을 띄어쓰지 않으면 '過而不改'를 목적어(절)로 볼 수
     있고, 술어 '謂' 앞에 '是'를 넣어 도치된 문장으로 볼 수 있다.
     '허물이 있으면서 고치지 않는 것을 허물이라고 말한다.'라고
     해석할 수 있다. 옮긴이는 전자의 해석을 따른다.
   - 矣(의):서술, 단정 종결사로써 '확신'을 나타낸다.

허물過도 허물過이지만,
허물過이 있으면서도 고치지 않는 것이 진정한 허물過이구나.

15.衛靈公篇.30章

子曰 "吾嘗終日不食, 終夜不寢以思, 無益,
不如學也."

자왈 "오상종일불식, 종야불침이사, 무익, 불여학야."

자왈 "나는 일찍이 종일토록 먹지 않고, 밤새도록 자지
않으면서 생각했는데, 유익함이 없었고, 배우는(공부하는)
것만 못하였다."

嘗:일찍이상 **寢**:잠잘침

문법(文法)적 해석

1) 終夜不寢以思, 無益:밤새도록 자지 않으면서 생각했는데,
   유익함이 없었고,
   - 終夜(종야):'終'은 처음부터 끝까지 모든 시간을 가리킨다. 終夜는
     '밤새도록', 終日은 '하루 종일, 종일토록'으로 해석할 수 있다.
   - 以:명사절 다음에 以가 오면 '~하면서'의 뜻으로, 접속사로 사용
     되어 而(그래서)와 유사하며, 해석하지 않아도 된다.
   - 益(익):유익(有益)하다, 이롭다, 더하다. 명사로 전성된 것이다.
2) 不如學也:배우는(공부하는) 것만 못하였다.
   - 不如:~(만)보다 못하다/열등비교.

배우면서 그리고 공부하면서學 생각해야지, 그냥 생각思만 하니까
위태롭고殆, 무익無益하구나思而不學則殆, 無益.

15. 衛靈公篇.31章

子曰 "君子謀道, 不謀食. 耕也, 餒在其中矣,
學也, 祿在其中矣. 君子憂道, 不憂貧."

자왈 "군자모도, 불모식. 경야, 뇌재기중의, 학야, 녹재기중의. 군자우도, 불우빈."

자왈 "군자는 도를 도모(추구)하고, 밥(부)을 도모(추구)하지
않는다. 농사를 지어도 〈흉년이 들 수 있으므로〉 굶주림은
그 가운데에 있고, 배우면은 녹봉이 그 가운데에 있다.
〈그러므로〉 군자는 도를 근심하지, 가난을 근심하지 않는다."

謀:도모할모/꾀모 耕:농사지을경/밭갈경 餒:굶주릴뇌 貧:가난할빈

문법(文法)적 해석

1) 君子謀道, 不謀食:군자는 도를 도모(추구)하고, 밥(부)을
   도모(추구)하지 않는다.
   - 謀(모):도모(圖謀)하다, 추구하다, 꾀하다.
   - 食(식):밥/'부, 부유함'을 의미한다고 할 수 있다.
2) 耕也, 餒在其中矣:농사를 지어도 〈흉년이 들 수 있으므로〉
   굶주림은 그 가운데에 있고,
   - 耕(경):밭을 갈다, 경작하다, 농사짓다.
   - 也:~가(이), ~은(는)/앞 절 마지막 부분에 놓이거나, 병렬 문장의
     끝에 놓여 잠시 쉬어감을 나타내는 주격 후치사로써 해석하지
     않아도 된다
   - 其:그(것이)/지시 대명사로써, 耕을 가리킨다.
3) 주희(朱熹)는 "밭 가는 것은 밥을 도모하는 이유이나 반드시 밥을
   얻지 못하고, 배움은 도를 도모하는 이유이나 녹이 그 중에 있다."
   라고 하였다.

군자君子는 밥富도 추구하고 도道도 추구하면 안 되는 것일까?
지금은 밥富이 없으면 무시당하고, 멸시당할 텐데... .

15.衛靈公篇.32章

子曰 "知及之, 仁不能守之, 雖得之, 必失之.
知及之, 仁能守之, 不莊以涖之, 則民不敬.
知及之, 仁能守之, 莊以涖之,
動之不以禮, 未善也."

자왈 "지급지, 인불능수지, 수득지, 필실지. 지급지, 인능수지, 부장이리지, 즉민불경.
지급지, 인능수지, 장이리지, 동지불이례, 미선야."

자왈 "지혜가 미치더라도, 인이 지킬 수 없으면, 비록 얻었더라도
반드시 잃는다. 지혜가 미치고, 인이 지킬 수 있더라도, 장중함
으로써 〈백성에게〉 임하지 않으면 백성들은 공경하지 않는다.
지혜가 미치고, 인이 지킬 수 있으며, 장중함으로써 임하더라도,
〈백성들을〉 움직이는데(동원하는데) 예로써가 아니면,
좋지(선하지) 못하다."

守:지킬수 莊:장중할장/씩씩할장 涖:임할리 善:좋을선/훌륭할선

문법(文法)적 해석

1) 知及之:지혜가 미치더라도,
 - 知(지):지혜/智(지)와 같다.
 - 及(급):미치다, 이르다, 파급되다.
 - 之:之는 무엇을 꼭 지칭하기 위해 쓰인 것이 아니라, 술어 뒤에
   之가 붙음으로써 그 술어를 술어답게 만들어주는 어감을 얻고,
   어세를 고르게 하기 위해 쓰인다. 해석하지 않아도 되지만 대명사,
   목적어로 본다면 '일반적인 사물이나 지위'을 가리킨다고 할 수 있다.
2) 不莊以涖之, 則民不敬:장중함으로써 〈백성에게〉 임하지 않으면
   백성들은 공경하지 않는다.
 - 莊(장):장중(莊重)하다, 정중(鄭重)하다, 엄(嚴)하다.
 - 以:~로써/수단, 방법을 나타내는 전치사로써 '以莊'이 도치된
   것으로, 강조 효과를 위하여 목적어를 전치사 앞에 놓은 것이다.

- 涖(리):임하다, 다다르다.
- 則:~면/가정, 조건의 접속사.
3) 動之不以禮, 未善也:〈백성들을〉 움직이는데(동원하는데)
   예로써가 아니면, 좋지(선하지) 못하다.
   - 不 ~, 不(未) ~ :앞 절(조건절) 부정, 뒤 절(결과절) 부정의 형태로,
   '~ 하지 않으면, ~ 하지 않는다.'로 해석한다.
   - 動(동):움직이다, 동원하다.
   - 善(선):선하다, 좋다, 잘하다, 잘되다, 훌륭하다, 착하다, 잘(부사)

모든 것이 백성民들이 어떻게 받아들이느냐에 달려있다.
그리고 지혜知, 인仁, 장중함莊, 모두가 중요하지만
예禮가 바탕이 되어야만 하는구나.

15.衛靈公篇.33章

子曰 "君子不可小知, 而可大受也.
小人不可大受, 而可小知也."

자왈 "군자불가소지, 이가대수야. 소인불가대수, 이가소지야."

자왈 "군자는 작은 것으로 알 수 없으나(볼 만한 것이 없으나),
크게는(중책은) 받을 수 있다. 소인은 크게는(중책은) 받을 수
없으나, 작은 것으로 알 수 있다(볼 만한 것이 있다)."

受:받을수

문법(文法)적 해석

1) 君子不可小知, 而可大受也:군자는 작은 것으로 알 수 없으나(볼
   만한 것이 없으나), 크게는(중책은) 받을 수 있다.
 - 可:~할수 있다. 可以와 같다/가능 보조사.
 - 小~, 大~:작은 것으로~, 크게는~/부사.
 - 不可小知:작은 것으로 알 수 없다, 작은 일에 있어 반드시
   볼 만하지는 못하다.
 - 而:그러나, 그런데/역접 접속사이며, 해석하지 않아도 된다.
 - 可大受:크게는 받을 수 있다, 중책은 받을 수 있다.
2) 주희(朱熹)는 "이것은 사람을 관찰하는 법을 말씀한 것이다."
   라고 하였다.

군자君子와 소인小人은
아는 것과 행할 수 있는 것, 그릇이 다르구나.

15. 衛靈公篇. 34章

子曰 "民之於仁也, 甚於水火.
水火, 吾見蹈而死者矣, 未見蹈仁而死者也."

자왈 "민지어인야, 심어수화. 수화, 오견도이사자의, 미견도인이사자야."

자왈 "백성이 인에 있어서는 물과 불보다도 심하다(좋다).
물과 불은, 나는 밟고 죽은 사람을 보았지만, 인을 밟고(따르
다가) 죽은 사람은 (아직) 보지 못했다."

甚:심할심 蹈:밟을도

문법(文法)적 해석

1) 民之於仁也, 甚於水火:백성이 인에 있어서는 물과 불보다도
   심하다(좋다).
   - 之:~가(이), ~은(는)/주격 후치사.
   - 於:~에 있어(서)/보어와 목적어 앞에 위치하며 처소, 대상의
     전치사이다.
   - 也:~가(이), ~은(는)/앞 절 마지막 부분에 놓이거나, 병렬 문장의
     끝에 놓여 잠시 쉬어감을 나타내는 주격 후치사로써 해석하지
     않아도 된다.
   - 於:~보다, ~와(과)/전치사로써, 술어가 '甚'처럼 형용사일 때
     비교를 나타낸다.
2) 未見蹈仁而死者也:인을 밟고(따르다가) 죽은 사람은
   (아직) 보지 못했다.
   - 未:(아직)~아니다/부정을 나타내는 부정 보조사.
   - 見:뒤 문장 전체를 목적절로 취한다.
   - 蹈(도):(발로)밟다, 따르다, 따라 행하다.

사람이 물水과 불火이 없으면 살 수 있을까요? 아니오.
사람이 인仁이 없으면 살 수 있을까요? 예?

15. 衛靈公篇. 35章

子曰 "當仁, 不讓於師."

자왈 "당인, 불양어사."

자왈 "인을 당해서는 스승에게도 양보하지 않는다."

讓:사양할양/양보할양

문법(文法)적 해석

1) 當仁, 不讓於師:인을 당해서는 스승에게도 양보하지 않는다.
   - 當(당):당(當)하다, 대(對)하다.
   - 讓(양):사양(辭讓)하다, 양보(讓步)하다, 겸손(謙遜)하다.
   - 於:~에(게)/보어와 목적어 앞에 위치하며, 처소, 대상의 전치사이다.

스승에게 양보讓하지 말아야 하는 것은 어떤 것들이 있을까?
인仁, 의義, 예禮, 지智, 신信 (오상五常)......

15. 衛靈公篇. 36章

子曰 "君子貞而不諒."

자왈 "군자정이불량."

자왈 "군자는 곧지만(정도를 따르지만) 작은 신의를 고집하지 않는다."

貞:곧을정 諒:믿을량(양)/고집스러울량(양)

문법(文法)적 해석

1) 君子貞而不諒:군자는 곧지만(정도를 따르지만) 작은 신의를
   고집하지 않는다.
   - 貞(정):곧다, 정도(正道)를 따르다, 지조가 굳다.
   - 而:그런데, 그러나/역접 접속사이다.
   - 諒(량):작은 신의, 사소한 신의/명사가 동사로 전성된 것이다.
     즉, 작은 신의를 고집하다, 사소한 신의에 얽매이다.

군자君子는 곧으며貞 사소한 것諒이 아니라 큰 것을 생각하는구나.
그러면 군자君子에게는 어디까지가 사소한 것諒일까?

15.衛靈公篇.37章

子曰 "事君, 敬其事而後其食."

자왈 "사군, 경기사이후기식."

자왈 "임금을 섬기는데, 그(자신의) 일을 신중히 하고 그리고 그(자신의) 녹봉을 뒤로 한다."

敬:신중할경/삼가할경　後:뒤로할후　食:녹봉식

문법(文法)적 해석

1) 事君, 敬其事而後其食:임금을 섬기는데, 그(자신의) 일을 신중히 하고 그리고 그(자신의) 녹봉을 뒤로 한다.
   - 敬(경):신중히 하다, 삼가다(몸가짐이나 언행을 조심하다).
   - 其:그, 자기, 자기 자신/3인칭 대명사.
   - 而:그리고, 그래서/순접 접속사로써, 단어와 구 혹은 단문을 연결하는 역할을 하며, 해석하지 않아도 된다.
   - 後(후):뒤로 하다, 뒤로 미루다, 나중에 하다/'而後'로 해석하지 않고 띄어서 각각 해석을 한다.
   - 食(식):녹봉(祿俸)을 의미한다.

우리는 신중히敬, 그리고 열심히 일을 하고 녹봉食을 받는가?

"만약 당신이 일하지 않고 보수食을 받는다면 반드시 일을 하고도 보수食을 받지 못하는 사람이 어딘가에 있을 것이다."
- 존 러스킨 -

15. 衛靈公篇. 38章

子曰 "有教無類."

자왈 "유교무류."

자왈 "가르침이 있고, 차별이 없다."

類:무리류(유)

문법(文法)적 해석

1) 有教無類:가르침이 있고, 차별이 없다.
 - 有~, 無~ :존재동사로써, 각각 教, 類를 보어로 취하며, 보어를
   주어처럼 해석한다.
 - 類(류):차별, 분류, 유별/명사. 여기서는 신분, 능력, 출신,
   지역 등의 차별을 가리킨다.

공자님의 가르침教은 차별類이 없었을 뿐만 아니라
제자弟子 각자의 눈높이에 맞는 교육教을 하셨구나.

이 문장은 자왈子曰을 뺀다면 네四 자字로써 논어에서 가장 짧은
두 문장 중에 한 문장이다.(2편. 위정편. 12장. 子曰 "君子不器.")

15.衛靈公篇.39章

子曰 "道不同, 不相爲謀."

자왈 "도부동, 불상위모."

자왈 "〈추구하는〉 도가 같이 않으면, 서로 도모하지 않는다."

謀:도모할모/꾀모

문법(文法)적 해석

1) 道不同, 不相爲謀:〈추구하는〉 도가 같이 않으면,
   서로 도모하지 않는다.
   - 不 ~, 不 ~ :앞 절(조건절) 부정, 뒤 절(결과절) 부정의 형태로,
     '~ 하지 않으면, ~ 하지 않는다.'로 해석한다.
   - 爲:爲+명사는 '~하다'로 해석하며, 목적어의 성격에 따라 그 뜻을
     적절하게 해석할 수 있다. '爲謀'은 도모하다.
   - 謀(모):도모(圖謀), 지략(智略), 계략(計略), 계책(計策).

군자는 부화뇌동附和雷同하지 않지만 화합한다 하였거늘君子不同,
而和, 만약 도道가 같이 않으나 서로 함께同 한다면 무슨 이유가
있는 것이다?

15. 衛靈公篇. 40章

子曰 "辭達而已矣."

자왈 "사달이이의."

자왈 "말은 〈뜻을〉 전달할 뿐이다(전달하면 그만이다)."

辭:말씀사 達:전달할달

문법(文法)적 해석

1) 辭達而已矣:말은 〈뜻을〉 전달할 뿐이다(전달하면 그만이다).
   - 而已矣:~일 뿐이다/한정 종결사. '而已矣'를 다르게 풀이한다면 '而'는 '~하면' 즉 단문을 연결하는 가정 접속사이고, '已(이)'는 '그만이다, 끝나다, 그치다, 그만두다'의 뜻이며, '矣'는 단정 종결사로써 '확신'을 나타내므로, '~하면 그만이다'라고 해석할 수 있다.
2) 주희(朱熹)에 따르면 "말은 뜻이 전달함을 취할 뿐이고, 풍부하고 아름다움을 좋음으로 여기지 않는다."라고 하였다.

말辭은 뜻을 전달할 뿐, 교묘한 말巧言과 미사여구美辭麗句을 하지 말아야 하는구나. 군자는 눌언민행訥言敏行이라.

15. 衛靈公篇. 41章

師冕見, 及階, 子曰 "階也." 及席,
子曰 "席也." 皆坐, 子告之曰 "某在斯, 某在斯."
師冕出, 子張問曰 "與師言之道與?"
子曰 "然. 固相師之道也."

사면현, 급계, 자왈 "계야." 급석, 자왈 "석야." 개좌, 자고지왈 "모재사, 모재사." 사면출,
자장문왈 "여사언지도여?" 자왈 "연. 고상사지도야."

〈장님인〉 악사 면이 〈공자를〉 뵈러 왔는데, 섬돌(계단)에
이르자, 자왈 "섬돌입니다." 자리에 이르자, 자왈 "자리입니다."
모두 앉자, 공자께서 그에게 말했다. "아무개는 여기에 있고,
아무개는 여기에 있습니다." 악사 면이 나가자, 자장이 물었다.
"악사와 더불어 말하는 도리입니까?"
자왈 "그렇다. 진실로 악사를 도와주는 도리이다."

師:악관사 **冕**:면류관면 **階**:섬돌계 **席**:자리석 **某**:아무개모

문법(文法)적 해석

1) 師冕見:〈장님인〉 악사 면이 〈공자를〉 뵈러 왔는데,
   - 師(사):악사(樂師), 악관(樂官), 악공(樂工).
     주로 악사는 장님이다.
   - 冕(면):악사의 이름이다.
   - 見(현):(아랫사람이 윗사람을)뵙다.
2) 及階, 子曰 "階也":섬돌(계단)에 이르자, 자왈 "섬돌입니다."
   - 及(급):이르다, 미치다, 파급되다.
   - 也:단정, 지정, 서술 종결사이다.
3) 與師言之道與?:악사와 더불어 말하는 도리입니까?
   - 與(여):~와 더불어, 함께/전치사.
   - 之:수식어+之+피수식어의 형태의 관형격 후치사로, 수식어가
     '동사구'이면, 해석은 '~(하)는, ~한'으로 한다. 그래서 '言之'를
     '말하는'으로 해석한다.

- 與:반문과 의문의 어기를 내포한 의문 종결사.
4) 然. 固相師之道也:그렇다. 진실로 악사를 도와주는 도리이다.
  - 然은 상황이나 성질, 상태 등을 대신 나타내는 대명사로써 '그러한,
    그러하다'로 해석하고, 또 대답하는 말을 나타내는 대명사로써
    '옳다, 그러하다, 그렇다'로 해석한다.
  - 固(고):진실로, 참으로/부사.
  - 相(상):돕다, 도와 주는 사람.
  - 之:동사구 '相師'의 관형격 후치사로써 '악사를 도와주는'으로
    해석한다.
  - 道:도리(道理), 이치(理致).

공자께서는 비록 장님일지라도 예禮를 실천함에 차이가 없었고,
어떤 사람일지라도 위함爲에 그 마음의 차이가 없었구나.

[與師之道]
階也, 席也, 某在斯

자기가 하고자 하지 않는 것을 남에게 베풀지 말아라.

己所不欲, 勿施於人

季氏

16.季氏篇

14章

16.季氏篇. 1章

季氏將伐顓臾, 冉有·季路見於孔子曰
"季氏將有事於顓臾." 孔子曰 "求! 無乃爾是過與?
夫顓臾, 昔者先王以爲東蒙主, 且在邦域之中矣,
是社稷之臣也, 何以伐爲?" 冉有曰 "夫子欲之,
吾二臣者, 皆不欲也." 孔子曰 "求! 周任有言曰
'陳力就列, 不能者止.' 危而不持, 顚而不扶,
則將焉用彼相矣? 且爾言過矣. 虎兕出於柙,
龜玉毁於櫝中, 是誰之過與?" 冉有曰 "今夫顓臾,
固而近於費. 今不取, 後世必爲子孫憂."
孔子曰 "求! 君子疾夫舍曰欲之, 而必爲之辭.
丘也聞, 有國有家者, 不患寡而患不均,
不患貧而患不安. 蓋均無貧, 和無寡, 安無傾.
夫如是, 故遠人不服, 則修文德以來之,
旣來之, 則安之. 今由與求也, 相夫子,
遠人不服而不能來也, 邦分崩離析而不能守也,
而謀動干戈於邦內. 吾恐季孫之憂, 不在顓臾,
而在蕭牆之內也."

계씨장벌전유, 염유·계로현어공자왈 "계씨장유사어전유." 공자왈 "구! 무내이시과여?
부전유, 석자선왕이위동몽주, 차재방역지중의, 시사직지신야, 하이벌위?"
염유왈 "부자욕지, 오이신자, 개불욕야." 공자왈 "구! 주임유언왈 '진력취렬, 불능자지.'
위이부지, 전이불부, 즉장언용피상의? 차이언과의. 호시출어합, 귀옥훼어독중,
시수지과여?" 염유왈 "금부전유, 고이근어비. 금불취, 후세필위자손우."
공자왈 "구! 군자질부사왈욕지, 이필위지사. 구야문, 유국유가자, 불환과이환불균,
불환빈이환불안. 개균무빈, 화무과, 안무경. 부여시, 고원인불복, 즉수문덕이래지,
기래지, 즉안지. 금유여구야, 상부자, 원인불복이불능래야, 방분붕리석이불능수야,
이모동간과어방내. 오공계손지우, 부재전유, 이재소장지내야."

계씨가 장차 전유를 치려 하자, 염유와 계로가 공자를 뵙고

말하였다. "계씨가 장차 전유에 일이 있습니다(전쟁을 할려고 합니다)." 공자왈 "구(염유)야! 네가 잘못한 것이 아닌가? 저 전유는 옛날에 선왕이 동몽주(동몽산의 祭主)로 삼으셨고, 또 (우리)나라 영역 안에 있다. 사직의 신하인데, 무엇 때문에 정벌을 하는가?" 염유가 말하였다. "부자(계씨)께서 하려는 것이지, 우리 두 신하는 모두 하고자 하지 않습니다." 공자왈 "구야! 주임이 '힘(능력)을 펼쳐서 벼슬자리에 나아가되, 〈제대로〉 할 수 없으면 그만둔다.'라고 한 말이 있다. 위태로운데 잡아주지 않고, 넘어지는데 붙들어 주지 않는다면 장차 저 도와주는 사람을 어디에 쓰겠는가? 또 네 말이 잘못되었다. 호랑이와 외뿔소가 우리에서 뛰쳐나오고, 〈점치는〉 거북의 등껍질과 옥이 궤(상자) 속에서 훼손되었다면 누구의 잘못이겠는가?" 염유가 말하였다. "지금 저 전유는 〈성곽이〉 견고하고 비읍에 가까우므로, 지금 취하지 않으면, 후세에 반드시 자손들의 근심이 될 것입니다." 공자왈 "구야! 군자는 그가 하고자 하는 것을 말하기를 내버려 두고(주저하면서) 반드시 그것을 위해 변명하는 것을 미워한다. 내가 들었는데, 나라가 있고 집이 있는(나라를 다스리는) 사람은 〈백성이나 영토가〉 적은 것을 걱정하지 않고 〈소유나 분배가〉 고르지 않음을 걱정하며, 가난을 걱정하지 않고 편안하지 않음을 걱정한다고 했다. 대개 〈분배가〉 고르면 가난이 없고, 〈서로가〉 화합하면 적음이 없고, 〈백성이〉 편안하면 〈나라가〉 기울어짐이 없다. 이와 같거늘, 그러므로 멀리 있는 사람들이 복종하지 않으면 문덕을 닦아 오게 하고, 이미 왔으면 편안하게 해주는 것이다. 지금 유와 구는 부자(계씨)를 도우면서 멀리 있는 사람이 복종하지 않는데도 오게 할 수도 없고, 나라가 나눠지고, 붕괴되고, 떠나고, 쪼개져도 지킬 수도 없고, 〈그럼에도 불구하고〉 나라 안에서 창과 방패를(군사를) 움직이는 것을 꾀하는 구나. 나는 계손씨의 근심이 전유에 있지 않고 담장 내(집안)에 있을끼 두렵구나."

將:장차장 顓:오로지전 臾:잠깐유 蒙:어두울몽 域:지경역 社:토지신사 稷:곡신직

陳:펼칠진 就:나아갈취 持:잡을지 顚:넘어질전 扶:붙들부 兕:외뿔소시 柙:우리합
龜:거북귀 毁:헐훼 櫝:함독 固:굳을고 疾:미워할질 辭:변명할사 寡:적을과 均:고를균
蓋:대개개 傾:기울경 崩:무너질붕 離:떠날리 析:쪼갤석 蕭:맑은대쑥소 牆:담장장

문법(文法)적 해석

1) 季氏將伐顓臾:계씨가 장차 전유를 치려 하자,
 - 季氏:노(魯)나라의 대부인 계손씨(季孫氏)로 당시 노나라의 실권을
   쥔 삼환 중에 한 가문의 사람이다.
 - 將(장):장차/차(且)와 함께 미래를 나타내는 시간 부사.
 - 顓臾(전유):노(魯)나라의 예속 국가였다. 지금의 산동 비현(費縣)
   서북쪽 80리에 전유촌(顓臾村)이 있는데 옛 전유(顓臾) 땅인 듯 하다.
2) 有事於顓臾:전유에 일이 있습니다(전쟁을 하려고 합니다).
 - 有事(유사):일이 있다, 전쟁이 있다(일으키다).
3) 求! 無乃爾是過與?:구(염유)야! 네가 잘못한 것이 아닌가?
 - 求(구):염유(冉有)의 이름이다.
 - 無乃 ~ 與: ~ 이 아닌가?/동작이나 행위에 추측을 나타내며
   반어문으로써 의문이 아닌 강한 강조를 나타내며, 긍정은 부정,
   부정은 긍정을 의미한다.
 - 是:문장의 중간에 쓰여 해석하지 않으며, 어조사, 즉 후치사다.
 - 與:반문과 의문의 어기를 내포한 의문 종결사.
4) 夫顓臾, 昔者先王以爲東蒙主:저 전유는 옛날에 선왕이 동몽주
   (동몽산의 祭主)로 삼으셨고,
 - 夫(부):이, 저, 그/지시 대명사, 3인칭 대명사라고도 할 수 있고,
   문장의 첫머리에 쓰여 문장을 이끄는 어기를 나타내는데, 해석
   하지 않는다. 즉 발어사라고도 할 수 있다.
 - 昔者(석자):옛날에/者는 시간을 나타내는 말 뒤에 쓰이는
   의존명사(불완전명사) 또는 특수 지시대명사이다.
 - 以爲:~로 삼다, ~라고 여기다, ~라고 생각하다.
 - 東蒙主(동몽주):동몽은 山이름이며 선왕이 전유국(顓臾國)을
   이 山아래에 봉하여, 그 제사를 주관하게 하였으니, 즉 동몽주는
   동몽산의 제주(祭主)를 말한다.
5) 是社稷之臣也, 何以伐爲?:사직의 신하인데, 무엇 때문에 정벌을
   하는가?

- 是:연계동사로 '~이다'의 뜻이며, 是의 보어는 명사구인
  '社稷之臣'이다.
- 何以:무엇으로서, 무엇 때문에/의문사가 전치사의 목적어일
  경우에 앞으로 도치된다. 以은 원인을 나타내는 전치사이다.
- 爲:의문, 반문을 나타내는 종결사이며, 何와 奚와 함께 쓰인다.
6) 吾二臣者, 皆不欲也:우리 두 신하는 모두 하고자 하지 않습니다.
- 者:주어 뒤나, 문장의 중간이나 끝에 쓰여 어기를 부드럽게 하며,
  해석하지 않는다/어기사, 즉 후치사라고 할 수 있다.
- 皆(개):모두, 다/부정칭 인칭(지시) 대명사.
7) 周任有言曰 '陳力就列, 不能者止.':주임이 '힘(능력)을 펼쳐서
  벼슬자리에 나아가되, 〈제대로〉 할 수 없으면 그만둔다.'라고
  한 말이 있다.
- 周任(주임):고대의 어진 사관이었다.
- 陳(진):펼치다, 발휘하다, 보이다.
- 列(렬):벼슬자리, 차례(次例), 등급(等級)
- 者:곧, 즉, 하면/則과 같으며 두 가지 상황의 인과관계의 어기를
  나타내는 후치사이다.
8) 則將焉用彼相矣?:장차 저 도와주는 사람을 어디에 쓰겠는가?
- 焉(언):어디에/의문 대명사로 동사의 목적어(보어)일 경우에
  동사 앞으로 도치된다.
- 彼(피):저 (사람), 그 (사람)/3인칭 대명사.
- 相(상):도와주는 사람(신하), 돕다.
9) 君子疾夫舍曰欲之, 而必爲之辭:군자는 그가 하고자 하는 것을
  말하기를 내버려두고(주저하면서) 반드시 그것을 위해 변명하는
  것을 미워한다.
- 疾(질):미워하다, 증오(憎惡)하다.
- 夫(부):이, 저, 그/지시 대명사, 3인칭 대명사
- 舍(사):내버려두다, 버리다, 포기하다.
- 舍曰(사왈):말하기를 내버려두다/동사가 연속 이어지는 연동사
  (連動詞)로 앞의 동사가 문장의 본동사이다.
- 爲:~위해, ~위하여/전치사.
- 辭(사):변명하다, 핑계를 대다.
10) 夫如是, 故遠人不服, 則修文德以來之:이와 같거늘, 그러므로

멀리 있는 사람들이 복종하지 않으면 문덕을 닦아 오게 하고,
- 夫:문장의 첫머리에 쓰여 문장을 이끄는 어기를 나타내는데,
  해석하지 않는다. 즉 발어사이다.
- 故:그러므로, 따라서/인과 관계, 결과를 나타낸다.
- 以:명사절 다음에 以가 오면 '~하면서'의 뜻으로, 접속사로 사용되어
  而(그래서)와 유사하며, 굳이 우리말로 해석하지 않는다.

11) 而謀動干戈於邦內:나라 안에서 창과 방패를(군사를) 움직이는
   것을 꾀하는구나.
- 謀動(모동):움직이는 것을 꾀하다/동사가 연속 이어지는 연동사
  (連動詞)로 앞의 동사가 문장의 본동사이다.
- 干戈(간과):방패와 창/병기(兵器)를 통칭하며, 간혹 '전쟁'의
  뜻으로 쓰인다.

12) 吾恐季孫之憂, 不在顓臾, 而在蕭牆之內也:나는 계손씨의 근심이
   전유에 있지 않고 담장 내(집안)에 있을까 두렵구나.
- 恐(공):두려워하다/뒤 문장 전체를 목적절로 취한다.
- 蕭牆(소장):밖에서 집 안을 들여다보지 못하도록 대문이나 중문
  안쪽에 막아 놓은 담이나 널빤지로써, 문병(門屛)과 같다고 할 수
  있으며, 즉 문의 병풍을 뜻하기도 하고, 집안, 내부라는 의미로도
  사용된다.

이 장은 논어에서 두 번째로 긴 문장이다. 제일 긴 문장은 11편.
선진편. 25장이며, 이 장에서 계로季路와 염유冉有가 또한 언급이 된다.
'풀 베기 싫어하는 놈이 단 수만 센다.'
열심히는 하지 않고, 이것 저것 따지기만 하는 놈.
나, 이산移山을 두고 하는 말이구나.

16.季氏篇. 2章

孔子曰 "天下有道, 則禮樂征伐自天子出,
天下無道, 則禮樂征伐自諸侯出.
自諸侯出, 蓋十世希不失矣, 自大夫出,
五世希不失矣, 陪臣執國命, 三世希不失矣.
天下有道, 則政不在大夫, 天下有道, 則庶人不議."

공자왈 "천하유도, 즉례악정벌자천자출, 천하무도, 즉례악정벌자제후출.
자제후출, 개십세희불실의, 자대부출, 오세희불실의, 배신집국명, 삼세희불실의.
천하유도, 즉정부재대부, 천하유도, 즉서인불의."

공자왈 "천하에 도가 있으면 예악과 정벌이 천자로부터 나오고,
천하에 도가 없으면, 예악과 정벌이 제후로부터 나온다. 제후로
부터 나오면, 대개 10세에 〈정권을〉 잃지 않는 것이 드물고,
대부로부터 나오면 5세에 잃지 않는 것이 드물고, 배신(대부의
가신)이 나라의 운명을 잡으면, 3세에 잃지 않는 것이 드물다.
천하에 도가 있으면, 정치는 대부에게 있지 않고, 천하에 도가
있으면, 서인(백성)들이 〈정사를〉 의논하지 않는다."

征:칠정 伐:칠벌 希:드물희 陪:모실배 庶:서민서/여러서 議:의논할의

문법(文法)적 해석

1) 則禮樂征伐自天子出:예악과 정벌이 천자로부터 나오고,
  - 則:~면/가정, 조건의 접속사.
  - 自:~로부터/출발 지점을 나타내는 전치사.
2) 蓋十世希不失矣:대개 10세에 〈정권을〉 잃지 않는 것이 드물고,
  - 蓋(개):대개(大概), 대부분, 아마도.
  - 世(세):한 세대는 30년을 의미한다. 그래서 十世는 300년이다.
  - 十世(십세):10세에/시간의 부사어.
  - 希(희):드물다, 적다/특수형용사로써 술어로 쓰이는 경우에
    보어(구)를 취하며 주어처럼 해석한다.

- 矣(의):단정 종결사로써 '확신'을 나타낸다.
3) 陪臣(배신):대부(大夫)의 가신(家臣)을 말한다.
4) 則庶人不議:서인(백성)들이 〈정사를〉 의논하지 않는다.
  - 庶人(서인):일반 백성, 보통 사람 등을 말한다.
  - 議(의):정사를 비난하다'의 뜻으로 '정사를 논의하다'의 의미이다.

천하에 도道가 있으면 모든 것이 순리대로 움직이지만
천하에 도道가 없으면 모든 것이 뒤죽박죽이구나.
위아래上下가 없고, 물이 아래에서 위로 흐른다?

16.季氏篇. 3章

孔子曰 "祿之去公室五世矣, 政逮於大夫四世矣.
故夫三桓之子孫微矣."

공자왈 "녹지거공실오세의, 정체어대부사세의. 고부삼환지자손미의."

공자왈 "녹봉(정권)이 공실을 떠난 지가 5세가 되었고, 정치가
대부에게 미친 지가 4세가 되었다. 그러므로 저 삼환의 자손이
미약해진 것이다."

祿:녹봉록(녹) **逮**:미칠체/잡을체 **微**:미약할미/작을미

문법(文法)적 해석

1) 祿之去公室五世矣:녹봉(정권)이 공실을 떠난 지가 5세가 되었고,
  - 祿(록):녹봉(祿俸), 여기서는 '정권'을 비유한 것이다.
  - 去(거):떠나다, 가다.
  - 公室(공실):노(魯)나라의 정권과 제후의 가족을 모두 가리킨다.
  - 五世(오세):노문공이 죽자 공자 수(遂)가 자적(子赤)을 죽이고,
    노선공(魯宣公)을 세운 뒤로부터 군주가 정권을 잃어 노성공(魯
    成公), 노양공(魯襄公), 노소공(魯昭公), 노정공(魯定公)을 말한다.
2) 政逮於大夫四世矣:정치가 대부에게 미친 지가 4세가 되었다.
  - 逮(체):미치다, 이르다.
  - 四世(사세):계문자(季文子), 계무자(季武子), 계평자(季平子),
    계환자(季桓子)를 거쳐 모두 4대만에 계환자가 가신인 양호(陽虎)
    에게 붙잡힘을 당하였다.
3) 故夫三桓之子孫微矣:그러므로 저 삼환의 자손이 미약해진 것이다.
  - 三桓(삼환):당시 노나라 세도가였던 세 집안의 대부 맹손씨,
    숙손씨, 계손씨를 말하며 노환공(魯桓公, B.C.711~694 재위)의
    아들인 중경보(仲慶父)·숙아(叔牙)·계우(季友)의 집안이었다.

공자께서는 세상의 흐름을 읽었다. 그러나 자신의 앞날은 읽지 못하셨구나.

16.季氏篇. 4章

孔子曰 "益者三友, 損者三友.
友直, 友諒, 友多聞, 益矣.
友便辟, 友善柔, 友便佞, 損矣."

공자왈 "익자삼우, 손자삼우. 우직, 우량, 우다문, 익의. 우편벽, 우선유, 우편녕, 손의."

공자왈 "유익한 자는 세 벗이고(벗이 있고), 손해되는 자는
세 벗이다(벗이 있다). 곧은 사람을 벗하고, 성실한 사람을
벗하고, 들음이 많은 사람을 벗하면 유익하다. 편벽한 사람을
벗하고, 유순하기를 잘하는 사람을 벗하고, 말을 잘하는 사람을
벗하면 손해다(해롭다)."

損:덜손 諒:성실할량 便:말잘할편 辟:편벽될벽 善:잘할선 柔:부드러울유 佞:말잘할녕

문법(文法)적 해석

1) 益(익):유익(有益)하다, 이롭다, 더하다.
2) 損(손):손해를 보다, 잃다, 해치다, 해롭다.
3) 友直, 友諒, 友多聞, 益矣:곧은 사람을 벗하고, 성실한 사람을
   벗하고, 들음이 많은 사람을 벗하면 유익하다.
   - 友(우):벗하다, 사귀다/동사.
   - 諒(량):성실하다/성실한 사람, 명사로 전성된 것이다.
   - 多聞(다문):多는 특수형용사로써 술어로 쓰이는 경우에 보어를
     취하며 주어처럼 풀이한다.
   - 의미상, 문맥상 가정문이다.
4) 便辟(편벽):남에게 알랑거려 비위를 잘 맞추는 사람.
5) 善柔(선유):남에게 아첨할 뿐 성실하지 못하고, 유순하기를
   잘 하는 사람.
6) 便佞(편녕):말만 잘할 뿐 마음이 음험하고 실속이 없는 사람.

벗友을 보면 그 사람의 본질을 알 수 있으니, 벗을 사귐에 신중하자구나.

16. 季氏篇. 5章

孔子曰 "益者三樂, 損者三樂.
樂節禮樂, 樂道人之善, 樂多賢友, 益矣.
樂驕樂, 樂佚遊, 樂宴樂, 損矣."

공자왈 "익자삼요, 손자삼요. 요절예악, 요도인지선, 요다현우, 익의. 요교락, 요일유,
요연락, 손의."

공자왈 "유익한 것, 세가지 좋아함이고(좋아함이 있고), 손해
되는 것, 세가지 좋아함이다(좋아함이 있다). 예악을 절제
하기를 좋아하고, 남의 좋은 점을 말하기를 좋아하고, 현명한
벗이 많기를 좋아하면 유익하다. 교만하게 즐기기를 좋아하고,
편안하게 놀기를 좋아하고, 잔치를 벌여서 즐기기를 좋아하면,
손해다(해롭다)."

樂:좋아할요/즐길락(낙)/음악악 節:절제할절 道:말할도 驕:교만할교 佚:편안할일
遊:놀유 宴:잔치연

문법(文法)적 해석

1) 樂(요):좋아하다. 좋아함/동사가 명사로 전성된 것이다.
2) 樂節禮樂(요절예악):예악을 절제하기를 좋아하고,
   - 樂節(요절):절제하기를 좋아하다/동사가 연속 이어지는
     연동사(連動詞)로 앞의 동사가 문장의 본동사이다.
   - 節(절):절제(節制)하다, 절약(節約)하다.
   - 樂(악):음악(音樂), 악기(樂器), 연주(演奏)하다.
3) 樂道人之善:남의 좋은 점을 말하기를 좋아하고,
   - 道(도):말하다.
   - 善(선):좋은 일(점), 잘하는 일(것), 훌륭한 사람/명사.
4) 樂多賢友, 益矣:현명한 벗이 많기를 좋아하면 유익하다.
   - 의미상, 문매상 가정문이다.
   - 多:특수형용사로써 술어로 쓰이는 경우에 보어를 취하며
     주어처럼 풀이한다.

- 矣:서술, 단정 종결사로써 '확신'을 나타낸다.
5) 樂驕樂, 樂佚遊, 樂宴樂, 損矣.(요교락, 요일유, 요연락, 손의):
   교만하게 즐기기를 좋아하고, 편안하게 놀기를 좋아하고, 잔치를
   벌여서 즐기기를 좋아하면, 손해다(해롭다)..
- 驕~, 佚~, 宴~:교만하게~, 편안하게~, 잔치를 벌여서~/모두 술어
   앞에 와서 전성 부사로 볼 수 있다.
- 의미상, 문맥상 가정문이다
- 矣:서술, 단정 종결사로써 '확신'을 나타낸다.

좋아함樂에는 이외에도 많겠지만
조심해서 좋아하지 않으면 안되는구나.
좋아함樂 또한 참 어렵구나.

16.季氏篇. 6章

孔子曰 "侍於君子有三愆. 言未及之而言, 謂之躁, 言及之而不言, 謂之隱, 未見顔色而言, 謂之瞽."

공자왈 "시어군자유삼건. 언미급지이언, 위지조, 언급지이불언, 위지은, 미견안색이언, 위지고."

공자왈 "군자를 모심에 세 가지 허물이 있다. 말이 미치지 않았는데(말할 때가 되지 않았는데) 말하는 것을 조급함이라 말하고, 말이 미쳤는데(말할 때가 되었는데) 말하지 않은 것을 숨김이라 말하고, 얼굴 빛을 보지 않고 말하는 것을 장님이라 말한다."

侍:모실시 愆:허물건 躁:조급할조 隱:숨길은 瞽:소경(장님)고

문법(文法)적 해석

1) 侍於君子有三愆:군자를 모심에 세 가지 허물이 있다.
  - 侍(시):모시다, 받들다/(타)동사.
  - 於:~을(를)/일반적으로 타동사 뒤에는 전치사가 놓이지 않으나, 전치사가 놓이는 경우에는 목적어로 해석한다.
  - 有:존재동사로 '三愆'을 보어로 취하며, 보어를 주어처럼 해석한다.
2) 言未及之而言, 謂之躁:말이 미치지 않았는데(말할 때가 되지 않았는데) 말하는 것을, 조급함이라 말하고,
  - 之:앞에 之는 해석하지 않아도 되지만 대명사, 목적어로 본다면 '말할 때나 차례'를 가리키고, 뒤에 之는 앞 문장 '言未及之而言' 전체를 가리킨다고 할 수 있는데, 이처럼 목적어를 강조하거나, 목적어가 긴 경우에, 앞으로 도치하고 그 자리에 '之'를 쓸 수 있다.
  - 躁(조):조급(躁急)하다, 성급(性急)하다.
3) 隱(은):숨기다, 감추다, 가리다.
4) 瞽(고):소경, 장님.

사람들과 대화를 할 때에, 때時에 맞은及 뒤에 말하고, 그리고 안색顔色을 살피면서 말한다면 잘못이 없겠구나.

16. 季氏篇. 7章

孔子曰 "君子有三戒.
少之時, 血氣未定, 戒之在色,
及其壯也, 血氣方剛, 戒之在鬪,
及其老也, 血氣旣衰, 戒之在得."

공자왈 "군자유삼계. 소지시, 혈기미정, 계지재색, 급기장야, 혈기방강, 계지재투,
급기로야, 혈기기쇠, 계지재득."

공자왈 "군자에게 세 가지 경계함이 있다. 젊을 때, 혈기가
안정되지 않아, 경계할 것은 여색에 있고, 그가 장년에
이르러서는 혈기가 막 강성하므로, 경계할 것은 싸움에 있고,
그가 노인에 이르러서는, 혈기가 이미 쇠약하였으므로 경계할
것은 얻음 (탐욕)에 있다."

戒:경계할계 定:안정될정/정할정 壯:건장할장 剛:굳셀강 鬪:싸움투 衰:쇠할쇠

문법(文法)적 해석

1) 少之時, 血氣未定, 戒之在色:젊을 때, 혈기가 안정되지 않아,
   경계할 것은 여색에 있고,
   - 少之時(소지시):형용사+之+명사/젊을(은) 때,
     之는 관형격 후치사로써, ~는(은), ~하는, ~한으로 해석한다.
   - 血氣(혈기):혈기, 정력/사람의 정력과 의기를 가리킨다.
   - 定(정):안정되다, 편안(便安)하다.
   - 戒之在色:之는 무엇을 가리키기 위해 쓰인 목적어, 대명사가
     아니라, 술어 뒤에 之가 붙음으로써 술어답게 해주고, 어감과
     어세를 고르게 한다. 즉 之가 없이 '戒在色'이라고 쓰면, 戒는
     명사가 되어 '경계는 여색에 있다'의 뜻이 되고, 戒 다음에 之를
     붙여주면 戒之의 戒는 술어가 되어 '경계할 것은 여색에 있다'의
     뜻이 된다.
2) 及其壯也, 血氣方剛, 戒之在鬪:그가 장년에 이르러서는 혈기가
   막 강성하므로, 경계할 것은 싸움에 있고,

- 及(급):~에 이르러, ~할 때/전치사로써 동작이나 행위가 발생한 시점을 나타낸다.
- 其:그, 자기, 자기 자신/3인칭 대명사.
- 壯(장):장년에 이르다, 장성하다, 강하다, 젊다.
- 也:~가(이), ~은(는)/앞 절 마지막 부분에 놓이거나, 병렬 문장의 끝에 놓여 잠시 쉬어감을 나타내는 주격 후치사로써 해석하지 않아도 된다.
- 方(방):막, 바야흐로/부사로써 동작이나 행위 혹은 어떤 상황이 발생한 지 얼마 되지 않았음을 나타낸다.
- 剛(강):왕성하다, 강성하다, 강하다.
- 鬪(투):싸움, 싸우다, 다투다.

3) 及其老也, 血氣旣衰, 戒之在得:그가 노인에 이르러서는, 혈기가 이미 쇠약하였으므로 경계할 것은 얻음 (탐욕)에 있다.
- 老(로):노인/명사. 늙다, 나이를 먹다/형용사.
- 得(득):탐내다, 탐욕/주희(朱熹)는 "得은 탐득(貪得), 얻음을 탐내는 것이다."라고 하였다.

옛날에는 나이에 따라 여색色, 다툼鬪, 탐욕得이었지만
지금은 나이와 상관없이 여색色, 다툼鬪, 탐욕得이 행해지고 있다.
공자께서 보신다면 왈曰 "세상 말세末世로구나."

16. 季氏篇. 8章

孔子曰 "君子有三畏. 畏天命, 畏大人,
畏聖人之言. 小人不知天命而不畏也, 狎大人,
侮聖人之言."

공자왈 "군자유삼외. 외천명, 외대인, 외성인지언. 소인부지천명이불외야, 압대인,
모성인지언."

공자왈 "군자에게 세 가지 두려워함이 있다. 천명을 두려워하고,
대인(성인)을 두려워하고, 성인의 말씀을 두려워한다. 소인은
천명을 알지 못하여 두려워하지 않고, 대인(성인)을 업신여기고,
성인의 말씀을 업신여긴다."

畏:두려워할외 狎:업신여길압 侮:업신여길모

문법(文法)적 해석

1) 君子有三畏:군자에게 세 가지 두려워함이 있다.
   - 有:존재동사로써, '三畏'을 보어로 취하며, 보어를 주어처럼
     해석한다.
   - 畏(외):두려움, 두려워하다, 꺼리다.
2) 畏大人:대인(성인)을 두려워하고,
   - 大人(대인):지위가 높은 사람, 즉 고관이나 귀족을 가리키기도
     하고, 성인을 의미하기도 한다. 뒤 문장이 성인(聖人)의 말이
     나오므로 옮긴이는 후자의 해석인 성인을 따른다.
3) 狎(압):업신여기다, 가벼이 보이다/동사.
4) 侮(모):업신여기다, 함부로 대하다/동사.

군자는 두려워하는 것畏이 있고,
소인小人은 천명天命을 모르기에 두려워하는 것畏이 없어
천상천하 유아독 ~ 종唯我毒 ~ 種이라.

16.季氏篇. 9章

孔子曰 "生而知之者上也, 學而知之者次也,
困而學之又其次也. 困而不學, 民斯爲下矣."

공자왈 "생이지지자상야, 학이지지자차야, 곤이학지우기차야. 곤이불학, 민사위하의."

공자왈 "태어나면서 아는 자는 상이고, 배워서 아는 자는
다음이고, 곤란하여(곤란한 지경에 빠져서) 배우는 것은
또 그 다음이다. 곤란하면서(곤란한 지경에 빠져서) 배우지
않으면, 백성이라면(백성으로서) 하가 된다."

次:다음차/버금차 困:곤할곤

문법(文法)적 해석

1) 生而知之者上也:태어나면서 아는 자는 상이고,
 - 而:~하면서, 그리고/순접 접속사로써, 시간의 전후 관계를 나타
   내는 '곧' 등으로 해석하기도 한다.
 - 之:해석하지 않아도 되지만 대명사, 목적어로 본다면 '일반적인
   사실이나 사물'을 가리킨다.
2) 困而不學, 民斯爲下矣:곤란하면서(곤란한 지경에 빠져서) 배우지
   않으면, 백성이라면(백성으로서) 하가 된다.
 - 困(곤):곤란한 지경에 빠지다, 난처(難處)하다.
 - 而:만일(약) ~하면/단문을 연결 시키는 가정 접속사이다.
 - 斯(사):~면(때에는)/가정, 조건의 접속사.
 - 爲:爲+명사, ~이 되다/(자)동사.

태어나면서生, 배워서學 그리고 곤란하여困 배워서 아는 자知之者.
하지만 이도 저도 아니면서 배우지 않는 자가 너무도 많다.

16.季氏篇.10章

孔子曰 "君子有九思.
視思明, 聽思聰, 色思溫, 貌思恭, 言思忠,
事思敬, 疑思問, 忿思難, 見得思義."

공자왈 "군자유구사. 시사명, 청사총, 색사온, 모사공, 언사충, 사사경, 의사문, 분사난,
견득사의."

공자왈 "군자에게 아홉 가지 생각함이 있는데, 봄에는 밝음을
생각하고, 들음에는 귀밝음을 생각하고, 얼굴빛은 온화함을
생각하고, 용모는 공손함을 생각하고, 말은 진실함을 생각하고,
일은 신중함을 생각하고, 의심에는 물음을 생각하고, 성냄에는
어려움을 생각하고, 얻는 것을 봄에는 의로움을 생각한다."

聰:귀밝을총 溫:온화할온 貌:모양모 忿:분할분/성낼분

문법(文法)적 해석

1) 聰(총):귀가 밝다, 빠뜨리지 않고 똑똑하게 듣는 것.
2) 貌(모):용모, 태도, 행동거지, 몸가짐.
3) 敬(경):신중하다. 삼가다(몸가짐이나 언행을 조심하다).
4) 見得思義:얻는 것을 봄에는 의로움을 생각한다.
   - 見得(견득):얻는 것을 보다/동사가 연속 이어지는 연동사
     (連動詞)로 앞의 동사가 문장의 본동사이다.

군자君子의 행동(봄視, 들음聽, 얼굴빛色, 용모貌, 말言, 일事,
의심疑, 성냄忿, 얻음得)에 따른 생각들思.
밝음明, 귀밝음聰, 온화함溫, 공손함恭, 진실됨忠, 신중함敬,
물음問, 어려움難, 의로움義, 참 많구나.

孔子曰"見善如不及, 見不善如探湯,
吾見其人矣, 吾聞其語矣.
隱居以求其志, 行義以達其道,
吾聞其語矣, 未見其人也."

공자왈 "견선여불급, 견불선여탐탕, 오견기인의, 오문기어의.
은거이구기지, 행의이달기도, 오문기어의, 미견기인야."

공자왈 "선을 보고는 미치지 못할 듯이 하고, 선하지 않는 것을
보고는 끓는 물을 더듬어 찾는(손을 뻗었다가 얼른 빼) 듯이
하는 것, 나는 그런 사람을 보았고, 나는 그런 말을 들었다.
숨어 살면서 그 뜻을 구하고, 의로움을 행하면서 그 도를 달성
하는 것, 나는 그런 말을 들었지만, 그런 사람을 보지 못했다."

探:더듬어찾을탐/찾을탐 湯:끓인물탕 語:말씀어 隱:숨을은

문법(文法)적 해석

1) 見不善如探湯:선하지 않는 것을 보고는 끓는 물을 더듬어 찾는
   (손을 뻗었다가 얼른 빼) 듯이 하는 것,
   - 如:~와 같다, ~듯 하다/비교 형용사이다.
   - 探(탐):찾다, 더듬어 찾다, (손을) 뻗다, (손을) 내밀다.
   - 湯(탕):끓는(인) 물, 뜨거운 물.
2) 語(어):말, 이야기, 문구, 속담, 여기서는 '옛말'인 듯하다.
3) 隱居以求其志:숨어 살면서 그 뜻을 구하고,
   - 隱(은):숨다, 은거하다/전성 부사라고 할 수 있다.
   - 以:~로써/전치사로 사용되어 도치되었다고 할 수 있으며, 또는
     접속사로 사용되어 而(그래서)와 유사하다고 할 수 있다.

은자隱者는 정말로 의義를 행하지 않았고 말語만 했을 뿐일까?

齊景公有馬千駟, 死之日, 民無德而稱焉. 伯夷叔齊餓於首陽之下, 民到于今稱之. 其斯之謂與?

제경공유마천사, 사지일, 민무덕이칭언. 백이숙제아어수양지하, 민도우금칭지.
기사지위여?

제경공은 말 천사(4천 마리)가 있었는데, 죽는 날, 백성들이
덕에 대하여 칭송함이 없었다. 백이와 숙제는 수양산 아래에서
굶어 죽었으나, 백성들이 지금에 이르도록 칭송하고 있다.
아마도 이것을 말하는 것인가?

駟:사마사 **稱**:칭찬할칭 **餓**:굶주릴아

문법(文法)적 해석

1) 馬千駟:말 천사(4천 마리)가 있었는데,
   - 駟(사):한 수레에 매는 네 마리의 말을 가리키며, 千駟(천사)란
     말 4천 필이다.
2) 死之日, 民無德而稱焉:죽는 날, 백성들이 덕에 대하여 칭송함이
   없었다.
   - 之:관형격 후치사로, 수식어가 '동사(구)'이면, 해석은 '~(하)는,
     ~한'으로 한다. 그래서 '死之日'를 '죽는 날'로 해석한다.
   - 焉(언):於此와 같으며, 대명사를 포함한 종결사이다. 此는 德을
     가리킨다고 할 수 있으며, '德而稱焉'은 존재동사 無의 보어이다.
     즉 '덕에 대하여 칭송함이 없다'라고 해석할 수 있다.
3) 民到于今稱之:백성들이 지금에 이르도록 칭송하고 있다.
   - 于(우):~에, ~까지/전치사로써, 행위가 발생한 시간을 나타낸다.
4) 其斯之謂與?:아마도 이것을 말하는 것인가?
   - 其:아마도/추측을 나타내는 부사.
   - 斯之謂:'謂斯'가 도치된 문장이다. 목적어를 강조하기 위해
     앞으로 도치시키고 목적격 후치사 '之'를 목적어와 술어 사이에

쓴 것이다.

- 與:일반적으로 추측을 나타내는 부사 '其'와 같이 쓰여 추측의
  어기를 나타내는 종결사이다.
- 주희(朱熹)에 따르면 "호인(胡寅)이 말하길, '정자(程子)는 제12편.
  안연편, 10장의 문장 중에 착간(錯簡)인 '誠不以富, 亦祇以異'가
  마땅히 이 문장 첫 머리에 있어야 한다고 하였고, (호인은) 마땅히
  '誠不以富, 亦祇以異'가 이 문구 '其斯之謂與' 앞에 있어야 하며,
  사람들이 칭송하는 것이 부(富)에 있지 않고, 기이함(異)에 있음을
  말한 것이다.'" 라고 하였다. 또 주희(朱熹)는 "이 장(章)의 첫머리에
  마땅히 '孔子曰'이라는 글자가 있어야 한다."고 하였다.

부귀富貴는 죽은 뒤에 한 줌의 흙과 같지만
명성名은 영원히 후세에 전해진다.
사람은 죽어서 이름을 남긴다. 인사유명人死留名이라.
호랑이는 죽어서 가죽을 남긴다. 호사유피虎死留皮라.

齊景公 ｜ 伯夷叔齊
民無德而稱焉　　民到于今稱之

陳亢問於伯魚曰 "子亦有異聞乎?" 對曰 "未也.
嘗獨立, 鯉趨而過庭, 曰 '學詩乎?' 對曰 '未也.'
'不學詩, 無以言.' 鯉退而學詩. 他日又獨立,
鯉趨而過庭, 曰 '學禮乎?' 對曰 '未也.'
'不學禮, 無以立.' 鯉退而學禮. 聞斯二者."
陳亢退而喜曰 "問一得三. 聞詩, 聞禮,
又聞君子之遠其子也."

진항문어백어왈 "자역유이문호?" 대왈 "미야. 상독립, 리추이과정, 왈 '학시호?'
대왈 '미야.' '불학시, 무이언.' 리퇴이학시. 타일우독립, 리추이과정, 왈 '학례호?'
대왈 '미야.' '불학례, 무이립.' 리퇴이학례. 문사이자." 진항퇴이희왈 "문일득삼.
문시, 문례, 우문군자지원기자야."

진항이 백어에게 물었다. "그대는 또한 다른 들음이 있습니까?"
〈백어가〉 대답하였다. "없습니다. 〈공자께서〉 일찍이 홀로 서
계실 때에, 제가 종종걸음으로 뜰을 지나가는데, 말씀하셨습니다.
'시를 배웠느냐?' 〈제가〉 대답하였습니다. '(아직) 못했습니다.'
〈공자께서〉 '시를 배우지 않으면, 말을 할 수 없다.'라고 하셔서
저는 물러나와 시를 배웠습니다. 〈공자께서〉 다른 날에
또 홀로 서 계실 때에, 제가 종종걸음으로 뜰을 지나가는데,
말씀하셨습니다. '예를 배웠느냐?' 〈제가〉 대답하였습니다.
'(아직) 못했습니다.' 〈공자께서〉 '예를 배우지 않으면, 설 수
없다.'라고 하셔서 저는 물러나와 예를 배웠습니다. 이 두 가지
를 들었습니다." 진항이 물러나와서 기뻐하면서 말하였다.
"하나를 물어서 세 가지를 얻었다. 시를 듣고, 예를 듣고,
또 군자가 자신의 아들을 멀리하는 것을 들었다."

陳:베풀진 亢:높을항 嘗:일찍이상 鯉:잉어리 趨:종종걸음칠추 庭:뜰정

문법(文法)적 해석

1) 陳亢(진항):공자보다 40세 아래의 제자로, 성은 진(陳), 이름은 항
   (또는 강/亢))이고, 자는 자금(子禽)이며 위(衛)나라 사람이고,
   자공의 제자라고도 한다.
2) 伯魚(백어):공자(孔子)의 아들로, 19세에 송(宋)나라 올관씨의
   딸과 결혼하여 그의 나이 20세에 아들을 낳았다. 마침 노소공
   (魯昭公)이 공자에게 잉어를 하사했으므로 이를 기념하여 아들의
   이름을 '리(鯉)'하였고, 자를 '백어(伯魚)'라고 지었다.
3) 子亦有異聞乎?:그대는 또한 다른 들음이 있습니까?
   - 子(자):너, 당신, 그대/2인칭 대명사.
   - 異(이):다른, 그 밖의/형용사. '異聞'은 다른 들음, 아버지인
     공자로부터 특별한 다른 가르침을 들음.
4) 嘗獨立:〈공자께서〉 일찍이 홀로 서 계실 때에,
   - 嘗獨(상독):일찍이 홀로/부사. 부사가 연속으로 쓰인 것이다.
5) 不學詩, 無以言:시를 배우지 않으면, 말을 할 수 없다.
   - 不 ~, 無(不) ~ :앞 절(조건절) 부정, 뒤 절(결과절) 부정의 형태로,
     '~ 하지 않으면, ~ 하지 않는다.'로 해석한다.
   - 詩(시):詩經을 말하며 시경에는 311편의 시가 있고, 그 중 6편은
     제목만 남아 있다. 본래는 3,000편이었다고 전하나, 공자에 의해
     305편으로 간추려졌다.
   - 無以:~ 할 수 없다.
6) 又聞君子之遠其子也:또 군자가 자신의 아들을 멀리하는 것을
   들었다.
   - 又(우):또, 또한/부사.
   - 聞:뒤 문장 전체를 목적절로 취한다.
   - 之:~가(이), ~은(는)/주격 후치사.
   - 其:그, 자기, 자기 자신/3인칭 대명사.

공자께서 백어伯魚가 지나가는 데 아들이 아니었다면 물어 봤을까?
진항陳亢이 지나갔다면 물어 봤을까? 그냥 인사만 받을 수도 있지
않을까? 진항이 하나를 물어서 네 가지를 얻을 수도問一得四
있었을 텐데...

16.季氏篇.14章

邦君之妻, 君稱之曰夫人, 夫人自稱曰小童,
邦人稱之曰君夫人, 稱諸異邦曰寡小君,
異邦人稱之, 亦曰君夫人.

방군지처, 군칭지왈부인, 부인자칭왈소동, 방인칭지왈군부인, 칭저이방왈과소군,
이방인칭지, 역왈군부인.

나라 임금의 아내를, 임금이 부를 때는 부인이라 하고, 부인이
스스로 부를 때는 소동이라 하며, 〈그〉 나라 사람들이 부를
때는 군부인이라 하고, 다른 나라에(다른 나라 사람들에게)
부를(이야기할) 때는 과소군이라 하며, 다른 나라 사람들이
부를 때는, 또한 군부인이라 한다.

妻:아내처 **稱**:부를칭/일컬을칭 **童**:아이동 **寡**:적을과

문법(文法)적 해석

1) 邦君之妻, 君稱之曰夫人:나라 임금의 아내를, 임금이 부를 때는
   부인이라 하고,
   - 稱(칭):부르다, 일컫다, 칭찬(稱讚)하다.
   - 之:뒤에 之는 앞 문장 '邦君之妻'를 가리킨다고 할 수 있는데,
     이처럼 목적어를 강조하거나 목적어가 긴 경우에 앞으로 도치
     하고 그 자리에 '之'을 쓸 수 있다.
2) 稱諸異邦曰寡小君:다른 나라에(다른 나라 사람들에게)
   부를(이야기할) 때는 과소군이라 하며,
   - 諸(저):'之於'와 같으며 之는 '邦君之妻'를 말한다.
3) 주희(朱熹)에 따르면 "오역(吳棫)은 '논어에 실린 것 중에 이와 같은
   종류들은 무엇을 말한 것이지 모르겠다. 혹 부자(夫子)께서
   일찍이 말씀한 것인지 생각할 수 없다.' "라고 하였다.

어느 제자가 논어에 임금의 부인妻을 부르는 호칭稱을 언급했을까?

陽貨

陽貨欲見孔子, 孔子不見, 歸孔子豚.
孔子時其亡也, 而往拜之, 遇諸塗.
謂孔子曰 "來! 予與爾言." 曰 "懷其寶而迷其邦,
可謂仁乎?" 曰 "不可." "好從事而亟失時,
可謂知乎?" 曰 "不可." "日月逝矣, 歲不我與."
孔子曰 "諾. 吾將仕矣."

양화욕견공자, 공자불견, 귀공자돈. 공자시기무야, 이왕배지, 우저도.
위공자왈 "래! 여여이언." 왈 "회기보이미기방, 가위인호?" 왈 "불가." "호종사이기실시,
가위지호?" 왈 "불가." "일월서의, 세불아여." 공자왈 "낙. 오장사의."

양화가 공자를 뵙고자 하였으나, 공자가 만나주지 않자, 공자
에게 삶은 돼지를 보냈다. 공자께서 그가 없을 때를 엿봐서,
사례하러 가셨다가, 길에서 〈우연히〉 만나셨다. 〈양화가〉 공자
에게 말했다. "〈이리〉 오시오! 나는 당신과 함께 말을 하겠소."
〈양화가〉 말하기를 "그 보배를 품고 있으면서도 자신의 나라를
어지럽게 놓아두는 것을, 인이라고 할 수 있습니까?" 〈공자께서〉
말씀하셨다. "〈그렇다고〉 할 수 없지요." 〈양화가〉 "일(정치)에
종사하기를 좋아하면서 자주 때를 놓치는 것을, 지혜롭다고 할
수 있습니까?" 〈공자께서〉 말씀하셨다. "〈그렇다고〉 할 수
없지요." 〈양화가〉 "해와 달이(세월이) 가고, 세월은 나와 함께
하지(기다려 주지) 않습니다." 공자께서 말씀하셨다.
"알겠습니다. 나도 장차 벼슬을 할 것입니다."

貨:재물화 歸:보낼귀 豚:돼지돈 時:엿볼시 拜:사례할배/절배 遇:만날우 塗:길도
懷:품을회 寶:보배보 迷:어지럽게할미/미혹할미 亟:자주기 逝:갈서 歲:세월세/해세
諾:허락할낙(락) 仕:벼슬사

문법(文法)적 해석

1) 陽貨(양화):노(魯)나라의 귀족 계씨(季氏)의 가신으로 이름이 호

(虎)이다. 계환자(季桓子)를 가두고 국정을 전횡하였다.

2) 歸孔子豚:공자에게 삶은 돼지를 보냈다.
  - 歸(귀):(음식물 등을) 보내다, 선물(膳物)하다/수여동사로써,
    대상을 가리키는 보어(간/목)와 사물을 가리키는 직접목적어를
    취한다.
  - 豚(돈):새끼 돼지, 또는 삶은 돼지.

3) 孔子時其亡也, 而往拜之, 遇諸塗:공자께서 그가 없을 때를
    엿봐서, 사례하러 가셨다가, 길에서 〈우연히〉 만나셨다.
  - 時(시):(기회를)엿보다, 적당한 때를 기다리다/동사로써
    뒤 문장을 목적절을 취한다.
  - 往拜(왕배):사례하러 가다/동사가 연속 이어지는 연동사(連動詞)로
    앞의 동사가 문장의 본동사이다. 拜(배)은 '사례하다, 사의를
    표하다'로 해석한다.
  - 遇(우):(우연히) 만나다.
  - 諸(저):'之於'와 같으며, 之는 '陽貨'을 말한다.

4) 好從事而亟失時:일(정치)에 종사하기를 좋아하면서 자주 때를
    놓치는 것을,
  - 好從(호종):종사하기를 좋아하다/연동사.
  - 亟(기):자주, 여러 차례, 누차/부사.

5) 歲不我與:세월은 나와 함께 하지(기다려 주지) 않습니다.
  - 與(여):~와 함께(같이) 하다/동사.
  - 不我與:부정문에서 인칭 대명사가 목적어(보어)이므로 '不與我'가
    도치된 것이다.

6) 諾(낙):예, 알았다, 좋다/문장 밖에 단독으로 쓰여 응답이나,
    동의, 승낙 등을 나타낸다. '낙(諾)'은 예, 라고 대답만하고 바로
    응하지 않는 것을 뜻한다.

싫어하는 사람을 거절하는不見 방법은 일단은 피하고,
그래도 부딪치면遇 하는 말을 들으면서 부정하는 말을 하지 않고,
그리고 영혼 없이 대답하는 것諾이구나.

17. 陽貨篇. 2章

子曰 "性相近也, 習相遠也."

자왈 "성상근야, 습상원야.

자왈 "〈사람의〉 본성은 서로 가까우나, 습관은(습관에 따라) 서로 멀어지게 된다."

性:성품성/본성성 習:습관습

문법(文法)적 해석

1) 性相近也:〈사람의〉 본성은 서로 가까우나,
  - 性(성):본성, 성품(性品), 타고난 사람의 천성(天性)을 의미한다.
  - 相:서로/부사.
2) 習相遠也:습관은(습관에 따라) 서로 멀어지게 된다.
  - 習(습):습관(習慣), 습관이 되다.
  - 遠(원):멀어지다, 멀어지게 되다.

습관習에 따라서 인생人生이, 삶이 멀어지고遠 차이가 나는구나.

"생각이 행동을 만들고, 행동이 습관習을 만들며,
습관習이 인격을 만들고, 인격이 인생人生을 만든다."
- 윌리엄 제임스 -

17. 陽貨篇. 3章

子曰 "唯上知與下愚不移."

자왈 "유상지여하우불이."

자왈 "오직 위로 지혜로움(가장 지혜로운 사람)과 아래로
어리석음(가장 어리석은 사람)은 바뀌지 않는다."

愚:어리석을우 移:바뀔이/옮길이

문법(文法)적 해석

1) 唯上知與下愚不移:오직 위로 지혜로움(가장 지혜로운 사람)과
   아래로 어리석음(가장 어리석은 사람)은 바뀌지 않는다.
   - 惟:오직 ~만/한정 부사.
   - 上~, 下~:위로~, 아래로~/방향, 위치를 나타낼 경우, 동사 앞에
     와서 부사로 쓰인다.
   - 與: ~와/단어와 단어를 연결하는 접속사.
   - 移(이):바뀌다, 변(變)하다, 달라지다.

지극히 잘난 사람도, 지극히 못난 사람도 고집이 있고
잘 바뀌지移 않는다.
잘나지도 못나지도 않는 사람도 고집이 있지만,
그 고집은 줏대 없이 왔다 갔다 하는구나.

17.陽貨篇. 4章

子之武城, 聞弦歌之聲. 夫子莞爾而笑,
曰 "割鷄, 焉用牛刀?"
子游對曰 "昔者, 偃也聞諸夫子曰
'君子學道則愛人, 小人學道則易使也.'"
子曰 "二三子! 偃之言是也. 前言戲之耳."

자지무성, 문현가지성. 부자완이이소, 왈 "할계, 언용우도?" 자유대왈 "석자, 언야문저부자왈
'군자학도즉애인, 소인학도즉이사야.' " 자왈 "이삼자! 언지언시야. 전언희지이."

공자께서 무성에 갔는데, 현악기를 타며 노래를 부르는 소리를
들었다. 부자께서 빙그레 미소를 짓고 웃으시며 말씀하셨다.
"닭을 잡는데 어찌 소 잡는 칼을 쓰는가?" 자유가 대답했다.
"예전에 저는 선생님께 들었는데 '군자가 도를 배우면 사람을
사랑하고, 소인이 도를 배우면 부리기 쉽다.'라고 하셨습니다."
자왈 "애들아! 언의 말이 옳다. 앞의 말은 희롱(농담)한 것일
뿐이다."

弦:줄현 莞:빙그레웃을완 割:벨할 鷄:닭계 游:헤엄칠유 偃:쓰러질언 戲:희롱할희

문법(文法)적 해석

1) 子之武城, 聞弦歌之聲:공자께서 무성에 갔는데, 현악기를 타며
   노래를 부르는 소리를 들었다.
   - 之:가다, 이르다, 도달(到達)하다.
   - 武城(무성):노(魯)나라의 성읍(城邑). 6편. 옹야(雍也)편, 12장에
     자유(子游)가 무성(武城)의 읍재(邑宰)가 된 내용이 있다.
   - 弦(현):현악기를 타다(연주하다).
   - 之:관형격 후치사로, 수식어가 '동사(구)'이면, 해석은 '~(하)는,
     ~한'으로 한다. 그래서 '弦歌之'를 '현악기를 타며 노래를 부르는'
     으로 해석한다.
2) 夫子莞爾而笑:부자께서 빙그레 미소를 짓고 웃으시며,

- 莞(완):빙그레 웃다.
- 爾(이):모양이나 상태를 나타내는 의태어로써 형용사 접미사.
3) 子游(자유):공자보다 45세 아래의 제자로, 성은 언(言)이고,
   이름은 언(偃)이며 자는 자유(子游)이다.
4) 者:~(때)에/시간을 나타내는 말 뒤에 쓰이는 의존명사(불완전명사)
   또는 특수 지시대명사이다.
5) 小人學道則易使也:소인이 도를 배우면 부리기 쉽다.
- 則:~면/가정, 조건의 접속사.
- 易(이):특수형용사로써 술어로 쓰이는 경우에 보어를 취하며
  주어처럼 풀이한다.
- 使:부리다, 시키다/타동사이며, 주로 보조사로 쓰이지만,
  뒤에 술어가 아닌 목적어(명사/명사구)가 오면 타동사가 된다.
  목적어는 생략된 것이다.
6) 二三子! 偃之言是也. 前言戲之耳:애들아! 언의 말이 옳다.
   앞의 말은 희롱(농담)한 것일 뿐이다.
- 二三子:너희들, 그대들, 여러분/공자가 제자들을 칭하거나 또는
  윗사람이 아랫사람 여러 명을 칭하는 말이다.
- 偃(언):자유(子游)의 이름이며 성은 언(言)이다.
- 是(시):옳다, 바르다/형용사.
- 前言(전언):앞의 말/'割鷄, 焉用牛刀'를 가리킨다.
- 戲(희):농담하다, 장나치다, 놀리다/동사.
- 耳(이):~일 뿐이다/제한의 어기를 나타내는 한정 종결사.

닭을 잡는데 어찌 소 잡는 칼을 쓰는가割鷄, 焉用牛刀?
공자님의 은유적인 표현, 그리고 이것을 알아듣고
스승이 예전에 했던 말로 반증하는 제자子游.
그 스승의 그 제자로구나. 청출어청靑出於靑인가?

17.陽貨篇. 5章

公山弗擾以費畔, 召, 子欲往.
子路不說曰 "末之也已, 何必公山氏之之也?"
子曰 "夫召我者, 而豈徒哉? 如有用我者,
吾其爲東周乎!"

공산불요이비반, 소, 자욕왕. 자로불열왈 "말지야이, 하필공산씨지지야?"
자왈 "부소아자, 이기도재? 여유용아자, 오기위동주호!"

공산불요가 비읍으로써 반란을 일으키고, 〈공자를〉 부르자,
공자께서 가려 하셨다. 자로가 기뻐하지 않으면서 말하기를
"갈 곳이 없으시면 그만이지, 어찌 반드시 공산씨에게 가시
려고 하십니까?" 자왈 "그가 나를 부르는 것이 어찌 공연히
그러겠는가?" 만약 나를 써 주는 사람이 있다면 나는 장차
동쪽의 주나라를 만들 것이다."

擾:시끄러울요 **畔**:배반할반 **召**:부를소 **末**:없을말 **徒**:공연히도/무리도

문법(文法)적 해석

1) 公山弗擾以費畔:공산불요가 비읍으로써 반란을 일으키고,
   - 公山弗擾(공산불요):계씨(季氏)의 가신(家臣)으로, 노정공(魯定公)
     8년에 양호(陽虎)와 함께 계환자(季桓子)를 잡아 가두고 비읍
     (費邑)을 점거하고서 반란을 일으켰다.
   - 以:~로써/수단, 방법을 나타내는 전치사.
2) 末之也已:갈 곳이 없으시면 그만이지,
   - 末:~없다, ~아니다, ~않다/금지, 부정을 나타내며, 부정보조사.
   - 之:가다, 이르다, 도달(到達)하다.
   - 也:주격 후치사로써 주어 뒤에 쓰여 '~은, ~는, ~이, ~가'로 해석
     하거나 또는 앞 절 마지막 부분에 놓이거나, 병렬 문장의 끝에
     놓여 잠시 쉬어감을 나타내며 해석하지 않거나 간혹 '~면'으로
     해석하기도 한다.
   - 已(이):그만이다, 끝나다, 그치다, 그만두다.

3) 何必公山氏之之也?:어찌 반드시 공산씨에게 가시려고 하십니까?
 - 公山氏之之:공산씨에게 가다/'之公山氏'가 도치된 문장이다.
   목적어를 강조하기 위해 앞으로 도치시키고 목적격 후치사 '之'를
   목적어와 술어 사이에 쓴 것이다.
4) 夫召我者, 而豈徒哉?:그가 나를 부르는 것이 어찌 공연히
   그러겠는가?
 - 夫(부):이, 저, 그/지시 대명사, 3인칭 대명사라고도 할 수 있다.
 - 徒(도):공연히, 부질없이/부사.
5) 如有用我者, 吾其爲東周乎!:만약 나를 써 주는 사람이 있다면
   나는 장차 동쪽의 주나라를 만들 것이다.
 - 如:만약 ~면/가정, 조건, 양보의 부사.
 - 其:장차, 곧/부사.
 - 爲:爲+명사는 '~하다'로 해석하며, 목적어의 성격에 따라 그 뜻을
   적절하게 해석할 수 있다. '爲東周'은 동쪽의 주나라를 만들다.
 - 乎:추측과 감탄의 어기를 나타내는 종결사.

공자님의 나이가 이 때, 아마도 50여 세.
혈기가 왕성했었고血氣方剛, 또 어디에서든 자신의 이상을 펼치고
싶었을 것이다.
9살 차이인 늙은 제자, 자로의 기뻐하지 않는 표정.
그리고 '갈 곳이 없으시면 그만이지末之也已.'
서글프구나嗚呼!
제자에게 이런 말이나 듣다니, 가슴이 무너지는구나!

17.陽貨篇. 6章

子張問仁於孔子, 孔子曰 "能行五者於天下,
爲仁矣." "請問之." 曰 "恭寬信敏惠.
恭則不侮, 寬則得衆, 信則人任焉,
敏則有功, 惠則足以使人."

자장문인어공자, 공자왈 "능행오자어천하, 위인의." "청문지."
왈 "공관신민혜. 공즉불모, 관즉득중, 신즉인임언, 민즉유공, 혜즉족이사인."

자장이 공자에게 인을 묻자, 공자왈 "천하에서 다섯 가지를
행할 수 있으면, 인을 하는 것이다." 〈자장이 말했다.〉
"청컨대 〈그 내용을〉 여쭈어보겠습니다." 〈공자〉왈 "공손함,
너그러움, 미더움, 민첩함, 은혜로움이다. 공손하면 업신여김을
받지 않고, 너그러우면 많은 사람들을 얻게 되고, 미더우면
남들이 신임하게 되고, 민첩하면 공이 있고, 은혜로우면 충분히
사람을 부릴 수 있다."

恭:공손할공 寬:너그러울관 敏:민첩할민 惠:은혜혜 侮:업신여길모 任:신임할임

문법(文法)적 해석

1) 子張:공자보다 48세 아래의 제자로, 성은 전손(顓孫)이고,
   이름은 사(師)이며 자는 자장(子張)이고, 진(陳)나라 사람이다.
2) 能行五者於天下, 爲仁矣:천하에서 다섯 가지를 행할 수 있으면,
   인을 하는 것이다.
 - 者:의존명사(불완전명사) 또는 특수 지시대명사로, 수사 '五'와
   함께 명사구를 이루며 언급한 것을 합산하여 ~가지, ~사람, ~것
   등으로 해석할 수 있다.
 - 於:~에/보어와 목적어 앞에 위치하며 처소, 장소의 전치사이다.
   전치사를 수반한 부사구로써 문구 뒤에 오는 경우가 많다.
 - ~면:의미상, 문맥상 가정문이다.
 - 爲:爲+명사는 '~하다'로 해석하며, 목적어의 성격에 따라 그 뜻을
   적절하게 해석할 수 있다. '爲仁' 인을 하다.

3) 請問之:청컨대 〈그 내용을〉 여쭈어보겠습니다.
 - 請(청):청컨대/부사.
4) 恭則不侮:공손하면 업신여김을 받지 않고,
 - 則:~면/가정, 조건의 접속사.
 - 不侮(불모):업신여김을 받지 않는다/의미상 피동이다.
5) 信則人任焉:미더우면 남들이 신임하게 되고,
 - 任(임):신임하다, 신뢰하다, 맡기다, 주다.
 - 焉(언):술어와 붙어서 그 술어의 대상을(목적어) 내포하기도 하고,
   또는 단순히 처소격의 의미를 갖는 서술형 종결사로 쓰인다.
6) 惠則足以使人:은혜로우면 충분히 사람을 부릴 수 있다.
 - 足以(족이):충분히 ~ 하다, ~ 하기에 충분하다,
   ~ 할 수 있다/보조사.
 - 使:부리다, 시키다/타동사이며, 주로 보조사로 쓰이지만,
   뒤에 술어가 아닌 목적어(명사/명사구)가 오면 타동사가 된다.
7) 주희(朱熹)는 "다섯 가지 항목은 아마도 자장(子張)의 부족한 것
   으로 인하여 말씀하신 것 뿐이다."라고 하였다.

인仁이란?
공손함恭, 너그러움寬, 미더움信, 민첩함敏, 은혜로움惠.
우리는 이 다섯 가지 중에 어느 것이라도 제대로 있는가?

佛肸召, 子欲往. 子路曰 "昔者, 由也聞諸夫子曰
'親於其身爲不善者, 君子不入也.'
佛肸以中牟畔, 子之往也, 如之何?"
子曰 "然, 有是言也. 不曰 '堅乎, 磨而不磷'?
不曰 '白乎, 涅而不緇'? 吾豈匏瓜也哉?
焉能繫而不食?"

필힐소, 자욕왕. 자로왈 "석자, 유야문저부자왈 '친어기신위불선자, 군자불입야.'
필힐이중모반, 자지왕야, 여지하?" 자왈 "연, 유시언야. 불왈 '견호, 마이불린'?
불왈 '백호, 열이불치'? 오기포과야재? 언능계이불식?"

필힐이 부르자, 공자께서 가시고자 하셨다. 자로가 말하였다.
"옛날에 제가 선생님께 들었는데 '친히 자신의 몸에게 선하지
않는 일을 하는 사람은, 군자는 들어가지 않는다.'라고 하셨습니다.
필힐은 중모로써 반란을 일으켰는데, 선생님께서 가시려 하니,
어째서입니까? 자왈 "그렇다, 이런 말이 있었다(말을 했었다)
'단단하다'고 말하지 않겠는가, '갈아도 얇아지지 않는다면'?
'희다'고 말하지 않겠는가. '검게 물들여도 검어지지 않으면'?
내가 어찌 박이겠는가? 어찌 매달려서(매달려 있기만 하고)
먹히지 않을 수 있겠는가?"

佛:사람이름필 肸:클힐 牟:보리모 畔:배반할반 磨:갈마 磷:얇을린 涅:검을열(널)
緇:검을치 匏:박포 瓜:오이과 繫:맬계

문법(文法)적 해석

1) 佛肸(필힐):진(晉)나라 대부 조간자(趙簡子)의 식읍인 중모(中牟)
   땅의 읍재였다.
2) 昔者, 由也聞諸夫子曰:옛날에 제가 선생님께 들었는데
   - 者:~(때)에/시간을 나타내는 말 뒤에 쓰이는 의존명사(불완전
   명사) 또는 특수 지시대명사이다.

- 也:~가(이), ~은(는)/주격 후치사.
- 諸(저):'之於'와 같으며 之는 '뒤 문장 전체'를 가리킨다.
3) 親於其身爲不善者:친히 자신의 몸에게 선하지 않는 일을 하는
   사람은,
   - 親(친):친히, 직접, 몸소/부사.
   - 於:~에(게)/보어와 목적어 앞에 위치하며 처소, 대상의 전치사이다.
   - 其:그, 자기, 자기 자신/지시 대명사, 3인칭 대명사이다.
4) 子之往也, 如之何?:선생님께서 가시려 하니, 어째서입니까?
   - 之:~가(이), ~은(는)/주격 후치사.
   - 如~何:관용어로써 술어로는 '어떻게 할 것인가, 어떠하다'이며,
     부사어로 '어찌, 어떻게'로 해석한다.
5) 不曰 '堅乎, 磨而不磷':'단단하다'고 말하지 않겠는가?
   '갈아도 얇아지지 않는다면'.
   - 堅乎, 磨而不磷?:磨而不磷, 堅乎?/강조를 위해 주어부와 술어가
     도치된 것으로 주로 의문문과 감탄문에 쓴다.
   - 乎:의문, 반문의 어기를 나타내는 의문 종결사.
6) 吾豈匏瓜也哉? 焉能繫而不食?:내가 어찌 박이겠는가?
   어찌 매달려서(매달려 있기만 하고) 먹히지 않을 수 있겠는가?
   - 豈~, 焉~:어찌~/의문부사.
   - 也哉(야재):의문이나 반문의 어기를 나타내는 종결사.
   - 사람이 어찌 박이며, 또 박처럼 한 곳에 매달려 있기만 하고
     돌아다니지도 못하고 쓰이지도 못한다 말인가?

이 때의 공자님의 연세가 아마도 58여 세,
50세에 모국인 노魯나라에서도 벼슬을 얻지 못해 공산불요에게
갈려고 하다가 나이 많은 제자, 자로에게 "갈 곳이 없으면 말지
末之也已"라고 듣고 서러웠는데, 타국에서 또다시 자로에게
"군자는 그런 사람에게는 가지 않는다君子不入也"라고 들으니,
더욱더 서글픔뿐이다. 아직도 10년이라는 유랑 생활이 남았구나.

17.陽貨篇. 8章

子曰 "由也, 女聞六言六蔽矣乎?" 對曰 "未也."
"居. 吾語女. 好仁不好學, 其蔽也愚.
好知不好學, 其蔽也蕩. 好信不好學, 其蔽也賊.
好直不好學, 其蔽也絞. 好勇不好學, 其蔽也亂.
好剛不好學, 其蔽也狂."

자왈 "유야, 여문육언육폐의호?" 대왈 "미야." "거. 오어여. 호인불호학, 기폐야우.
호지불호학, 기폐야탕. 호신불호학, 기폐야적. 호직불호학, 기폐야교.
호용불호학, 기폐야란. 호강불호학, 기폐야광."

자왈 "유야, 너는 여섯 가지 말(덕목)과 여섯 가지 폐단을
들었느냐?" 〈자로가〉 대답하였다 "아직 듣지 못했습니다."
〈공자왈〉 "앉거라. 내가 너에게 말해 주겠다. 인을 좋아하면서
배우기를 좋아하지 않으면, 그 폐단은 어리석게 된다.
지혜로움을 좋아하면서 배우기를 좋아하지 않으면, 그 폐단은
방탕하게 된다. 믿음을 좋아하면서 배우기를 좋아하지 않으면,
그 폐단은 〈남을〉 해치게 된다. 곧은 것을 좋아하면서 배우기를
좋아하지 않으면, 그 폐단은 박절하게 된다. 용맹함을 좋아
하면서, 배우기를 좋아하지 않으면, 그 폐단은 어지럽히게 된다.
굳센 것을 좋아하면서 배우기를 좋아하지 않으면, 그 폐단은
경솔하게 된다."

蔽:가릴폐 愚:어리석을우 蕩:방탕할탕 賊:해칠적 絞:박절할교 剛:굳셀강
狂:경솔할광/미칠광

문법(文法)적 해석

1) 由也, 女聞六言六蔽矣乎?:유야, 너는 여섯 가지 말(덕목)과
   여섯 가지 폐단을 들었느냐?
   - 也:호격 후치사.
   - 女:너. 汝(여)와 같다/2인칭 대명사.

- 矣乎:의문 종결사로써 앞뒤 문맥에 따라 적절하게 해석한다.
2) 居(거):(자리에) 앉다/주희(朱熹)는 "예(禮)에 군자가 질문할
   때에 단서(端)를 바꾸면 일어나 대답한다. 그러므로 부자(夫子)
   께서 자로에게 깨우치게 하기 위해 다시 앉게 하고 말씀해 주신
   것이다."라고 하였다.
3) 好仁不好學, 其蔽也愚:인을 좋아하면서 배우기를 좋아하지
   않으면, 그 폐단은 어리석게 된다.
   - 不:~면/부정 보조사 '不'로 인해, 이 절은 가정문이라 할 수 있다.
   - 其:그, 자기, 자기 자신/지시 대명사, 3인칭 대명사이다.
   - 也:~가(이), ~은(는)/주격 후치사.
4) 賊(적):해치다, 망치다, 손상시키다.
5) 絞(교):박절하다, 야박하다, 가혹하다.
6) 狂(광):경솔(輕率)하다, 무모하다, 경망(輕妄)하다.

공자께서 자로에게 왜 육언육폐六言六蔽에 대해 말씀하셨을까?
아마도 자로가 육언六言은 좋아했지만
성질이 급해 배우고 공부하기를 좋아하지 않았기不好學에
이런 말씀을 하지 않았을까?
결국엔 배우고學 공부하는學 것이 중요하구나.

好 [仁知信直勇剛], 不好學, [愚蕩賊絞亂狂]

17.陽貨篇. 9章

子曰 "小子, 何莫學夫詩? 詩可以興, 可以觀,
可以群, 可以怨. 邇之事父, 遠之事君,
多識於鳥獸草木之名."

자왈 "소자, 하막학부시? 시가이흥, 가이관, 가이군, 가이원. 이지사부, 원지사군,
다식어조수초목지명."

자왈 "얘들아, 어찌 시(詩經)를 배우지 않느냐? 시는 〈감흥을〉
일으킬 수 있고, 〈사물을 잘〉 볼 수 있으며, 무리지을 수 있고
(사람들과 잘 어울릴 수 있고), 〈사리에 어긋나지 않게〉 원망할
수 있다. 가까이는 아버지를 섬기고, 멀리는 임금을 섬기며,
새와 짐승과 풀과 나무의 이름을 많이 알게 된다."

興:일으킬흥　群:무리군　邇:가까울이　獸:짐승수

문법(文法)적 해석

1) 小子, 何莫學夫詩?:얘들아, 어찌하여 시(詩經)를 배우지 않느냐?
 - 小子:스승이 제자를 부르는 말.
 - 何:어찌, 어떻게/의문 부사.
 - 莫(막):~않다/부정 보조사로, 동사 앞에 위치하며 不과 같다.
 - 夫(부):문장 중간에 쓰여 어기를 자연스럽게 해 주는데, 이 경우
　에는 해석하지 않는다.
 - 詩(시):詩經을 말하며 시경에는 311편의 시가 있고, 그 중 6편은
　생시(笙詩), 즉 제목만 남아 있다. 본래는 3,000편이었다고 전하나,
　공자에 의해 305편으로 간추려졌다.
2) 可以:~할 수 있다/가능 보조사.
3) 邇之事父:가까이는 아버지를 섬기고,
 - 之:~가(이), ~은(는)/주격 후치사로 볼 수 있다. '邇'는 '가깝다'의
　뜻인 형용사가 명사로 전성된 것이라 할 수 있다.
 - 事(사):섬기다, 모시다.

4) 多識於鳥獸草木之名:새와 짐승과 풀과 나무의 이름을 많이
   알게 된다.
   - 多(다):많다, 많이/형용사에서 부사로 전성된 것이다.
   - 於:~을(를)/일반적으로 타동사 뒤에는 전치사가 놓이지 않으나,
     전치사가 놓이는 경우에는 목적격으로 해석한다.
5) 주희(朱熹)는 "詩를 배우는 법을 이 章에 다하였고, 이 詩經을 읽는
   자가 마땅히 마음을 다하여야 할 바이다."라고 하였다.

공자께서 시경詩을 읽어야 한다고 하셨구나.
그리고 책에서 또 다른 책을 추천하듯이 논어에서 시경詩을
읽으라고 추천하고 있다.

詩經

興, 觀, 群, 怨

邇之事父, 遠之事君
多識於鳥獸草木之名

17.陽貨篇.10章

子謂伯魚曰"女爲周南·召南矣乎?
人而不爲周南·召南, 其猶正牆面而立也與!"

자위백어왈 "여위주남·소남의호? 인이불위주남·소남, 기유정장면이립야여!"

공자께서 백어에게 말씀하셨다. "너는 주남과 소남을 했느냐
(배웠느냐)? 사람이 주남과 소남을 하지(배우지) 않으면 아마도
담장 쪽을 정면으로 마주하고 서 있는 것과 같을 것이다!"

牆:담장장　面:방면면

문법(文法)적 해석

1) 伯魚(백어):공자(孔子)의 아들로, 19세에 송(宋)나라 올관씨의
   딸과 결혼하여 그의 나이 20세에 아들을 낳았다.
2) 女爲周南·召南矣乎?:너는 주남과 소남을 했느냐(배웠느냐)?
   - 女:너. 汝(여)와 같다/2인칭 대명사.
   - 爲:爲+명사는 '~하다'로 해석하며 목적어의 성격에 따라 그 뜻을
     적절하게 해석할 수 있다. '爲周南·召南'는 주남과 소남을 배우다.
   - 周南·召南:시경(詩經) 국풍(國風)의 첫 번째, 두 번째 편명이며,
     함께 이남(二南)으로 불리며 강한(江漢) 유역 일대의 민요이다.
   - 矣乎:의문 종결사로써 앞뒤 문맥에 따라 적절하게 해석한다.
3) 其猶正牆面而立也與!:아마도 담장 쪽을 정면으로 마주하고
     서 있는 것과 같을 것이다!
   - 其:아마도/추측을 나타내는 부사.
   - 猶:~와 같다/비교 형용사로써 뒤 문장 전체가 보어절이다.
   - 正(정):정면으로 ~ 마주하다/동사.
   - 牆面(장면):'牆'을 담장, '面'을 방면(方面) 또는 쪽으로 해석한다.
   - 也與:~일 것이다/감탄, 긍정적인 추측의 어기를 나타내는 종결사이다.

시경詩經을 읽지 않으면 담장牆을 바라보고 서 있는 것과 같다?
시경詩經을 읽지 않으면 어리석어진다는 말인가?

17.陽貨篇.11章

子曰 "禮云禮云, 玉帛云乎哉?
樂云樂云, 鐘鼓云乎哉?"

자왈 "예운예운, 옥백운호재? 악운악운, 종고운호재?"

자왈 "예이다, 예이다, 옥과 비단이겠는가(을 이르겠는가)?
음악이다, 음악이다, 종과 북이겠는가(을 이르겠는가)?"

帛:비단백　鐘:쇠북종　鼓:북고

문법(文法)적 해석

1) 禮云禮云:예이다, 예이다,
  - 云(운):어구가 조화를 이루도록 하며, 이 경우에는 해석하지
    않는다, 어조사, 즉 후치사이다.
2) 玉帛云乎哉?:옥과 비단이겠는가(을 이르겠는가)?
  - 玉帛(옥백):옥과 비단.
  - 云乎哉(운호재):설마 ~ 이겠는가?, 아니겠지요?/문장의 끝에
    쓰여 강한 반문이나 의문의 어기를 나타내는 종결사이다.
3) 주희(朱熹)는 "공경(敬)하면서 옥과 비단으로써 행하면 예(禮)가
    되고, 화(和)하면서 종과 북으로써 드러내면 악(樂)이 된다.
    그 근본을 버리고 오로지 그 말단을 일삼으면 어찌 예, 악이라고
    하겠는가."라고 하였다. 그 근본은 공경(敬)과 화(和)라 할 수 있다.

예禮와 음악樂뿐만 아니라
모든 것에는 근본敬,和이 중요하구나.

17.陽貨篇.12章

子曰 "色厲而內荏, 譬諸小人, 其猶穿窬之盜也與!"

자왈 "색려이내임, 비저소인, 기유천유지도야여!"

자왈 "얼굴빛은 엄하면서 속으로는 유약한 것을, 소인에게 비유하면, 아마도 〈벽을〉 뚫고, 〈담을〉 넘는 도둑과 같을 것이다!"

厲:엄할려 荏:유약할임 譬:비유할비 穿:뚫을천 窬:넘을유 盜:도둑도

문법(文法)적 해석

1) 色厲而內荏, 譬諸小人:얼굴빛은 엄하면서 속으로는 유약한 것을, 소인에게 비유하면,
   - 厲(려):엄하다, 엄정하다, 엄숙하다.
   - 內(내):속으로, 안으로/방향, 위치를 나타낼 경우, 동사 앞에 와서 부사로 쓰인다.
   - 諸(저):'之於'이고, 之는 '色厲而內荏'을 가리킨다고 할 수 있다.
2) 其猶穿窬之盜也與!:아마도 〈벽을〉 뚫고, 〈담을〉 넘는 도둑과 같을 것이다.
   - 其:아마도/추측을 나타내는 부사.
   - 猶:~와 같다/비교 형용사로써 뒤 문장 전체가 보어절이다.
   - 穿窬之盜(천유지도):'之'관형격 후치사로, 수식어가 '동사(구)' 이면, 해석은 '~(하)는, ~한'으로 한다. 그래서 '穿窬之'를 '뚫고, 넘는'으로 해석한다.
   - 也與:~일 것이다/감탄, 긍정적인 추측의 어기를 나타내는 종결사이다.
   - 주희(朱熹)는 "실제가 없고 이름을 도둑질하여, 항상 사람들이 알까 봐 두려워함을 말씀한 것이다."라고 하였다.

겉色과 속內이 다른 것을 왜 소인小人에게 비유를 했을까?
또 소인小人들만 도둑질盜을 하는가?

17.陽貨篇.13章

子曰 "鄉原德之賊也."

자왈 "향원덕지적야."

자왈 "향원은 덕의 적이다."

原:언덕원/삼갈원　賊:도둑적

문법(文法)적 해석

1) 鄉原德之賊也:향원은 덕의 적이다.
 - 鄉原(향원):마을 사람들에게는 호감을 받지만 시세에 영합하여
   언행이 불일치한 사람이며, 성실한 척하는 사람을 말한다.
2) 주희(朱熹)는 "부자(夫子)께서 이것(鄉原)이 덕(德)과 비슷하나
   덕(德)이 아니며, 반대로 덕(德)을 어지럽게 한다."라고 하였다.

향원鄉原.
이러지도 저러지도 않는 두리뭉실한 사람.
보기엔 너무나 좋은 사람.
아마도 주관 없이 외유내유外柔內柔하는 사람이 아닐까?

子曰 "道聽而塗說, 德之棄也."

자왈 "도청이도설, 덕지기야."

자왈 "길에서 듣고 〈그대로〉 길에서 말하면,
덕을 버리는 것이다."

塗:길도 棄:버릴기

문법(文法)적 해석

1) 道聽而塗說:길에서 듣고 길에서 말하면,
   - 道(도)~, 塗(도)~:길에서/전성 부사.
   - 而:(만일, 만약) ~하면/단문을 연결시키는 가정 접속사이다.
2) 德之棄也:덕을 버리는 것이다.
   - '棄德也'가 도치된 문장으로 목적어를 강조하기 위해 앞으로 도치
     시키고 목적격 후치사 '之'를 목적어와 술어 사이에 쓴 것이다.
3) 주희(朱熹)는 "비록 선하고 좋은 말을 들었으나 자기 자신의 것이
   되게 하지 않으면 스스로 그 덕을 버리는 것이다."라고 하였다.

좋은 말을 듣는 것聽도 중요하지만
좋은 말을 듣고, 신중히 생각한思 후에 말하지 않으면 안되는구나.

17. 陽貨篇. 15章

子曰 "鄙夫可與事君也與哉? 其未得之也, 患得之,
旣得之, 患失之. 苟患失之, 無所不至矣."

자왈 "비부가여사군야여재? 기미득지야, 환득지, 기득지, 환실지. 구환실지, 무소부지의."

자왈 "비루한 사람은(사람과) 함께 임금을 섬길 수 있겠는가?
그가 아직 〈원하는 것을〉 얻지 못하였을 때는 얻으려고 근심
하고, 이미 얻고 나서는 잃을 것을 근심한다. 진실로 잃을 것을
근심하면 이르지 않는 바가(못하는 짓이) 없을 것이다."

鄙:비루할비 患:근심환 苟:진실로구

문법(文法)적 해석

1) 鄙夫可與事君也與哉?:비루한 사람은(사람과) 함께 임금을
   섬길 수 있겠는가?
   - 鄙夫(비부):어리석고 천한 사람, 도량이 좁은 사람.
   - 與:~함께, ~와 더불어/전치사이며, 인칭대명사가 생략된 것이다.
   - 也與哉:감탄과 반문을 겸하는 어기를 나타내는 종결사.
2) 其未得之也, 患得之:그가 아직 〈원하는 것을〉 얻지 못하였을
   때는 얻으려고 근심하고,
   - 其:그, 자기, 자기 자신/3인칭 대명사.
   - 之:해석하지 않아도 되지만 대명사, 목적어로 본다면 '부와 귀,
     명예, 또는 원하는 것'을 가리킨다고 할 수 있다.
3) 苟患失之, 無所不至矣:진실로 잃을 것을 근심하면 이르지 않는
   바가(못하는 짓이) 없을 것이다.
   - 苟:진실로 ~면/가정, 조건의 부사.
   - 所:~바(것)/所+술어가 오며, 불완전명사(의존명사) 또는
     특수 지시대명사로, 주어는 대체로 所앞에 온다.

도량이 좁고 이익을 탐하는 사람鄙夫과 함께 해서도 안되는구나.

17.陽貨篇.16章

子曰 "古者民有三疾, 今也或是之亡也.
古之狂也肆, 今之狂也蕩. 古之矜也廉,
今之矜也忿戾. 古之愚也直, 今之愚也詐而已矣."

자왈 "고자민유삼질, 금야혹시지무야. 고지광야사, 금지광야탕. 고지긍야렴,
금지긍야분려. 고지우야직, 금지우야사이이의."

자왈 "옛날에 백성들에게 세 가지의 병이(병폐가) 있었는데,
지금은 아마도 이것이 없다. 옛날의 뜻이 높고 진취적인 사람은
작은 일에 얽매이지 않고 거리낌이 없었으나, 지금의 뜻이 높고
진취적인 사람은 방탕하고 제멋대로 한다. 옛날의 자긍심이
강한 사람은 청렴하면서도 모가 났으나, 지금의 자긍심이 강한
사람은 성내고 다툰다. 옛날의 어리석은 사람은 정직하였으나,
지금의 어리석은 사람은 속이기만 할 뿐이다.

疾:병폐질/병질 狂:미칠광 肆:방자할사 蕩:방탕할탕 矜:자랑할긍 廉:모날렴
忿:성낼분 戾:사나울려/다툴려 詐:속일사

문법(文法)적 해석

1) 古者民有三疾:옛날에 백성들에게 세 가지의 병이(병폐가) 있었는데,
 - 者:~(때)에/시간을 나타내는 말 뒤에 쓰이는 의존명사(불완전
   명사) 또는 특수 지시대명사이다.
 - 有:존재동사로써, 三疾를 보어로 취하며, 보어를 주어처럼 해석한다.
 - 疾(질):병폐, 약점, 흠, 결점.
2) 今也或是之亡也:지금은 아마도 이것이 없다.
 - 也:부사 뒤에 위치하여 부사를 강조하는 부사격 후치사이다.
 - 或(혹):아마도, 대개/상황 등에 대한 추측을 나타내는 부사이다.
 - 是(시):이것/지시대명사로써 '三疾'을 가리킨다.
 - 之:~가(이), ~은(는)/주격 후치사로 볼 수 있다.
3) 古之狂也肆, 今之狂也蕩:옛날의 뜻이 높고 진취적인 사람은
   작은 일에 얽매이지 않고 거리낌이 없었으나, 지금의 뜻이 높고

진취적인 사람은 방탕하고 제멋대로 한다.
- 狂(광):뜻이 높고 진취적(進取的)인 사람.
- 也:~가(이), ~은(는)/주격 후치사.
- 肆(사):방자하다, 작은 일에 얽매이지 않고 거리낌 없이 말하거나
  주관대로 말하고 행동하다.
- 蕩(탕):방탕(放蕩)하다, 음란하다, 제멋대로 하다.
4) 矜(긍):자긍심이 강한 사람.
5) 廉(렴):청렴하면서도 모가 나, 말이나 행동 따위가 까다롭다.
6) 忿戾(분려):분을 터뜨리며 남과 다투다.
7) 而已矣:~일(할) 뿐이다/제한의 어기를 나타내는 한정 종결사.

자왈曰 "요즘 애들은 버릇이 없어, 말세야. 말세末世."
공자님! 너무 걱정하지 마세요.
2,500년이 지난 지금도 세상은 잘 돌아가고 있습니다.

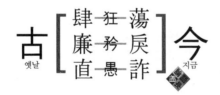

17. 陽貨篇. 17章

子曰 "巧言令色, 鮮矣仁."

자왈 "교언영색, 선의인."

자왈 "말을 교묘하게 하고 얼굴빛을 좋게 하는 데는(사람은)
드물구나, 인(한 사람)이."

巧:교묘할교 令:좋을영 鮮:드물선

문법(文法)적 해석

1) 이 문장은 1편. 학이(學而)편. 3장에 나온 것이다. 중출(重出).
2) 巧言令色:말을 교묘하게 하고 얼굴빛을 좋게 하는 데는(사람은),
  - 巧(교):교묘하다, 솜씨가 있다/형용사.
  - 令(영):좋다, 아름답다/형용사.
  - 色(색):얼굴빛, 기색/명사.
3) 鮮矣仁:드물구나, 인(한 사람)이.
  - 鮮矣仁은 강조를 위해 주어와 술어가 도치된 것. 즉 '仁鮮矣'이다.
  - 矣:서술, 단정 종결사로써 '확신'을 나타낸다.

똑같은 문장이 두 번씩이나 언급되었다.
중요하기 때문일까? 중요한 문장이 이것 뿐일까?
여러 제자들이 각자 쓰다 보니
아마도 중복重複이 된 줄 몰랐기 때문이 아닐까?

17.陽貨篇.18章

子曰 "惡紫之奪朱也, 惡鄭聲之亂雅樂也, 惡利口之覆邦家者."

자왈 "오자지탈주야, 오정성지란아악야, 오리구지복방가자."

자왈 "자주색이 붉은 색을 빼앗는 것을 미워하고, 정나라 음악이 아악을 어지럽히는 것을 미워하며, 교묘한 말재주가 나라를 뒤엎는 것을 미워한다."

惡:미워할오 紫:자줏빛자 奪:빼앗을탈 朱:붉을주 鄭:정나라정 雅:바를아 覆:뒤엎을복

문법(文法)적 해석

1) 惡鄭聲之亂雅樂也:정나라 음악이 아악을 어지럽히는 것을 미워하며,
  - 惡(오):미워하다, 헐뜯다, 싫어하다/뒤 문장 전체를 목적절로 취한다.
  - 鄭聲(정성):정나라 음악으로 음란한 것이 많았다.
  - 之:~가(이), ~은(는)/주격 후치사로 볼 수 있다.
  - 雅樂(아악):'雅'는 형용사로써 '바르다', '雅樂'은 '바른 음악'이며, 종묘나 궁중에서 연주하던 음악이다.
2) 惡利口之覆邦家者:묘한 말재주가 나라를 뒤엎는 것을 미워한다.
  - 利口(리구):관용어로 말을 교묘하게 잘하는 '교묘한 말재주'이다.
  - 覆(복):뒤엎다, 뒤집다, 전복시키다.
  - 者:의존명사(불완전명사) 또는 특수 지시대명사로 앞 문장을 취해서 명사구가 되며, '~하는 사람, ~하는 것'으로 해석한다.

간색紫과 바르지 않는 음악鄭聲과 교묘한 말재주利口.
빼앗고奪, 어지럽히고亂, 뒤엎는구나覆.
결국은 세상을 혼란스럽게 하는구나.

17.陽貨篇.19章

子曰 "予欲無言." 子貢曰 "子如不言,
則小子何述焉." 子曰 "天何言哉? 四時行焉,
百物生焉, 天何言哉?"

자왈 "여욕무언." 자공왈 "자여불언, 즉소자하술언." 자왈 "천하언재? 사시행언, 백물생언, 천하언재?"

자왈 "나는 말하지 않으려고 한다." 자공이 말하였다.
"선생님께서 만약 말하지 않으시면, 저희들은 무엇을 전술
하겠습니까?" 자왈 "하늘이 무엇을 말하던가? 사계절이 운행
하고, 만물이 생겨나지만, 하늘이 무엇을 말하던가?"

述:전술할술

문법(文法)적 해석

1) 子如不言, 則小子何述焉:선생님께서 만약 말하지 않으시면,
   저희들은 무엇을 전술하겠습니까?
 - 子(자):너, 당신, 그대/2인칭 대명사이며, 남자에 대한 존칭으로는
   '선생'으로 해석한다.
 - 如 ~, 則:만약 ~, 면/如는 가정, 양보의 부사, 則는 가정 접속사.
 - 何述:의문사가 동사의 목적어일 경우에 동사 앞으로 도치된다.
 - 述(술):전술하다, 말하다, 서술(敍述)하다.
 - 焉(언):술어에 붙어서 그 술어의 대상을(목적어) 내포하기도 하고,
   또는 단순히 처소격의 의미를 갖는 서술형 종결사로 쓰인다.
2) 天何言哉? 四時行焉:하늘이 무엇을 말하던가? 사계절이 운행하고,
 - 何言(하언):도치된 문장이다.
 - 四時(사시):춘(春), 하(夏), 추(秋), 동(冬)의 '사계절'을 뜻한다.
 - 行(행):운행하다, 행하여지다.

가르치고 배우는 것이 꼭 말述로만이 아니거늘,
말하지 않아도 묵묵히 깨닫고 알아야 하는구나. 목격전수目擊傳受라?

17.陽貨篇.20章

孺悲欲見孔子, 孔子辭以疾.
將命者出戶, 取瑟而歌, 使之聞之.

유비욕현공자, 공자사이질. 장명자출호, 취슬이가, 사지문지.

유비가 공자를 뵙고자 하였으나, 공자께서 병으로써 사양하였다.
명령을 전달하는 자가 문을 나가자, 큰 거문고를 취하여(타면서)
노래를 불러, 그로 하여금 듣게 하셨다.

孺:사모할유 悲:슬플비 辭:사양할사 將:전달할장 瑟:큰거문고슬

문법(文法)적 해석

1) 孺悲欲見孔子, 孔子辭以疾:유비가 공자를 뵙고자 하였으나,
   공자께서 병으로써 사양하였다.
   - 孺悲(유비):노(魯)나라 사람으로, 공자에게 사(士) 신분의 상례
     (喪禮)를 배웠다고 한다.
   - 見(현):뵙다, 알현하다, 대면하다.
   - 辭(사):사양(辭讓)하다, 거절하다.
   - 以:~로써/'以'는 전성 전치사로써 전치사를 수반한 부사구는
     문구 뒤에 위치하는 경우가 많다.
2) 將命者出戶:명령을 전달하는 자가 문을 나가자,
   - 將(장):전달하다, 전하다, 전하여 주다.
   - 戶(호):한 짝으로 된 문을 말한다. 두 짝으로 된 문은
     문(門)이라고 한다.
3) 使之聞之:그로 하여금 듣게 하셨다.
   - 使(사):~하여금 ~하게 하다(시키다)/사동보조사.
   - 之:해석하지 않아도 되지만 대명사, 목적어로 본다면 앞의 것은
     '孺悲, 뒤의 것은 '歌'을 가리킨다고 할 수 있다.

뵙고자見 왔으니까 만나 주지辭 않았지만, 유비孺悲가 배우고자
왔다면 꾸짖어 가르쳐 줄 수도 있기에 만나 주지 않았을까?

17.陽貨篇.21章

宰我問 "三年之喪, 期已久矣.
君子三年不爲禮, 禮必壞, 三年不爲樂, 樂必崩.
舊穀旣沒, 新穀旣升, 鑽燧改火, 期可已矣."
子曰 "食夫稻, 衣夫錦, 於女安乎?" 曰 "安."
"女安則爲之. 夫君子之居喪, 食旨不甘,
聞樂不樂, 居處不安, 故不爲也. 今女安則爲之."
宰我出, 子曰 "予之不仁也! 子生三年,
然後免於父母之懷. 夫三年之喪, 天下之通喪也.
予也有三年之愛於其父母乎?"

재아문 "삼년지상, 기이구의. 군자삼년불위례, 예필괴, 삼년불위악, 악필붕.
구곡기몰, 신곡기승, 찬수개화, 기가이의." 자왈 "식부도, 의부금, 어여안호?" 왈 "안."
"여안즉위지. 부군자지거상, 식지불감, 문악불락, 거처불안, 고불위야. 금여안즉위지."
재아출, 자왈 "여지불인야! 자생삼년, 연후면어부모지회. 부삼년지상, 천하지통상야.
여야유삼년지애어기부모호?"

재아가 물었다. "삼 년상은 기간이 너무 깁니다. 군자가 삼 년
동안 예를 하지 않으면, 예가 반드시 무너지고, 삼 년 동안 음악을
하지 않으면 음악이 반드시 무너질 것입니다. 묵은 곡식은 이미
다하고, 새 곡식이 이미 익었으며, 나무를 뚫어 불(씨)을 바꾸니,
〈그러므로〉 일 년이면 그만둘 수 있습니다." 자왈 "쌀밥을 먹고,
비단옷을 입는 것이, 너에게는 편안하냐?" 〈재아가〉 말하였다.
"편안합니다." 〈자왈〉 "네가 편안하면 그렇게 해라. 대저 군자가
상을 당하면, 맛있는 것을 먹어도 달지 않고, 음악을 들어도
즐겁지 않으며, 거처가 편안하지 않으니, 그러므로 하지 않는
것이다. 지금 네가 편안하다면 그렇게 하여라." 재아가 나가자,
자왈 "여(재아)는 인하지 않구나! 자식이 태어나서 삼 년 연후에
부모의 품에서 벗어난다. 대저 삼 년의 상은 천하의 공통된
상례이다. 여(재아)도 자신의 부모에게서 삼 년의 사랑이
있었겠지(받았겠지)?"

喪:상례상 期:기간기/돌기 壞:무너질괴 崩:무너질붕 舊:옛구 穀:곡식곡 沒:다할몰
升:익을승 鑽:뚫을찬 燧:부싯돌수 稻:벼도 錦:비단금 旨:맛지 懷:품회 通:통할통

문법(文法)적 해석

1) 宰我:노(魯)나라 사람으로 공자의 제자이며, 성은 재(宰), 이름은
   여(予), 자는 자아(子我)이다. 자공과 더불어 언변에 뛰어났다.
2) 期已久矣:기간이 너무 깁니다.
   - 期(기):시기, 기간으로 해석할 수 있다. 또 기(朞)와 같이,
     만 1년을 가리킨다. 여기서는 전자의 뜻이다.
   - 已(이):이미, 벌써, 너무/부사.
3) 君子三年不爲禮, 禮必壞:군자가 삼 년 동안 예를 하지 않으면,
   예가 반드시 무너지고,
   - 不:~면/부정 보조사 '不'로 인해, 이 절은 가정문이라 할 수 있다.
   - 爲:爲+명사는 '~하다'로 해석하며, 목적어의 성격에 따라 그 뜻을
     적절하게 해석할 수 있다. '爲禮'은 예를 (행)하다.
4) 舊穀旣沒, 新穀旣升:묵은 곡식은 이미 다하고, 새 곡식이 이미
   익었으며,
   - 舊(구):묵다, 오래되다, 낡다.
   - 沒(몰):다하다, 끝나다, 마치다.
   - 升(승): (곡식이)익다, 곡식이 자라 수확되는 것을 가리킨다.
5) 鑽燧改火, 期可已矣:나무를 뚫어 불(씨)을 바꾸니,
   〈그러므로〉 일 년이면 그만둘 수 있습니다.
   - 鑽燧改火(찬수개화):고대에 나무를 문질러서 불씨를 얻는 것을
     말한다. 수(燧)는 나무를 뜻하고, 1년을 주기로 해서 계절(오행에
     따라 봄에는 느릅나무와 버드나무, 여름에는 대추나무와 은행나무,
     뽕나무와 산뽕나무, 가을에는 떡갈나무와 졸참나무, 겨울에는
     홰나무와 박달나무)에 따라 나무를 선택하였다.
   - 期(기):첫 문장의 期와 달리 만 1년, 기(朞)을 가리킨다.
   - 已(이):그만두다, 중지하다, 그치다, 끝나다/동사.
6) 食夫稻, 衣夫錦, 於女安乎?:쌀밥을 먹고, 비단옷을 입는 것이,
   너에게는 편안하냐?
   - 夫(부):문장 중간에 쓰여 어기를 자연스럽게 해 주는데, 이 경우
     에는 해석하지 않는다.

- 女:너. 汝(여)와 같다/2인칭 대명사.
- 於女安乎:보어를 강조하기 위해 '安於女乎'가 도치된 것이다.
7) 夫君子之居喪, 食旨不甘:대저 군자가 상을 당하면, 맛있는 것을 먹어도 달지 않고,
  - 夫:문장의 첫머리에 쓰여 문장을 이끄는 어기를 나타내는데, '대저(大抵), 대체로, 무릇'으로 해석하거나 또는 해석하지 않아도 된다. 즉 발어사이다.
  - 居(거):당면하다, (처지에)놓여 있다.
  - 旨(지):맛있는 음식.
8) 予也有三年之愛於其父母乎?:여(재아)도 자신의 부모에게서 삼 년의 사랑이 있었겠지(받았겠지)?
  - 也:~가(이), ~은(는)/주격 후치사.
  - 有:존재동사로써, 뒤 문장을 보어절로 취하며, 보어절을 주어처럼 해석한다.
  - 其:그, 자기, 자기 자신/3인칭 대명사.
  - 乎:추측과 의문의 어기를 나타내는 종결사.

3년 상三年之喪을 해야 되는 이유?
태어나자마자 3년의 보살핌이 없었다면
우리 모두가 살지 못했을 것인데,
부모님이 돌아가시면 부모님께 받은 것을 돌려드려야 하거늘,
그 당시에도 3년 상三年之喪이 문제였구나.

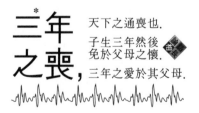

三年之喪, 天下之通喪也. 子生三年然後 免於父母之懷. 三年之愛於其父母.

17.陽貨篇.22章

子曰 "飽食終日, 無所用心, 難矣哉!
不有博奕者乎? 爲之, 猶賢乎已."

자왈 "포식종일, 무소용심, 난의재! 불유박혁자호? 위지, 유현호이."

자왈 "배불리 먹고 하루를 마치면서, 마음을 쓰는 것이 없다면, 곤란하구나! 장기와 바둑이 있지 않는가? 이것을(이것이라도) 하는 것이 오히려 그만두는 것보다 낫다."

飽:배부를포 難:곤란할난/어려울 난 博:장기박/넓을박 奕:바둑혁 賢:나을현

문법(文法)적 해석

1) 無所用心, 難矣哉!:배불리 먹고 하루를 마치면서, 마음을 쓰는 것이 없다면, 곤란하구나!
   - 無:존재동사로써, '所用心'을 보어로 취하며, 보어를 주어처럼 해석한다.
   - 難(난):곤란하다, 어렵다/형용사.
   - 矣哉(의재):~구나(도다)/감탄의 어기를 나타내는 감탄 종결사이다.
2) 不有博奕者乎?:장기와 바둑이 있지 않는가?
   - 博(박):장기, 노름, 돈을 걸고 하는 놀이.
   - 奕(혁):바둑.
   - 者:문장의 중간이나 끝에 쓰여 어기를 부드럽게 하며, 해석하지 않는다/어기사, 즉 후치사라고 할 수 있다.
3) 爲之, 猶賢乎已:이것을(이것이라도) 하는 것이 오히려 그만두는 것보다 낫다.
   - 乎:~보다, ~와(과)/전치사로써, 술어가 '賢'처럼 형용사일 때 비교를 나타낸다.
   - 已(이):그만두다, 중지하다, 그치다, 끝나다/동사.

게으름은 가난과 모든 악의 근원이거늘, 빈둥거리거나 게으르지 말자.

17.陽貨篇.23章

子路曰 "君子尙勇乎?" 子曰 "君子義以爲上.
君子有勇而無義爲亂, 小人有勇而無義爲盜."

자로왈 "군자상용호?" 자왈 "군자의이위상. 군자유용이무의위란, 소인유용이무의위도."

자로가 말하였다. "군자는 용맹을 숭상합니까?" 자왈 "군자는
의로움을 상으로 여긴다. 군자가 용맹이 있고 의로움이 없으면
어지럽게 하고(난을 일으키고), 소인이 용맹이 있고 의로움이
없으면 도둑이 된다(도둑질을 한다).

尙:숭상할상 盜:도둑도

문법(文法)적 해석

1) 君子尙勇乎?:군자는 용맹을 숭상합니까?
   - 尙(상):숭상하다, 높다, 높이다.
   - 勇(용):용기, 용맹.
2) 君子義以爲上:군자는 의로움을 상으로 여긴다.
   - 義以:以義가 도치된 것으로, '~ 以爲 ~' ~을 ~라고 여기다,
     ~을 ~라고 생각하다, ~을 ~로 삼다.
3) 爲:爲+명사는 '~하다'로 해석하며, 목적어의 성격에 따라 그 뜻을
   적절하게 해석할 수 있다. '爲亂'은 어지럽게 하다. 난을 일으키다.
4) 爲:爲+명사는 '~이 되다'/(자)동사. '爲盜'는 도적이 되다,
   도둑질을 하다.
5) 주희(朱熹)에 따르면 이 문장은 "호인(胡寅)이 '아마도 이것은
   자로가 공자를 처음 뵈었을 때 묻고 답한 것이다.' "라고 하였다.

군자君子이든, 소인小人이든, 의義가 없는 용맹勇은 위험하고,
차라리 없는 것이 낫구나.

17. 陽貨篇. 24章

子貢曰 "君子亦有惡乎?" 子曰 "有惡.
惡稱人之惡者, 惡居下流而訕上者,
惡勇而無禮者, 惡果敢而窒者."
曰 "賜也亦有惡乎?" "惡徼以爲知者,
惡不孫以爲勇者, 惡訐以爲直者."

자공왈 "군자역유오호?" 자왈 "유오. 오칭인지악자, 오거하류이산상자, 오용이무례자,
오과감이질자." 왈 "사야역유오호?" "오요이위지자, 오불손이위용자, 오알이위직자."

자공이 말하였다. "군자도 또한 미워함이 있습니까?
자왈 "미워함이 있다. 남의 악함(나쁜 점)을 말하는 사람을
미워하고, 하류(낮은 지위)에 있으면서 윗사람을 헐뜯는 사람을
미워하고, 용맹스러우나 예가 없는 사람을 미워하고, 과감하나
막힌(융통성이 없는) 사람을 미워한다." 〈자〉왈 "사(賜)도 또한
미워함이 있느냐?" 〈자공이 대답하였다〉 "〈남의 생각을〉 훔치는
것을 지혜로 여기는 사람을 미워하고, 불손한 것을 용맹한
것으로 여기는 사람을 미워하고, 〈남의 잘못을〉 들추어내는
것을 정직함으로 여기는 사람을 미워합니다."

訕:헐뜯을산 窒:막힐질 徼:훔칠요 訐:들추어낼알

문법(文法)적 해석

1) 惡稱人之惡者:남의 악함(나쁜 점)을 말하는 사람을 미워하고,
   - 惡(오):미워하다, 헐뜯다, 싫어하다/뒤 문장 전체를 목적절로
     취한다.
   - 稱(칭):말하다, 진술하다, 칭하다, 일컫다, 칭찬하다.
   - 惡(악):악함, 나쁜 일, 바르지 않는 일.
   - 者:의존명사(불완전명사) 또는 특수 지시대명사로 앞 문장
     '稱人之惡者'를 취해서 '~하는 사람, ~하는 것'으로 해석한다.
2) 惡居下流而訕上者:하류(낮은 지위)에 있으면서 윗사람을 헐뜯는

사람을 미워하고,
 - 居(거):~있다, (처지에)놓여 있다.
 - 下流(하류):'낮은 지위'를 가리킨다.
 - 訕(산):헐뜯다, 비방하다.
3) 惡果敢而窒者:과감하나 막힌(융통성이 없는) 사람을 미워한다.
 - 果敢(과감):과감하다/동사.
 - 窒(질):꽉 막히다, 융통성이 없다.
4) 惡徼以爲知者:〈남의 생각을〉 훔치는 것을 지혜로 여기는 사람을
   미워하고,
 - 徼(요):훔치다, 빼앗다.
 - 徼以:以徼가 도치된 것으로, '~ 以爲 ~' ~을 ~라고 여기다,
   ~을 ~라고 생각하다, ~을 ~로 삼다.

공자께서도 또한 미워함惡이 있었구나.
남의 나쁜 점惡을 말하고, 윗사람을 헐뜯고訕, 예가 없거나無禮,
융통성이 없는窒 사람을 싫어하고 미워했구나.
하지만 오직 인자仁者만이 사람을 좋아하고, 사람을 미워할 수가
있다惟仁者能好人, 能惡人.

稱人之惡者　　　惡 惡　　　徼以爲知者
居下流而訕上者　　　　　　不孫以爲勇者
勇而無禮者　　君子 子貢　　訐以爲直者
果敢而窒者
惟仁者能惡人!

17.陽貨篇.25章

子曰 "唯女子與小人, 爲難養也.
近之則不孫, 遠之則怨."

자왈 "유녀자여소인, 위난양야. 근지즉불손, 원지즉원."

자왈 "오직 여자와 소인은, 다스리기(다루기)가 어렵다.
가까이 하면 불손하고, 멀리 하면 원망한다."

養:다스릴양/기를양

문법(文法)적 해석

1) 爲難養也:다스리기(다루기)가 어렵다.
   - 爲難:어렵다/爲+형용사는 '~하다'의 뜻이다.
   - 難(난):특수형용사로써 술어로 쓰이는 경우에 보어를 취하며
     보어를 주어처럼 해석한다.
   - 養(양):다스리다, 다루다.
2) 近之則不孫, 遠之則怨:가까이 하면 불손하고, 멀리 하면
   원망한다.
   - 之:무엇을 꼭 지칭하기 위해 쓰인 것이 아니라, 술어 뒤에 之가
     붙음으로써 그 술어를 술어답게 만들어주는 어감을 얻고, 어세를
     고르게 하기 위해 쓰인다. 해석하지 않아도 되지만 대명사, 목적어로
     본다면 '女子與小人'을 가리킨다.
   - 則:~면/가정, 조건의 접속사.

여자女子와 소인小人을 동일시하였다.
지금은 말도 안되는 소리입니다.
이런 말을 하다가는 여성분들에게 큰일 납니다.
공자님! 그때 태어나시길 참 잘하셨습니다.

17.陽貨篇.26章

子曰 "年四十而見惡焉, 其終也已."

자왈 "연사십이견오언, 기종야이."

자왈 "나이 사십에 〈남에게〉 미움을 당한다면(받는다면),
아마도(그대로) 끝난 것이다."

見:당할견

문법(文法)적 해석

1) 年四十而見惡焉:나이 사십에 〈남에게〉 미움을 당한다면(받는다면),
   - 年:연령, 나이/명사.
   - 而:(만일, 만약) ~하면/단문을 연결시키는 가정 접속사이다.
   - 見(견):당하다, 받다/피동 보조사이며, 동사 앞에 쓰여 피동을
     나타낸다.
   - 焉(언):술어에 붙어서 그 술어의 대상을(목적어) 내포하기도 하고,
     또는 단순히 처소격의 의미를 갖는 서술형 종결사로 쓰인다.
2) 其終也已:아마도(그대로) 끝난 것이다.
   - 其:아마도/추측을 나타내는 부사.
   - 也已:긍정과 단정의 어기를 나타내는 종결사이다.

40세가 아니라 죽을 때까지 미움을 받지 않을 수도 있을까?
그러면 아마도 많이 피곤한 삶일 수도 있을 것이다.
미워할 수도 있고, 미움 받을 용기見惡勇도 필요하지 않을까?

微子

18. 微子篇

11章

18.微子篇. 1章

微子去之, 箕子爲之奴, 比干諫而死.
孔子曰 "殷有三仁焉."

미자거지, 기자위지노, 비간간이사. 공자왈 "은유삼인언."

미자는 떠나가고, 기자는 종이 되고, 비간은 간하다가 죽었다.
공자왈 "은나라에 세 인한 자가 있었다."

微:작을미 箕:키기 奴:종노 諫:간할간 殷:은나라은

문법(文法)적 해석

1) 微子去之:미자는 떠나가고,
 - 微子(미자):은(殷)나라의 마지막 임금인 주왕(紂王)의 서형(庶兄)
   으로서 이름은 계(啓)이다. 주왕에게 여러 차례 간언했지만 듣지
   않자 나라를 떠나 주나라로 갔고, 은나라가 망한 후 주나라 무왕이
   미자에게 송(宋)나라의 제후로 봉하여 송(宋)나라의 시조가 되었다.
   - 之:주왕(紂王)을 가리킨다.
2) 箕子(기자):은(殷)나라의 주왕(紂王)의 숙부로, 주왕이 비간(比干)을
   죽이자 거짓으로 미치광이 행세를 하여 노예가 되었다.
3) 比干(비간):은(殷)나라의 주왕(紂王)의 숙부로, 주왕에게 계속 간언
   하자 주왕은 "성인의 염통에는 일곱 개의 구멍이 있다고 한다"고
   하면서 죽인 뒤 그의 심장을 꺼내 보았다고 한다.
4) 殷有三仁焉:은나라에 세 인한 자가 있었다.
 - 有:존재동사로써, 뒤 문장을 보어로 취하며 보어를 주어처럼
   해석한다.
 - 焉(언):술어와 붙어서 그 술어의 대상을(목적어) 내포하기도 하고,
   또는 단순히 처소격의 의미를 갖는 서술형 종결사로 쓰인다.

인仁한 자의 길은 힘들고도 험난하다.
상황과 사람에 따라서 목숨死까지도 버려야 하는구나.

18. 微子篇. 2章

柳下惠爲士師, 三黜. 人曰 "子未可以去乎?"
曰 "直道而事人, 焉往而不三黜?
枉道而事人, 何必去父母之邦?"

유하혜위사사, 삼출. 인왈 "자미가이거호?"
왈 "직도이사인, 언왕이불삼출? 왕도이사인, 하필거부모지방?"

유하혜는 사사가 되었다가, 세 번 쫓겨났다. 〈어떤〉 사람이
말하였다. "당신은 아직 떠날 수 없습니까?" 〈유하혜가〉 말하
였다. "도를 곧게 하여 사람(군주)을 섬기다면, 어디를 간들
세 번 쫓겨나지 않겠습니까?" 도를 굽혀 사람(군주)를 섬긴다면,
어찌 반드시 부모의 나라를 떠나겠습니까?"

惠:은혜혜 黜:쫓겨날출/내칠출 枉:굽을왕

문법(文法)적 해석

1) 柳下惠(유하혜):노(魯)나라의 대부로 성은 전(展)이고, 이름은
   획(獲)이며 자는 금(禽)이다. 유하(柳下)에 살았고 시호를 혜(惠)라
   하였으므로 유하혜(柳下惠)라고 칭하였다.
2) 士師(사사):옛날에 재판을 관장하는 관직의 이름이며, 사관(士官)
   이라고도 한다.
3) 子未可以去乎?:당신은 아직 떠날 수 없습니까?
   - 子(자):너, 당신, 그대/2인칭 대명사이며 남자에 대한 존칭으로는
     '선생'으로 해석한다.
   - 未:(아직)~아니다/부정 보조사.
   - 可以:~할 수 있다/가능 보조사.
4) 焉往:의문사가 동사의 목적어일 경우에 동사 앞으로 도치된다.

곧은 도直道, 굽은 도枉道.
도道는 같으나 어떻게 하느냐에 따라 곧고直 굽구나枉.

18. 微子篇. 3章

齊景公待孔子曰 "若季氏, 則吾不能.
以季孟之間待之." 曰 "吾老矣, 不能用也."
孔子行.

제경공대공자왈 "약계씨, 즉오불능. 이계맹지간대지." 왈 "오로의, 불능용야." 공자행.

제경공이 공자를 대우하면서 말하였다. "만약 계씨라면(계씨와
같이 대우한다면), 나는 할 수 없소. 계씨와 맹씨의 중간으로써
대우하겠소." 〈그리고 다시〉 말하였다. "내가 늙어서, 쓸 수가
없소(등용할 수가 없소)." 공자께서 가셨다(떠나가셨다).

待:대우할대

문법(文法)적 해석

1) 齊景公待孔子曰:제경공이 공자를 대우하면서 말하였다.
   - 齊景公:성이 강(姜), 이름이 저구(杵臼)이다. 기원전 547년에서
     490년까지 제위하였다.
   - 술어+사람+曰:잘 쓰이는 관용구로써, '~을 ~하면서 말하다'로
     해석한다.
2) 若季氏, 則吾不能:만약 계씨라면(계씨와 같이 대우한다면),
   나는 할 수 없소.
   - 若 ~, 則:만약 ~, 면/가정부사(若), 가정접속사(則)
   - 季氏:노(魯)나라의 대부인 계손씨(季孫氏)로 당시 노나라의
     실권을 쥔 삼환 중에 한 가문의 사람이며, 상경(上卿)이었다.
3) 以季孟之間待之." 曰 "吾老矣, 不能用也." 孔子行:계씨와 맹씨의
   중간으로써 대우하겠소. 〈그리고 다시〉 말하였다. "내가 늙어서,
   쓸 수가 없소(등용할 수가 없소)." 공자께서 가셨다(떠나가셨다).
   - 以:~로서, ~로써/자격, 수단, 방법을 나타내는 전치사.
   - 孟(맹):노(魯)나라 대부인 맹손씨(孟孫氏)를 가리키며,
     하경(下卿)이었다.

- 주희(朱熹)에 따르면 "정자(程子)는 '계씨(季氏)와 맹씨(孟氏)의
  중간으로 대우한다면 예(禮)가 또한 지극한 것이다. 그러나
  다시 말하길 '내가 늙어서 쓰지 못하겠다, 그러므로 공자께서
  떠나가신 것이다. 아마도 대우의 경중(輕重)에 달려 있지 않고,
  다만 쓰지 않았기 때문에 떠나가신 것 뿐이다.' 라고 하였다.
4) 주희(朱熹)는 "이 말은 반드시 공자를 대면하여 말한 것이 아니라,
  아마도 스스로 그 신하에게 말한 것인데, 공자께서 들으신 것 뿐
  이다."라고 하였다.

한 나라의 군주齊景公라면 말에 더욱 신중해야 하거늘,
이랬다待가 저랬다不能가 공자님을 두 번 슬프게 하는구나.
공자께서 제나라를 떠나면서 무슨 생각을 했을까?

18.微子篇. 4章

齊人歸女樂, 季桓子受之, 三日不朝. 孔子行.

제인귀녀악, 계환자수지, 삼일부조. 공자행.

제나라 사람이 여자 악공을 보냈고, 계환자는 받고서,
삼일이나 조회하지 않았다. 공자께서 가셨다(떠나셨다).

歸:보낼귀 **桓**:굳셀환 **朝**:조회할조

문법(文法)적 해석

1) 齊人歸女樂:제나라 사람이 여자 악공을 보냈고,
  - 주희(朱熹)에 따르면 "노정공(魯定公) 14년에 공자께서 노나라
    사구(司寇)가 되어 정승의 일을 대신 행하자, 제나라 사람들이
    두려워하여 여악(女樂)을 보내 막은 것이다."라고 하였다.
  - 歸(귀):(음식물 등을) 보내다, 선물(膳物)하다.
  - 女樂(녀악):여자들로 구성된 가무단.
2) 季桓子(계환자):노나라 실권자로서 계손사(季孫斯)이며,
    이름이 사(斯)이다.
3) 三日不朝:삼일이나 조회하지 않았다.
  - 三日:삼일/때, 시간을 나타내는 명사가 동사 앞에 와서 부사로
    전성된 것이다.
  - 朝(조):(신하가 조정에 들어가 임금을) 조회하다, 알현하다.

공자께서 과연 이 일로 노나라를 떠났을까行?
또 다른 진실이 있지 않을까?
사기史記에 따르면 이 때에 공자께서 노나라를 떠나면서 말하시길
"군주가 여인의 말을 믿으면 군자는 떠나가고, 군주가 여인을
가까이하면 신하와 나라는 망한다."라고 하였다.

18.微子篇. 5章

楚狂接輿歌而過孔子曰 "鳳兮! 鳳兮!
何德之衰? 往者不可諫, 來者猶可追.
已而! 已而! 今之從政者殆而!"
孔子下, 欲與之言, 趨而辟之, 不得與之言.

초광접여가이과공자왈 "봉혜봉혜! 하덕지쇠? 왕자불가간, 래자유가추.
이이! 이이! 금지종정자태이!" 공자하, 욕여지언, 추이피지, 부득여지언.

초나라 미치광이 접여가 노래를 부르며 공자〈의 수레〉 앞을
지나가면서 말했다. "봉황이여! 봉황이여! 어찌 덕을 쇠락하게
하였는가? 지나간 것은 간할 수 없으나, 오는 것은 오히려 따를
수 있다. 그만 두라! 그만 두라! 지금의 정치를 따르는 자는
위태롭구나!" 공자께서 〈수레에서〉 내려시어 그와 더불어
이야기를 하고자 하셨으나, 종종걸음으로 피하여, 그와 더불어
이야기를 할 수 없었다.

接:이을접 輿:수레여 歌:노래할가 鳳:봉새봉 衰:쇠할쇠 諫:간할간
追:쫓을추/따를추 殆:위태할태 趨:달아날추 辟:피할 피

문법(文法)적 해석

1) 接輿(접여):초나라 사람으로 세상을 피해 사는 은자였다. 거짓으로
   미치광이인 척하였고, 그의 이름이나 자를 몰랐기에 단순히 공자의
   수레 가까이에서 노래하였다 하여 '접여(接輿)'라고 불렀다.
2) 鳳兮! 鳳兮!:봉황이여! 봉황이여!
   - 鳳(봉):봉황을 뜻하며, 전설 속의 성스러운 새이다. 성인(聖人)의
     탄생에 맞춰 세상에 나타나는 새라고 하며, 수컷을 봉(鳳), 암컷을
     황(凰)이라고 한다. 여기서는 공자를 비유한 것이라 할 수 있다.
   - 兮:주로 댓구를 이루는 명사(구)뒤에 붙여서 감탄의 어기를 돕는
     감탄 종설사로 쓰이며, 대부분 운문에 쓰인다.
3) 何德之衰?:어찌 덕을 쇠락하게 하였는가?
   - 何(하):어찌/의문 부사.

- 德之衰(덕지쇠):'衰德'이 도치된 문장으로 목적어를 강조하기
  위해 앞으로 도치시키고 목적격 후치사 '之'를 목적어와 술어
  사이에 쓴 것이다.
4) 已而! 已而! 今之從政者殆而!:그만 두라! 그만 두라! 지금의 정치를
  따르는 자는 위태롭구나!
  - 已(이):그만두다, 중지하다, 그치다, 끝나다/동사.
  - 而:~하라/명령문의 끝에 쓰여 충고의 어기를 나타내는
    종결사이다.
  - 者:의존명사(불완전명사) 또는 특수 지시대명사로 앞 문장를
    취해서 명사구가 되며, '~하는 사람, ~하는 것'으로 해석한다.
  - 而:~구나, ~한가/감탄의 어기를 나타내는 감탄 종결사다.
5) 孔子下:공자께서 〈수레에서〉 내려시어
  - 下:내려오다, 내려가다/높은 곳에서 낮은 곳으로 내려가다의 뜻.
6) 不得與之言:그와 더불어 이야기를 할 수 없었다.
  - 得:~할 수 있다/가능 보조사.
  - 與(여):~와 더불어, ~와 함께/전치사.
  - 之:接輿를 가리킨다.

초나라 초소왕이 등용하려고 했으나, 영윤 자서子西의
반대로 등용되지 못하고 위衛나라로 돌아가고 있었는데,
미치광이狂 접여接輿가 불난 집에 부채질하는 것도 아니고,
붙들어서 따지려고 했는데 도망가趨而辟 버렸구나.
공자께서는 세상에 되는 일이 없도다.

18. 微子篇. 6章

長沮·桀溺耦而耕, 孔子過之, 使子路問津焉.
長沮曰 "夫執輿者爲誰?" 子路曰 "爲孔丘."
曰 "是魯孔丘與?" 曰 "是也." 曰 "是知津矣."
問於桀溺, 桀溺曰 "子爲誰?" 曰 "爲仲由."
曰 "是魯孔丘之徒與?" 對曰 "然.
曰 "滔滔者天下皆是也, 而誰以易之?
且而與其從辟人之士也, 豈若從辟世之士哉?"
耰而不輟. 子路行以告, 夫子憮然曰
"鳥獸不可與同群, 吾非斯人之徒與, 而誰與?
天下有道, 丘不與易也."

장저·걸닉우이경, 공자과지, 사자로문진언. 장저왈 "부집여자위수?" 자로왈 "위공구."
왈 "시노공구여?" 왈 "시야." 왈 "시지진의." 문어걸닉, 걸닉왈 "자위수?" 왈 "위중유."
왈 "시노공구지도여?" 대왈 "연." 왈 "도도자천하개시야, 이수이역지?
차이여기종피인지사야, 기약종피세지사재?" 우이불철. 자로행이고,
부자무연왈 "조수불가여동군, 오비사인지도여, 이수여? 천하유도, 구불여역야."

장저와 걸익이 나란히 밭을 갈고 있었는데, 공자께서 지나시다가
자로로 하여금 나루터를 묻게 하셨다. 장저가 말하였다.
"저 수레 〈고삐〉를 잡고 있는 사람은 누구시오?" 자로가 말하였다.
"공구이십니다." 〈장저가〉 말하였다. "노나라 공구이시오?
〈자로가〉 말하였다. "맞습니다." 〈장저가〉 "〈그러면〉 나루터를
아실게요." 〈자로가〉 걸익에게 물었다. 걸익이 말하였다. "당신은
누구요?" 〈자로가〉 말하였다. "중유입니다." 〈걸익이〉 말하였다.
"노나라 공구의 제자이시오?" 〈자로가〉 대답하였다. "그렇습니다."
〈걸익이〉 말하였다. 〈물이〉 도도히 흐르는 것이 천하가 모두
이러하니, 누구로서 바꾸겠소? 또 당신은 사람을 피하는
선비를 따르는 것이, 어찌 세상을 피하는 선비를 따르는 것과
같겠소?" 씨앗을 덮으면서 〈일을〉 그치지 않았다. 자로가 와서

고하니, 선생님께서 실망하면서 말하였다. "〈내가〉 새와 짐승과 더불어 함께 무리지을(무리지어 살) 수 없건만, 내가 이 사람의 무리(이 백성들)와 함께 하지 않고, 누구와 함께 하겠는가? 천하에 도가 있으면, 내가 바꾸려 관여하지 않을 것이다."

沮:막을저 桀:하왕이름걸 溺:빠질닉 耦:나란히갈우 耕:밭갈경 津:나루터진
徒:무리도 滔:물넘칠도 耰:곰방메우 輟:그칠철 憮:실망할무 獸:짐승수

문법(文法)적 해석

1) 長沮 · 桀溺(장저 · 걸익):초(楚)나라 섭(葉) 땅 사람으로 속세를 등지고 숨어살던 은자(隱者)이다.
2) 使子路問津焉:자로로 하여금 나루터를 묻게 하셨다.
  - 使(사):~하여금 ~하게 하다(시키다)/사동 보조사.
  - 焉(언):술어에 붙어서 그 술어의 대상을(목적어) 내포하기도 하고, 즉 '於是'와 같으며, 是는 長沮 · 桀溺를 나타내며, 또는 단순히 처소격의 의미를 갖는 서술형 종결사로 쓰인다.
3) 夫執輿者爲誰?:저 수레 〈고삐〉를 잡고 있는 사람은 누구시오?
  - 夫(부):저/3인칭(지시) 대명사. 夫는 가까운 곳이나 먼 곳에 있는 사람이나 사물을 가리킨다.
  - 爲:~이다/연계동사로써 주어와 보어 사이에 놓여 이를 연결하는 역할을 한다.
4) 是魯孔丘與?:노나라 공구이시오?
  - 是:~이다/연계동사이며, 지시대명사로써 문장의 주어로는 거의 쓰지 않으며, 주어인 '이것'의 뜻도 아니다. 주어와 보어 사이에 놓여 이를 연결하는 역할을 하며 보어가 명사(구)만 있는 것이 아니라 서술절을 받기도 한다.
  - 與:반문과 의문의 어기를 내포한 의문 종결사.
5) 是知津矣:〈그러면〉 나루터를 아실게요.
  - 是:~이다/연계동사로써 서술절을 받는다.
6) 滔滔者天下皆是也:〈물이〉도도히 흐르는 것이 천하가 모두 이러하니,
  - 滔滔(도도):어지러운 모양을 형용한 말로, (물이) 도도히 흘러가고 돌아오지 않는다는 의미이다.

- 皆(개):모두/부사이며, 부정칭 인칭 대명사로 쓰이기도 한다.
- 是(시):이러하다, 이와 같다/형용사.

7) 而誰以易之?:누구로서 바꾸겠소?
- 誰以:누구로서/의문사가 전치사의 목적어일 경우에 도치된다.
- 以:~로(써), ~을 써서/수단과 방법을 나타내는 전치사.

8) 且而與其從辟人之士也, 豈若從辟世之士哉?:또 당신은 사람을 피하는 선비를 따르는 것이, 어찌 세상을 피하는 선비를 따르는 것과 같겠소?
- 且(차):또, 또한, 게다가/접속사.
- 而:너, 당신, 그대/2인칭 대명사로서 爾와 汝와 같다.
- 與其~, 豈若~:~하는 것이, 어찌 ~하는 것과 같겠는가?/선택형 비교.

9) 憮然(무연):실망하면서/然은 모양이나 상태를 나타내는 의태어로써, 형용사 접미사이다.

10) 吾非斯人之徒與, 而誰與?:내가 이 사람의 무리(이 백성들)와 함께 하지 않고, 누구와 함께 하겠는가?
- 非:與를 부정하며, 不과 같다.
- 非斯人之徒與: '非與斯人之徒'가 도치된 문장으로 목적어를 강조하기 위해 앞으로 도치된 것이다.
- 與:~와 함께 하다, 동반하다.
- 誰與:누구와 더불어/의문사가 동사의 목적어일 경우에 도치된다.

11) 丘不與易也:내가 바꾸려 관여하지 않을 것이다.
- 丘(구):자기 자신을 지칭할 때 이름으로 말한다.
- 與易(여역)바꾸려 관여하다/동사가 연속 이어지는 연동사 (連動詞)로 앞의 동사가 문장의 본동사이다. 與(여)는 '관여하다, 참여하다'로 해석한다.

세상을 등지고 숨어 사는 것辟도 어렵지만,
혼탁한 세상과 함께 살며 도道를 행한다는 것은 실로 어려울 것이다.
'천하에 도道가 있으면 나도 바꾸려고 하지 않는다不與易.'라는
공자님의 말씀에는 애한哀恨이 담겨 있구나.

18. 微子篇. 7章

子路從而後, 遇丈人, 以杖荷蓧.
子路問曰 "子見夫子乎?" 丈人曰 "四體不勤,
五穀不分, 孰爲夫子?" 植其杖而芸. 子路拱而立.
止子路宿, 殺鷄爲黍而食之, 見其二子焉.
明日, 子路行以告. 子曰 "隱者也."
使子路反見之. 至, 則行矣. 子路曰 "不仕無義.
長幼之節, 不可廢也, 君臣之義, 如之何其廢之?
欲潔其身, 而亂大倫. 君子之仕也, 行其義也.
道之不行, 已知之矣."

자로종이후, 우장인, 이장하조. 자로문왈 "자현부자호?" 장인왈 "사체불근, 오곡불분,
숙위부자?" 식기장이운. 자로공이립. 지자로숙, 살계위서이사지, 현기이자언. 명일,
자로행이고. 자왈 "은자야." 사자로반현지. 지, 즉행의. 자로왈 "불사무의. 장유지절,
불가폐야, 군신지의, 여지하기폐지? 욕결기신, 이란대륜. 군자지사야, 행기의야.
도지불행, 이지지의."

자로가 〈공자를〉 따르다가 뒤처졌고, 노인을 우연히 만났는데,
지팡이로써 삼태기를 메고 있었다. 자로가 물었다. "선생께서는
〈우리〉 선생님을 보셨습니까?" 노인이 말하였다. "사지가
부지런하지 않고, 오곡도 분간하지 못하는데, 누가 선생입니까?"
그 지팡이를 꽂아놓고 김을 맸다. 자로는 두 손을 마주잡고
서 있었다. 〈노인은〉 자로를 머물게 하여 묵게 했다. 닭을 잡고
기장밥을 지어서 먹이고, 그의 두 아들을 만나게 했다. 다음 날,
자로가 와서 〈공자께〉 아뢰니, 자왈 "은자이다." 자로로 하여금
뒤돌아가서 만나보게 하셨다. 〈자로가〉 이르자(도착하자),
〈노인은 이미〉 가버렸다. 자로가 말하였다. "벼슬을 하지 않는
것은 의가 없는 것입니다. 어른과 아이의 예절도 폐할 수 없는데,
임금과 신하의 의를 어찌 폐할 수 있겠습니까? 자신의 몸을
깨끗하게 하려다가, 큰 인륜을 어지럽히는 것입니다. 군자가

벼슬하는 것은, 그 의를 행하는 것입니다. 도가 행해지지
않음은, 이미 알고 있습니다."

遇:만날우 丈:어른장 杖:지팡이장 荷:멜하 蓧:삼태기조 勤:부지런할근
穀:곡식곡 植:꽂을식 芸:김맬운 拱:두손마주잡을공 宿:잠잘숙 鷄:닭계
黍:기장서 見:만날현 仕:벼슬사 幼:어릴유 廢:폐할폐 潔:깨끗할결 倫:인륜륜

문법(文法)적 해석

1) 子路從而後, 遇丈人:자로가 〈공자를〉 따르다가 뒤처졌고,
   노인을 우연히 만났는데,
   - 而:순접 접속사로써, 단어와 구 혹은 단문을 연결하는 역할을
     하며, 해석하지 않아도 된다.
   - 後(후):뒤처지다, 뒤떨어지다, 뒤늦다/동사.
   - 丈人(장인):노인/노인에 대한 높임말이다.
2) 四體(사체):사지(四肢), 두 팔과 두 다리를 뜻한다.
3) 孰爲夫子?:누가 선생입니까?
   - 孰:누가/의문 대명사.
   - 爲:~이다/연계동사로써 주어와 보어 사이에 놓여 이를 연결하는
     역할을 한다.
4) 止子路宿, 殺鷄爲黍而食之, 見其二子焉:〈노인은〉 자로를 머물게
   하여 묵게 했다. 닭을 잡고 기장밥을 지어서 먹이고,
   그의 두 아들을 만나게 했다.
   - 止(지):머물게 하다/동사.
   - 爲黍(위서):爲+명사는 '~하다'로 해석하며, 목적어의 성격에 따라
     그 뜻을 적절하게 해석할 수 있다. '爲黍'는 기장밥을 짓다.
   - 食(사):먹이다/동사, 밥이나 곡식을 익힌 음식을 뜻할 땐
     '사'로 읽는다.
   - 見(현):만나다, 소개하다, 보이다, 뵙다, 알현하다.
   - 焉(언):술어에 붙어서 그 술어의 대상을(목적어) 내포하기도
     하고, 즉 '於是'와 같으며, 是는 子路를 가리킨다고 할 수 있다.
     또는 단순히 저소격의 의미를 갖는 서술형 종결사로 쓰인다.
5) 明日(명일):다음날, 익일/명사.
6) 使子路反見之:자로로 하여금 뒤돌아가서 만나보게 하셨다.

- 使(사):~하여금 ~하게 하다(시키다)/사동보조사.
- 反(반):되돌아가서/전성 부사라 할 수 있다.
7) 子路曰:자로가 말하였다.
 - 주희(朱熹)에 따르면 "복주(福州)에 국초(國初) 때의 사본이
   있는데, '路' 아래에 '反子' 두 자가 있어, 이로써 '자로가 돌아오니
   부자께서 말씀한 것이라 하나 옳은지 그른지 알지 못한다."라고
   하였다. 즉 '子路反, 子曰'이란 것이다.
8) 如之何其廢之?:어찌 폐할 수 있겠습니까?
 - 如 ~ 何:관용어로써 술어로는 '어떻게 할 것인가, 어떠하다'이며,
   부사어로 '어찌, 어떻게'로 해석한다.
 - 其:어기를 완만하게 해주며 해석하지 않는 어기조사, 즉 후치사다.
9) 而亂大倫:큰 인륜을 어지럽히는 것입니다.
 - 大倫(대륜):사람의 큰 인륜은 다섯 가지가 있으니, 부자유친(父子
   有親), 군신유의(君臣有義), 부부유별(夫婦有別), 장유유서(長幼
   有序), 붕우유신(朋友有信)이다.

자로가 이런 말을 하다니 믿기지가 않는다.
 '子路曰' 다음의 문장은 아마도 공자께서 자로에게 찾아가서
이런 말을 전하라고 하지 않았을까 하는 의구심이 생긴다.
주희朱熹 또한 '자로가 돌아오자 부자께서 말씀하셨다子路反, 子曰?'
를 인용하면서 "1,600여년 전의 일이 옳은지 그른지 알지 못한다."
라고 하였다.

四體不勤, 五穀不分 孰爲夫子?
누가 선생입니까?

18. 微子篇. 8章

逸民, 伯夷·叔齊·虞仲·夷逸·朱張·柳下惠·少連.
子曰 "不降其志, 不辱其身, 伯夷·叔齊與!
謂柳下惠·少連, 降志辱身矣, 言中倫, 行中慮,
其斯而已矣. 謂虞仲·夷逸, 隱居放言,
身中淸, 廢中權. 我則異於是, 無可無不可."

일민, 백이·숙제·우중·이일·주장·류하혜·소련. 자왈 "불강기지, 불욕기신,
백이·숙제여! 위류하혜·소련, 강지욕신의, 언중륜, 행중려, 기사이이의.
위우중·이일, 은거방언, 신중청, 폐중권. 아즉이어시, 무가무불가."

세상을 피해 숨어사는 사람은 백이와 숙제, 우중과 이일, 주장과
유하혜와 소련이었다. 자왈 "그 뜻을 굽히지 않고, 그 몸을 욕되게
하지 않은 사람은 백이와 숙제이다! 유하혜와 소련을 평하여,
뜻을 굽히고, 몸을 욕되게 하였으나, 말이 인륜에 맞고, 행동이
사려에 맞았으니, 아마도 이(러했을) 뿐이였다. 우중과 이일을
평하여, 숨어 살면서 말을 함부로 하였으나, 몸은 깨끗함에 맞고,
버리는 것이 권도에 맞았다. 나는 이들과는 달라서, 가능한 것도
없고, 불가능한 것도 없다."

逸:숨을일 虞:염려할우 連:이을련 降:내릴강 辱:욕될욕 慮:생각할려
放:함부로할방 權:권도권

문법(文法)적 해석

1) 逸民(일민):벼슬하지 않고 숨어사는 사람을 가리키는 말로
   '세상을 피해서 숨어사는 사람'이라는 뜻이다.
2) 虞仲(우중):태백(泰伯)의 동생인 중옹(仲雍)을 가리킨다.
3) 夷逸(이일):서주(西周) 시기에 세상을 피해 은거하였던 현자이다.
4) 朱張(주장):평생 사적은 자세하지 않다.
5) 柳下惠(유하혜):노(魯)나라의 대부로 성은 전(展)이고, 이름은
   획(獲)이며 자는 금(禽)이다. 유하(柳下)에 살았고 시호를 혜(惠)라
   하였으므로 유하혜(柳下惠)라고 칭하였다.

6) 少連(소련):동이(東夷) 사람이며, 평생 사적은 자세하지 않다.
   禮記(예기)·雜記(잡기)에 공자가 이르길 "거상(居喪)을 잘하였
   는데 3일을 게을리 하지 않고, 3일 동안 해이하지 않았으며, 1년
   동안 슬퍼하였고, 3년 상을 치렀으니 동이(東夷)의 아들이었다."
   라고 하였다.
7) 謂(위):비평(批評)하다, 논평(論評)하다
8) 言中倫, 行中慮:말이 인륜에 맞고, 행동이 사려에 맞았으니,
   - 中(중):공정하다, 치우치지 않다.
9) 其斯而已矣:아마도 이(러했을) 뿐이었다.
   - 其:아마도/추측을 나타내는 부사.
   - 斯(사):이것/지시대명사로써 '言中倫, 行中慮'를 가리킨다.
   - 而已矣:~일(할) 뿐이다/제한의 어기를 나타내는 한정 종결사.
10) 隱居放言:숨어 사면서 말을 함부로 하였으나,
   - 隱(은):숨다, 은거하다/부사로 전성된 것이다.
   - 放(방):함부로 하다, 멋대로 하다.
11) 我則異於是:나는 이들과는 달라서,
   - 則: ~은, ~가/주어 다음에 위치할 경우에 이처럼 해석한다.
   - 於:~보다, ~와(과)/전치사로써, 술어가 '異'처럼 형용사일 때
     비교를 나타낸다.
   - 是(시):이들/지시대명사로써, 즉 7명의 일민(逸民)들을 가리킨다.

공자께서는 가한 것可도 없고, 불가한 것不可도 없고
숨어 살지도 않았으며, 바람에 구름이 흘러가듯
아무런 거리낌없이, 후회없이 살다 갔셨는가?
그런데 왜 이렇게 슬픔과 한스러움이 느껴지는 걸까?

18.微子篇. 9章

大師摯適齊, 亞飯干適楚, 三飯繚適蔡,
四飯缺適秦, 鼓方叔入於河, 播鼗武入於漢,
少師陽 · 擊磬襄入於海.

태사지적제, 아반간적초, 삼반료적채, 사반결적진, 고방숙입어하, 파도무입어한, 소사양 · 격경양입어해.

태사 지는 제나라로 갔고, 아반 간은 초나라로 갔고, 삼반 료는
채나라로 갔고, 사반 결은 진나라로 갔고, 북을 치는 방숙은
황하 〈지역으〉로 들어갔고, 소고를 흔드는 무는 한수 〈지역으〉로
들어 갔고, 소사 양과 경쇠를 치는 양은 바다(해안 지역으)로
들어갔다.

摯:잡을지 適:갈적 亞:버금아 飯:밥반 繚:감길료 蔡:나라이름채 缺:이지러질결
秦:성씨진 鼓:북고 播:뿌릴파 鼗:소고도 擊:칠격 磬:경쇠경 襄:도울양

문법(文法)적 해석

1) 大師(태사):노(魯)나라의 음악을 관장하던 악관의 우두머리이다.
   大는 太와 같이 '태'로 읽는다.
2) 亞飯(아반), 三飯(삼반), 四飯(사반):모두 식사의 종류이며, 亞飯
   (아반)은 점심, 三飯(삼반)은 점심과 저녁 사이, 四飯(사반)은 저녁
   식사를 할 때 음악을 담당하던 관직명이다.
3) 鼓(고):북을 치는 자이다.
4) 播鼗(파도):작은 북, 즉 소고(小鼓)를 흔드는 자이다.
5) 少師(소사):악관의 부관(副官)이다.
6) 주희(朱熹)에 따르면 "이 문장은 현인이 은둔한 것을 기록하여
   앞장에 붙인 것으로, 그러나 반드시 부자(夫子)의 말씀은 아니다."
   라고 하였다.

공자께서는 모두가 떠나가고適,
쇠해져 가는 노나라를 보고 얼마나 한탄恨歎하였을까?

18.微子篇.10章

周公謂魯公曰 "君子不施其親,
不使大臣怨乎不以, 故舊無大故則不棄也,
無求備於一人."

주공위로공왈 "군자불이기친, 불사대신원호불이, 고구무대고즉불기야, 무구비어일인."

주공이 〈아들〉 노공에게 말하였다. "군자는 자기 친족을 버리지
않으며, 대신으로 하여금 써주지 않음에 원망하지 않게 하고,
오래된 사람에게 큰 잘못이 없으면 버리지 않으며, 한 사람에게
〈모든 것을〉 갖추기를 구하지 말아야 한다."

施:버릴이/베풀시 故:잘못고 棄:버릴기 備:갖출비

문법(文法)적 해석

1) 周公:주나라 문왕(文王)의 아들이며, 무왕(武王)의 동생으로
   성은 희(姬), 이름은 단(旦)이다. 무왕을 도와 주나라를 건설하고,
   무왕이 죽자 어린 성왕(成王)을 도와 주나라의 문물 제도를 확립
   했다. 노나라의 시조이고, 공자는 그를 이상적인 인물로 여겼다.
2) 魯公(노공):주공의 아들인 백금(伯禽)을 가리킨다.
3) 君子不施其親:군자는 자기 친족을 버리지 않으며,
   - 施(이):버리다, 소홀히 하다.
   - 其:그, 자기, 자기 자신/3인칭 대명사.
   - 親(친):친족, 친척, 가까운 관계.
4) 不使大臣怨乎不以:대신으로 하여금 써주지 않음에 원망하지
   않게 하고,
   - 使(사):~하여금 ~하게 하다(시키다)/사동보조사.
   - 乎:~에/보어와 목적어 앞에 위치하며, 동작의 대상의 전치사이다.
   - 以:~쓰다, 등용하다/동사.
5) 故舊無大故則不棄也:오래된 사람에게 큰 잘못이 없으면 버리지
   않으며,
   - 故舊(고구):면식이 있거나 오랫동안 사귄 친구.

- 故(고):잘못, 사고, 과실.
6) 無求備於一人:한 사람에게 〈모든 것을〉 갖추기를 구하지
   말아야 한다.
  - 無:~말라(말아야 한다)/금지 보조사 毋와 같은 의미로 해석한다.
  - 於:~에/보어와 목적어 앞에 위치하며 처소, 대상의 전치사이다.
7) 주희(朱熹)에 따르면 "호인(胡寅)은 '이는 백금(伯禽)이 봉함을
   받고 노나라로 갈 때 주공의 훈계의 말씀이며, 노나라 사람들이
   전하여 오랫동안 잊지 않았거나, 아마도 혹 부자께서 일찍이
   제자들과 더불어 말씀하신 것이다.' "라고 하였다.

공자께서 이상적인 인물로 여긴 주공周公의 군자君子에 대한 관점.
친척親과 큰 신하大臣, 오래된 사람故舊, 인재 등용求이라.

周公 | 不施其親
君子 | 不使大臣怨乎不以
     | 故舊無大故則不棄也
     | 無求備於一人

18. 微子篇. 11章

周有八士, 伯達·伯适·仲突·仲忽·叔夜·叔夏·季隨·季騧.

주유팔사, 백달·백괄·중돌·중홀·숙야·숙하·계수·계와.

주나라에 〈훌륭한〉 여덟 선비가 있었으니, 백달과 백괄, 중돌과 중홀, 숙야와 숙하, 계수와 계와이다.

适:빠를괄 突:갑자기돌 忽:갑자기홀 隨:따를수 騧:공골말와(왜)

문법(文法)적 해석

1) 周有八士:주나라에 여덟 선비가 있었으니,
   - 有:존재동사로써, 뒤 문장을 보어로 취하며, 보어를 주어처럼 해석한다.
   - 八士(팔사):여덟 선비들은 성왕(成王) 때 사람이라고도 하고, 선왕(宣王) 때 사람이라고 하지만 확실치 않다.
2) 4형제라면 맏형이 백(伯), 두 번째는 중(仲), 세 번째는 숙(叔), 네 번째는 계(季)가 된다. 백이(伯夷)는 장남이며, 숙제(叔齊)는 세 번째임을 알 수 있다.
3) 주희(朱熹)에 따르면 "장자(張子)는 '선인(善人)이 많음을 기록한 것이다.'"라고 하였다.

주나라에 훌륭한 선비士, 팔사八士가 있었다.
훌륭한 선비士란 어떤 사람이였을까?

子張

19.子張
篇
25章

子張曰 "士見危致命, 見得思義, 祭思敬,
喪思哀, 其可已矣."

자장왈 "사견위치명, 견득사의, 제사경, 상사애, 기가이의."

자장이 말하였다. "선비가 위태로움을 보고 목숨을 바치고,
이익을 보고 의로움을 생각하고, 제사는 공경함을 생각하고,
상례는 슬픔을 생각한다면, 아마도 괜찮다."

危:위태할위 致:바칠치/이를치

문법(文法)적 해석

1) 子張(자장):공자보다 48세 아래의 제자로, 성은 전손(顓孫)이고,
   이름은 사(師)이며 자는 자장(子張)이고, 진(陳)나라 사람이다.
2) 士見危致命:선비가 위태로움을 보고 목숨을 바치고,
   - 危(위):위태(危殆)하다, 위태(危殆)롭다/형용사가 명사로
     전성된 것이다.
   - 致(치):바치다, 주다, 공헌하다.
3) 其可已矣:아마도 괜찮다.
   - 其:아마도/추측을 나타내는 부사.
   - 已矣:강한 긍정의 어기로써 이미 발생하였거나 어떤 새로운
     상황이 발생할 가능성이 있음을 나타내는 종결사이다.

군자가 아닌, 선비士가 되는 것도 이렇게 힘드는구나.
자장子張 자신은 과연 선비士이었을까?

子張曰 "執德不弘, 信道不篤,
焉能爲有? 焉能爲亡?"

자장왈 "집덕불홍, 신도부독, 언능위유? 언능위무?"

자장이 말하였다. "덕을 지키는데 넓지 못하고,
도를 믿는데 독실하지 못하면, 어찌 있다고 말할 수 있고,
어찌 없다고 말할 수 있겠는가?"

執:지킬집/잡을집 弘:넓을홍/클홍 篤:도타울독

문법(文法)적 해석

1) 執德不弘:덕을 지키는데 넓지 못하고,
 - 執(집):지키다, 잡다/동사.
 - 弘(홍):넓다, 크다/형용사.
2) 焉能爲有, 焉能爲亡?:어찌 있다고 말하고, 어찌 없다고
   말하겠는가?
 - 焉(언):어찌/의문 부사.
 - 能(능):~할 수 있다/가능 보조사.
 - 爲:~이르다, ~말하다/위(謂)와 같다.
 - 亡(무):~없다.

자장은 과연 덕德이 넓고, 도道가 독실 했을까?
사람은 누구나 말로는 할 수 있으나 실천하기가 어려운 것이다.
선행이후언先行而後言이라.

子夏之門人, 問交於子張, 子張曰 "子夏云何?"
對曰 "子夏曰 '可者與之, 其不可者拒之.' "
子張曰 "異乎吾所聞. 君子尊賢而容衆,
嘉善而矜不能. 我之大賢與, 於人何所不容?
我之不賢與, 人將拒我, 如之何其拒人也?"

자하지문인, 문교어자장, 자장왈 "자하운하?" 대왈 "자하왈 '가자여지, 기불가자거지.' "
자장왈 "이호오소문. 군자존현이용중, 가선이긍불능. 아지대현여, 어인하소불용?
아지불현여, 인장거아, 여지하기거인야?"

자하의 문인이 자장에게 사귐(벗 사귀는 것)을 묻자, 자장이
말하였다. "자하는 무엇이라고 이르던가?" 〈문인이〉 대답하기를
"자하께서는 '옳은 사람을 사귀고, 그 옳지 않은 사람을 거절하라.'고
하셨습니다." 자장이 말하였다. "내가 들은 바와 다르다. 군자는
어진 이를 존경하고 대중을 포용하며, 잘하는 이를 칭찬하고
능력이 없는 이는 불쌍히 여긴다. 내가 크게 어질다면은, 남들에
대해 어떤 것(누구)인들 용납하지 못하겠는가? 내가 어질지 못하면은,
남들이 장차 나를 거절할 것인데, 어떻게 남을 거절하겠는가?"

交:사귈교 拒:거절할거/막을거 嘉:칭찬할가/아름다울가 矜:불쌍히여길긍

문법(文法)적 해석

1) 子夏:공자보다 44세 아래의 제자로, 성은 복(卜)이고, 이름은
   상(商)이며 자는 자하(子夏)이고, 위나라 사람이다.
2) 交(교):(친구 등과)사귀다, 교제(交際)하다.
3) 可者與之, 其不可者拒之:옳은 사람을 사귀고, 그 옳지 않은 사람을
   거절하라.'.
   - 與(여):~와 함께 하다, 사귀다, 교제하다.
   - 之:뒤에 之는 앞 문장 '可者'를 가리킨다고 할 수 있는데, 이처럼
     목적어를 강조하거나, 목적어가 긴 경우에, 앞으로 도치하고

그 자리에 '之'을 쓸 수 있다.
 - 其:그, 자기, 자기 자신/3인칭 대명사.
4) 異乎吾所聞:내가 들은 바와 다르다.
 - 乎:~보다, ~와(과)/전치사로써, 술어가 '異'처럼 형용사일 때
   비교를 나타낸다.
 - 所:~사람(들), 바(것)/所+술어가 오며, 불완전명사(의존명사)
   또는 특수 지시대명사로, 주어는 대체로 所앞에 온다.
5) 我之大賢與, 於人何所不容?:내가 크게 어질다면은, 남들에 대해
   어떤 것(누구)인들 용납하지 못하겠는가?
 - 之:~가(이), ~은(는)/주격 후치사로 볼 수 있다.
 - 與:문장의 중간이나 끝에 쓰여 완만한 어기를 나타내거나 잠시
   쉬는 역할을 하는 주격후치사로써, 대부분 해석하지 않지만
   문맥에 따라 해석하기도 한다.
 - 於人(어인):남들에 대해/보어를 강조하기 위해 '不容何所於人'가
   도치된 것이다.
 - 何所(하소):어느 곳, 어디, 어떤 것/의문사가 동사의 목적어일
   경우에 동사 앞으로 도치된다. 즉 '不容何所'이 도치된 것이다.
6) 如之何其拒人也?:어떻게 남을 거절하겠는가?
 - 如 ~ 何:관용어로써 술어로는 '어떻게 할 것인가, 어떠하다'이며,
   부사어로 '어찌, 어떻게'로 해석한다.
 - 其:문장의 중간에 쓰여 어기를 완만하게 하고, 또 의문문에 쓰여
   어기를 돕는 부사격 후치사이며 해석하지 않는다.

사귐交에 대한 자하子夏의 말과 자장子張의 말, 모두가 다 옳은
말이다. 하지만 비록 능력이 없는 사람이 될지언정, 옳지 않은
사람이 되지 말아야 될 텐데...

19. 子張篇. 4章

子夏曰 "雖小道, 必有可觀者焉, 致遠恐泥,
是以君子不爲也."

자하왈 "수소도, 필유가관자언, 치원공니, 시이군자불위야."

자하가 말하였다. "비록 작은 도(재주)일지라도, 반드시 볼 만한 것이 있으나, 멂(원대함)에 이르는 데 막힘(장애)를 두려워하므로, 이 때문에 군자는 하지 않는다."

觀:볼관 恐:두려울공 泥:막힐니/진흙니

문법(文法)적 해석

1) 雖小道, 必有可觀者焉:비록 작은 도(재주)일지라도,
   반드시 볼 만한 것이 있으나,
   - 雖(수):비록 ~ 할지라도/조건, 양보의 부사.
   - 小道(소도):여러 종류의 작은 기술이나 재주를 말한다.
   - 焉(언):'於是'이고, 是는 小道이며, 대명사를 포함한 종결사이다.
2) 是以(시이):이 때문에, 이로 인해, 따라서/인과 관계를 나타내는
   접속사이다.

군자가 작은 도小道를 행하지 않는 것은
멀리遠 가는데 방해泥가 될까 봐 염려하기 때문이구나.
小貪不致遠.

19.子張篇. 5章

子夏曰 "日知其所亡, 月無忘其所能,
可謂好學也已矣."

자하왈 "일지기소무, 월무망기소능, 가위호학야이의."

자하가 말하였다. "날마다 자신이 없는 것을 알고, 달마다
자신이 할 수 있는 것을 잊지 않으면, 배우기를 좋아한다고
말할 수 있다."

亡:없을무 忘:잊을망

문법(文法)적 해석

1) 日知其所亡, 月無忘其所能:날마다 자신이 없는 것을 알고,
   달마다 자신이 할 수 있는 것을 잊지 않으면,
   - 日~, 月~:때, 시간을 나타내는 명사가 동사 앞에 와서 부사로
     전성된다.
   - 其:그, 자기, 자기 자신/3인칭 대명사.
   - 所:~사람(들), ~바(것)/所+술어가 오며, 불완전명사(의존명사)
     또는 특수 지시대명사로, 주어는 대체로 所앞에 온다.
2) 可謂好學也已矣:배우기를 좋아한다고 말할 수 있다.
   - 謂(위):이르다, 말하다, 평하다, 논평하다. 뒤 문장 전체를
     목적절로 취한다.
   - 好學:배우기를 좋아하다/동사가 연속 이어지는 연동사
     (連動詞)로 앞의 동사가 문장의 본동사이다.
   - 也已矣(야이의):긍정과 단정의 어기를 나타내는 종결사이다.

날마다 달마다 부족한 것을 채우면서 생각하고 행동으로 옮긴다면
배우는 것을 좋아한다고 할 수 있구나. 호학好學이라.
배우는 것을 즐긴다고 할 수 있구나. 낙학樂學이라.

19. 子張篇. 6章

子夏曰 "博學而篤志, 切問而近思, 仁在其中矣."

자하왈 "박학이독지, 절문이근사, 인재기중의."

자하가 말하였다. "배우기를 널리 하고 뜻을 독실하게 하며,
절실히 묻고 가까이 생각하면, 인이 그 가운데 있다."

博:넓을박 篤:도타울독 切:절실할절

문법(文法)적 해석

1) 切問而近思:절실히 묻고 가까이 생각하면,
 - 切(절):절실히, 간절히/형용사가 부사로 전성된 것이다.
 - 而:만일(약) ~하면/단문을 연결시키는 가정 접속사이다.
 - 近(근):가까이/방향, 위치를 나타낼 경우, 동사 앞에 왔어 부사로
   쓰인다. 東, 西, 南, 北, 上, 下, 左, 右, 前(先), 後, 內, 外, 遠, 近
   등이 있다.

널리博, 독실하게篤, 절실하게切, 그리고 가까이近
배우고學, 뜻을 세우고志, 묻고問, 생각한다思.
따로따로 떨어져도 인仁 속中에 이 모든 것들이 담겨질 수 있구나.

19. 子張篇. 7章

子夏曰 "百工居肆以成其事, 君子學以致其道."

자하왈 "백공거사이성기사, 군자학이치기도."

자하가 말하였다. "모든 공인(기술자)들은 자리(작업장)에
있으면서 자기 일을 이루고, 군자는 배우면서 자기 도를
이룬다."

肆:가게사/자리사

문법(文法)적 해석

1) 百工居肆以成其事:모든 공인(기술자)들은 자리(작업장)에
   있으면서 자기 일을 이루고,
   - 百工(백공):고대의 각종 장인(匠人)들을 가리키던 말이다.
   - 居(거):~있다, (처지에)놓여 있다.
   - 肆(사):관청의 물건을 만드는 곳을 말한다.
   - 以:명사절 다음에 以가 오면 '~하면서'의 뜻으로, 접속사로 사용되어
     而(그래서)와 유사하며 해석하지 않아도 된다.
   - 其:그, 자기, 자기 자신/3인칭 대명사.

공인百工은 공인대로, 군자君子는 군자대로,
자신의 자리肆에서 노력하고 또 배워야만學 뜻한 바를
이룰 수 있구나致.

19. 子張篇. 8章

子夏曰 "小人之過也, 必文."

자하왈 "소인지과야, 필문."

자하가 말하였다. "소인은 잘못을 저지르면, 반드시 꾸민다."

過:허물과 文:꾸밀문

문법(文法)적 해석

1) 小人之過也, 必文:소인은 잘못을 저지르면, 반드시 꾸민다.
 - 之:~가(이), ~은(는)/주격 후치사로 볼 수 있다.
 - 也:주어(절)나 부사어의 뒤에 쓰여 잠시 쉬어 가는 어기, 혹은
   어기를 완화시키는 역할을 하는 주격 후치사로써 해석하지
   않는데, 간혹 '~ 면, ~ 야' 등으로 해석하기도 한다.
 - 文:꾸미다, 문식(文飾)하다.

잘못을 저지르면過 솔직이 인정하고 고치려고
노력하는 사람過則勿憚改者은 군자君子이고,
핑계를 대거나 변명하는 사람文者은 소인小人이구나.

19. 子張篇. 9章

子夏曰 “君子有三變.
望之儼然, 卽之也溫, 聽其言也厲.”

자하왈 “군자유삼변. 망지엄연, 즉지야온, 청기언야려.”

자하가 말하였다. “군자에게는 세 가지 변화가 있다.
〈멀리서〉 바라보면 엄연하고(위엄이 있고), 〈가까이〉 나아
가면(다가가면) 온화하고, 그 말을 들으면 확실하다.”

變:변할변 望:바랄망 儼:엄연할엄 卽:나아갈즉 溫:온화할온 厲:확실할려/갈려

문법(文法)적 해석

1) 君子有三變:군자에게는 세 가지 변화가 있다.
  - 有:존재동사로써, 뒤 문장을 보어(절)로 취하며 보어(절)을
    주어처럼 해석한다.
  - 變(변):변화(變化).
2) 望之儼然, 卽之也溫, 聽其言也厲:〈멀리서〉 바라보면 엄연하고
   (위엄이 있고), 〈가까이〉 나아가면(다가가면) 온화하고, 그 말을
   들으면 확실하다.
  - 望(망):멀리서 바라보다.
  - 儼然(엄연):엄연하고/然은 모양이나 상태를 나타내는 의태어로써
    형용사 접미사이다.
  - 也:주격 후치사로써 해석하지 않는데, 간혹 ‘~ 면, ~ 야’ 등으로
    해석하기도 한다.
  - 厲(려):확실하다, 엄하다, 엄정하다, 엄숙하다.

군자에게서 느끼는 세 가지 감정三變은 엄연함儼, 온화함溫,
확실함厲, 히지만 군자君子의 마음은 한결같이 같으리라同.

19.子張篇.10章

子夏曰"君子信而後勞其民, 未信則以爲厲己也.
信而後諫, 未信則以爲謗己也."

자하왈 "군자신이후로기민, 미신즉이위려기야. 신이후간, 미신즉이위방기야."

자하가 말하였다. "군자는 〈백성들에게〉 믿게 한(신뢰를 얻은)
이후에 그 백성들을 수고롭게 하고, 〈아직〉 믿게 하지(신뢰를
얻지) 못했으면 자기들을 괴롭힌다고 여긴다. 〈군자는〉 믿게
한(신뢰를 얻은) 이후에 〈위정자에게〉 간하고, 〈아직〉 믿게
하지(신뢰를 얻지) 못했으면 자기를 비방한다고 여긴다."

勞:수고롭게힐려 厲:괴롭힐려 諫:간할간 謗:비방할방

문법(文法)적 해석

1) 未信則以爲厲己也:〈아직〉 믿게 하지(신뢰를 얻지) 못했으면
    자기들을 괴롭힌다고 여긴다.
  - 信(신):믿게 하다, 믿음을 갖도록 하다.
  - 則:~면/가정, 조건의 접속사.
  - 以爲:~라고 여기다, ~라고 생각하다, ~로 삼다.
  - 厲(려):괴롭히다, 학대하다.
2) 謗(방):비방(誹謗)하다, 헐뜯다, 나무라다.

군자君子일지라도 믿음과 신뢰信를 줄 수 있어야만 한다.
그렇지 않으면 소인小人처럼 생각될 뿐이다.

子夏曰 "大德不踰閑, 小德出入可也."

자하왈 "대덕불유한, 소덕출입가야."

자하가 말하였다. "큰 덕이 한계를 넘지 않으면, 작은 덕은
나가고 들어가고 하여도(융통성을 두어도) 괜찮다."

踰:넘을유 閑:한계한

문법(文法)적 해석

1) 大德不踰閑:큰 덕이 한계를 넘지 않으면,
 - 不:~면/부정 보조사 '不'로 인해, 이 절은 가정문이다.
 - 閑(한):란(闌)과 같은 뜻으로 '문지방'을 가리키며,
   여기서는 한계, 경계, 범위 등으로 해석한다.
2) 주희(朱熹)에 따르면 "사람이 먼저 그 큰 것을 정립할 수 있으면
   작은 것은 비록 혹시나 다 이치에 합당하지 않더라도 또한 해가
   없다고 말하였다. 그리고 오역(吳棫)은 '이 장의 말은 폐단이
   없지는 않으나, 배우는 자가 자세히 하여야 한다.'고 하였다.

큰 덕大德이 먼저 확립된 후에 작은 덕小德의 융통성은 괜찮다.
그럼, 어디까지가 큰 덕大德의 범위일까?

19.子張篇.12章

子游曰 "子夏之門人小子, 當灑掃應對進退,
則可矣, 抑末也. 本之則無, 如之何?"
子夏聞之曰 "噫! 言游過矣! 君子之道,
孰先傳焉? 孰後倦焉? 譬諸草木, 區以別矣.
君子之道, 焉可誣也? 有始有卒者, 其惟聖人乎!"

자유왈 "자하지문인소자, 당쇄소응대진퇴, 즉가의, 억말야. 본지즉무, 여지하?"
자하문지왈 "희! 언유과의! 군자지도, 숙선전언? 숙후권언? 비저초목, 구이별의.
군자지도, 언가무야? 유시유졸자, 기유성인호!"

자유가 말하였다. "자하의 문인 소자(제자)들은 물 뿌리고, 쓸고
〈손님을〉 응대하고, 나아가고 물러나는 것(예절)을 당하면,
괜찮다. 그러나 지엽적인(사소한) 일이다. 근본을 찾으면 없으니,
어찌하겠는가?" 자하가 듣고서 말하였다. "아! 자유(언유)가
지나치구나! 군자의 도는 무엇을 먼저 전하겠는가? 무엇을 뒤로
하여 게을리하겠는가? 풀과 나무에 비유하면 종류로써 구별
하는(가르침을 달리 하는) 것이다. 군자의 도, 어찌 속일 수
있겠는가? 처음이 있고 끝이 있는 것은, 아마도 오직 성인이실
것이다!"

灑:물뿌릴쇄 掃:쓸소 應:응할응 抑:누를억 噫:한숨쉴희 倦:게으를권 區:구역구

문법(文法)적 해석

1) 子游(자유):공자보다 45세 아래의 제자로, 성은 언(言)이고,
   이름은 언(偃)이며 자는 자유(子游)이다.
2) 門人小子:제자(들).
3) 當灑掃應對進退, 則可矣, 抑末也:물 뿌리고, 쓸고 〈손님을〉 응대
   하고, 나아가고 물러나는 것(예절)을 당하면, 괜찮다. 그러나
   지엽적인(사소한) 일이다.
   - 當(당):당(當)하다, 대(對)하다/뒤 문장 '灑掃應對進退'를 목적절로
   취한다.

- 則:~면/가정, 조건의 접속사.
- 抑(억):그러나/역접 접속사.
- 末(말):지엽적인 일, 말단적인 일, 사소한 일/명사.

4) 本之則無, 如之何?:근본을 찾으면 없으니, 어찌하겠는가?
- 本(본):근본을 찾다, 근본으로 삼다/동사.
- 如 ~ 何:관용어로써 술어로는 '어떻게 할 것인가, 어떠하다'이며, 부사어로 '어찌, 어떻게'로 해석한다.

5) 噫! 言游過矣!:아! 자유(언유)가 지나치구나!
- 噫(희):감탄사로써, 놀람, 느낌, 부름, 응답을 나타내며, 독립어로 떨어져 문장 앞에 사용된다. '아'라고 해석하며 탄식하는 표현이다.
- 言游(언유):성(姓), '言'과 +자(字)의 끝, '游'을 합쳐 '言游'하며, 대부분 이와 같이 성과 자가 합쳐지지만 예외도 있다.
  즉, 남용(南容)은 성은 남궁(南宮), 이름은 괄(括), 자는 자용(子容), 그런데 성(姓) 중에 '南'와 +자(字)의 끝, '容'을 합쳐 '南容'이라 한다.
- 矣:감탄문의 끝에 쓰여 감탄의 어기를 나타내는 종결사이다.

6) 孰後倦焉?:무엇을 뒤로하여 게을리하겠는가?
- 孰(숙):무엇, 누구, 어디/의문사가 동사의 목적어일 경우에 동사 앞으로 도치된다. 즉 '後孰倦焉'이 도치된 것이다.
- 後:뒤로 하다, 뒤로 미루다, 나중에 하다/동사.
- 焉(언):술어에 붙어서 그 술어의 대상을(목적어) 내포하기도 하고, 또는 단순히 처소격의 의미를 갖는 서술형 종결사로 쓰인다.

7) 譬諸草木, 區以別矣:풀과 나무에 비유하면 종류로써 구별하는 (가르침을 달리 하는) 것이다.
- 譬(비):비유(譬喩)하다.
- 以:~로써/수단, 방법을 나타내는 전치사.

8) 其惟聖人乎!:아마도 오직 성인이실 것이다!
- 其:아마도/추측을 나타내는 부사.
- 乎:~일 것이다/추측, 감탄의 어기를 나타내는 종결사로써 '其' 등과 쓰인다.

공사 제자들, 공문십철孔門十哲 중에 문학文學에 뛰어났던 제자들,
자유子游와 자하子夏의 날카로운 신경전, 경쟁爭.
경쟁爭이란 남이 아니라 어제까지의 나 자신과 하는 것이 아닐까요?

19.子張篇.13章

子夏曰 "仕而優則學, 學而優則仕."

자하왈 "사이우즉학, 학이우즉사."

자하가 말하였다. "벼슬을 하면서 여유가 있으면 배우고, 배우면서 여유가 있으면 벼슬을 한다."

仕:벼슬할사 優:넉넉할우

문법(文法)적 해석

1) 仕而優則學:벼슬을 하면서 여유가 있으면 배우고,
 - 仕(사):벼슬하다, 벼슬하는 사람, 벼슬아치.
 - 優(우):넉넉하다, 충분하다, 여유가 있다.
 - 則:~면/가정, 조건의 접속사.

공부, 벼슬을 하고, 벼슬, 공부를 하고
아마도 벼슬仕의 끝은 있지만, 공부學의 끝이 있을까?

子游曰 "喪致乎哀而止."

자유왈 "상치호애이지."

자유가 말하였다. "상례는 슬픔을 다하면(지극히 하면) 그친다."

喪:잃을상 致:다할치

문법(文法)적 해석

1) 喪致乎哀而止:상례는 슬픔을 다하면(지극히 하면) 그친다.
   - 喪(상):상례, 상.
   - 致(치):다하다, 지극히 하다, 극진히 하다.
   - 乎:~을(를)/일반적으로 타동사 뒤에는 전치사가 놓이지 않으나, 놓이는 경우에 목적어로 해석한다.
2) 주희(朱熹)에 따르면 "슬픔을 지극히 다하고, 문식을 높이지 않는 것이다. 그리고 '而止' 두 자는 또한 고원함에 지나침과 세밀함에 간략해하는 병폐가 조금 있으니, 배우는 자는 자세히 하여야 한다."라고 하였다.

슬픔哀을 다하면 된다고?
약간의 형식 또한 필요하지 않을까요?
주희朱熹 또한 병폐가 있으니 자세히 살펴야 한다고 하였구나.

19.子張篇.15章

子游曰 "吾友張也, 爲難能也, 然而未仁."

자유왈 "오우장야, 위난능야, 연이미인."

자유가 말하였다. "나의 벗 자장은 어려운 것을 하는 데는
유능하지만, 그러나 〈아직〉 인하지는 않다."

游:헤엄칠유　張:베풀장

문법(文法)적 해석

1) 爲難能也, 然而未仁:어려운 것을 하는 데는 유능하지만, 그러나
   〈아직〉 인하지는 않다.
   - 爲難:어렵다, 어려운 것을 하다/爲+형용사는 '~하다'의 뜻이며,
     爲는 연계동사이다.
   - 能(능):유능하다/형용사.
   - 然:그러나/역접 접속사.
2) 주희(朱熹)에 따르면 "자장(子張)은 행동이 지나치게 높았으나,
   성실하고 간절하면서도 애뜻한 뜻이 적었다."라고 하였다.

자장子張이 인仁하지는 못할지라도
논어에서 자유子游보다 훨씬 많이 등장하고 언급이 된다.
공자 또한 자장子張이 과師也過하다고 하였다.
과유불급過猶不及이라.

19. 子張篇. 16章

曾子曰 "堂堂乎, 張也! 難與並爲仁矣."

증자왈 "당당호, 장야! 난여병위인의."

증자가 말하였다. "당당하구나, 자장은!
더불어 함께 인을 행하기가 어렵구나."

堂:당당할당/집당 並:함께할병

문법(文法)적 해석

1) 증자(曾子)는 공자보다 46세 아래의 제자로, 성은 증, 이름은 삼
   (參)이고, 자는 자여(子輿)이며 대학(大學)을 저술했다고 전해진다.
2) 堂堂乎, 張也! :당당하구나, 자장은!
   - 감탄문이며 그 자체로는 도치 아닌 본래의 문형이라 볼 수 있지만
     평서문을 기준으로 보면 앞부분의 감탄사와 뒤의 문장이 도치된
     형태, 즉 주어와 술어의 도치 형식으로 볼 수 있다. 주어와 술어의
     도치는 주로 의문문과 감탄문에서 이루어진다.
   - 堂堂(당당):용모가 훌륭하고 당당한 것을 가리킨다.
   - 乎:~이구나/감탄의 어기를 나타내는 감탄 종결사이다.
3) 難與並爲仁矣:더불어 함께 인을 행하기가 어렵구나.
   - 難(난):특수형용사로써 술어로 쓰이는 경우에 보어 '爲仁'를
     취하며 주어처럼 해석한다.
   - 並(병):함께, 나란히/부사.
   - 爲仁(위인):爲+명사는 '~하다'로 해석하며, 목적어의 성격에 따라
     그 뜻을 적절하게 해석할 수 있다. '爲仁'은 인을 행하다.
   - 矣:서술, 단정 종결사로써 '확신'을 나타낸다.

외모가 훌륭할지라도堂堂 내면에 힘쓰지 않으면 안되는구나.

19.子張篇.17章

曾子曰 "吾聞諸夫子,
人未有自致者也, 必也親喪乎!"

증자왈 "오문저부자, 인미유자치자야, 필야친상호!"

증자가 말하였다. "나는 선생님에게 들었는데, 사람은 자기
〈의 성의〉를 다하는 자가 있지 않으나, 반드시〈성의를 다하는
것〉는 부모의 상례일 것이다!"

致:다할치 親:어버이친 喪:상례상

문법(文法)적 해석

1) 吾聞諸夫子:나는 선생님에게 들었는데,
   - 諸(저):'之於'와 같으며 之는 뒷 문장 전체를 가리킨다.
2) 人未有自致者也:사람은 자기〈의 성의〉를 다하는 자가
   있지 않으나,
   - 自致:자기〈의 성의〉를 다하다/'自'는 일인칭 대명사일 경우는
     자기 또는 자신으로 해석하며, 일반적으로 '自'는 의미상 목적어
     일지라도 어순상 반드시 동사 앞에 쓰인다. 동사가 타동사일 때는
     '自'가 목적어로 '자기를, 자신을', '스스로를'으로 해석한다.
   - 致(치):다하다, 지극히 하다, 극진히 하다.
3) 必也親喪乎!:반드시〈성의를 다하는 것〉는 부모의 상례일 것이다!
   - 也:부사격 후치사.
   - 乎:~일 것이다/추측, 감탄의 어기를 나타내는 종결사이다.

옛날엔 누구나 부모의 상례親喪에 최선을 다했단 말인가?
하지만 지금은 누구나 부모의 상례親喪에 최선을 다할까?

19. 子張篇. 18章

曾子曰 "吾聞諸夫子, 孟莊子之孝也,
其他可能也, 其不改父之臣與父之政,
是難能也."

증자왈 "오문저부자, 맹장자지효야, 기타가능야, 기불개부지신여부지정, 시난능야."

증자가 말하였다. "나는 선생님에게 들었는데,
맹장자의 효는, 그 다른 것은 능할 수 있으나(따라 할 수
있으나), 그가 아버지의 신하와 아버지의 정치를 고치지 않은
것은, 능하기(따라 하기) 어렵다."

莊:씩씩할장 他:다를타

문법(文法)적 해석

1) 孟莊子(맹장자):노(魯)나라 대부로 성은 중손(仲孫)이고, 이름은
   속(速)이다. 아버지는 맹헌자(孟獻子)이며, 아버지의 신하를 등용
   하고, 그 정사를 그대로 지켰다.
2) 其不改父之臣與父之政, 是難能也:그가 아버지의 신하와 아버지의
   정치를 고치지 않은 것은, 능하기(따라 하기) 어렵다.
   - 其:그, 자기, 자기 자신/3인칭 대명사.
   - 是:연계동사로 '~이다'의 뜻이며, 是의 보어는 서술절인
     '難能'이다.
   - 難(난):특수형용사로써 술어로 쓰이는 경우에 보어 '能'를 취하며
     주어처럼 해석한다.

효孝란 살았을 때뿐만 아니라 돌아가시고 난 후에도
아버지의 도父之道를 바꾸지 않아야 하는구나.
3년 동안이라三年無改於父之道.

19. 子張篇. 19章

孟氏使陽膚爲士師, 問於曾子, 曾子曰 "上失其道,
民散久矣. 如得其情, 則哀矜而勿喜."

맹씨사양부위사사, 문어증자, 증자왈 "상실기도, 민산구의. 여득기정, 즉애긍이물희."

맹씨가 양부로 하여금 사사가 되게 하자, 〈양부가〉 증자에게
〈할 일을〉 물으니, 증자가 말하였다. 윗사람이 그 도를 잃었고,
백성들(민심)이 흩어진 지 오래되었다. 만일 그 실상을 얻는
다면(안다면), 슬퍼하고 불쌍히 여기고 기뻐하지 말아야 한다."

膚:살갗부　散:흩어질산　情:실상(정)정　矜:불쌍히여길긍

문법(文法)적 해석

1) 孟氏使陽膚爲士師:맹씨가 양부로 하여금 사사가 되게 하자,
   - 孟氏(맹씨):노(魯)나라 대부인 맹손(孟孫)씨를 가리킨다.
   - 使(사):~하여금 ~하게 하다(시키다)/사동 보조사.
   - 陽膚(양부):노(魯)나라 사람으로 증자(曾子)의 제자이다.
   - 士師(사사):옛날에 재판을 관장하는 관직의 이름이며,
     사관(士官)이라고도 한다.
2) 上失其道:윗사람이 그 도를 잃었고,
   - 上:'윗사람'을 뜻한다.
3) 如得其情, 則哀矜而勿喜:만일 그 실상을 얻는다면(안다면),
   슬퍼하고 불쌍히 여기고 기뻐하지 말아야 한다.
   - 如 ~, 則:만약 ~, 면/如는 가정, 양보의 부사, 則는 가정 접속사.
   - 情(정):실상, 사실, 진상, 이치(理致).
   - 勿(물):~말라/금지 보조사.

예나 지금이나 사사士師 뿐만아니라 위정자爲政者는
모든 일에 먼저 실상, 진상情을 아는 것이 중요하지 않을까요?

19. 子張篇. 20章

子貢曰 "紂之不善, 不如是之甚也.
是以君子惡居下流, 天下之惡皆歸焉."

자공왈 "주지불선, 불여시지심야. 시이군자오거하류, 천하지악개귀언."

자공이 말하였다. "주왕의 불선이 이(전해지는 것)처럼 심하지
않았다. 이 때문에 군자는 낮은 곳에 거처하기를 싫어하는
것이니, 〈낮은 곳에 거처하면〉 천하의 악이 모두 돌아온다
(돌아오기 때문이다)."

紂:주임금주 甚:심할심

문법(文法)적 해석

1) 子貢:공자보다 31세 아래의 제자로, 성은 단목(端木), 이름은
   사(賜)이며 자는 자공(子貢)이며고, 위(衛)나라 사람이다.
2) 紂(주):은나라의 마지막 왕으로, 폭군으로 전해진다.
3) 不如是之甚也:이(전해지는 것)처럼 심하지 않았다.
   - 不:뒤 문장 전체를 부정한다/부정 보조사.
   - 之:~가(이), ~은(는)/주격 후치사로 볼 수 있다.
4) 是以君子惡居下流:이 때문에 군자는 낮은 곳에 거처하기를
   싫어하는 것이니,
   - 是以(시이):이 때문에/인과 관계를 나타내는 접속사이다.
   - 惡居(오거):거처하기를 싫어하다/연동사(連動詞)이다.
   - 居(거):거처하다, 머물다.
   - 下流(하류):'낮은 곳'을 의미한다.
5) 주희(朱熹)에 따르면 "주왕(紂王)이 본래 죄가 없는데, 헛되이
   악명을 받았다고 말한 것은 아니다."라고 하였다.

낮은 곳下流에 거처하면 없는 죄도 뒤집어 쓸 수 있단 말인가?
그래서 높은 곳, 선善한 곳에 머물러야 하는구나.

19. 子張篇. 21章

子貢曰 "君子之過也, 如日月之食焉.
過也, 人皆見之. 更也, 人皆仰之."

자공왈 "군자지과야, 여일월지식언. 과야, 인개견지. 경야, 인개앙지."

자공이 말하였다. "군자의 잘못은, 해와 달이 먹히는 것(일식, 월식)과 같다. 잘못을 하면, 사람들이 모두 보고, 〈잘못을〉 고치면, 사람들이 모두 우러러본다."

食:먹힐식 更:고칠경 仰:우러를앙

문법(文法)적 해석

1) 君子之過也, 如日月之食焉:군자의 잘못은, 해와 달이 먹히는 것(일식, 월식)과 같다.
  - 之:~의/관형격 후치사.
  - 也:~가(이), ~은(는)/앞 절 마지막 부분에 놓이거나, 병렬 문장의 끝에 놓여 잠시 쉬어감을 나타내는 주격 후치사로써 해석하지 않아도 된다.
  - 如:~와 같다/비교 형용사로써 뒤 문장 전체가 보어절이다.
  - 日月之食:해와 달이 먹히다, 즉 일식과 월식을 말한다.
  - 食(식):'먹히다'의 뜻으로 쓰인다.
2) 更也, 人皆仰之:〈잘못을〉 고치면, 사람들이 모두 우러러본다.
  - 更(경):고치다, 개선(改善)하다.
  - 也:주격 후치사로써 해석하지 않는데, 간혹 '~ 면, ~ 야' 등으로 해석하기도 한다.
  - 皆(개):모두/부정칭 인칭 대명사. '皆'는 부사로도 쓰인다.

군자의 행동過은 모두皆가 보고 있다.
소인의 행동過은 자신己만 보고 있다?

19.子張篇.22章

衛公孫朝問於子貢曰 "仲尼焉學?"
子貢曰 "文武之道, 未墜於地, 在人.
賢者識其大者, 不賢者識其小者.
莫不有文武之道焉.
夫子焉不學? 而亦何常師之有?"

위공손조문어자공왈 "중니언학?" 자공왈 "문무지도, 미추어지, 재인.
현자지기대자, 불현자지기소자. 막불유문무지도언. 부자언불학? 이역하상사지유?"

위나라 공손조가 자공에게 물었다. "중니는 어디에서
배웠습니까?" 자공이 말하였다. "문왕과 무왕의 도가 아직
땅에 떨어지지 않고 사람들에게 있습니다. 현명한 사람은
그 큰 것을 기억하고, 현명하지 않는 사람은 그 작은 것을
기억합니다. 문왕과 무왕의 도가 있지 않음이 없습니다.
〈그러니〉 선생님께서 어디에서나 배우지 않았겠습니까?
또한 어찌 일정한 스승이 있었겠습니까?"

衛:나라이름위　尼:여승니　墜:떨어질추　識:기억할지　常:일정할상/항상상

문법(文法)적 해석

1) 衛公孫朝(위공손조):위(衛)나라 대부이며, 노나라와 초나라에
　 공손조가 있었고, 정자산(鄭子産)의 동생 역시 공손조라 불렸으므로
　 위(衛)를 붙여 이들과 구별하였다.
2) 仲尼焉學?:중니는 어디에서 배웠습니까?
　- 仲尼(중니):공자의 자이다.
　- 焉(언):어디에서/의문 대명사로 동사의 보어일 경우에 동사 앞으로
　　 도치된다.
3) 莫不有文武之道焉.문왕과 무왕의 도가 있지 않음이 없습니다.
　- 莫不~:~하지 않는 것이 없다.
　- 焉(언):문장의 중간이나 끝에 쓰여, 어기를 완화시키거나

쉬어감을 나타낸다. 이런 경우에는 해석하지 않는다.

4) 夫子焉不學?:〈그러니〉 선생님께서 어디에서나 배우지
   않았겠습니까?
   - 夫子:대부(大夫)의 경칭으로써 공자가 노(魯)나라의 대부를
     지냈기에 그의 제자들이 공자를 대부(大夫)라고 했으며,
     나중에는 스승에 대한 존칭으로써 사용되었다.
   - 焉(언):어디에서(나)/의문 대명사로 도치된 것이다.

5) 而亦何常師之有?:또한 어찌 일정한 스승이 있었겠습니까?
   - 何(하):어찌/의문 부사.
   - 常(상):일정(一定)하다/형용사.
   - 常師之有(상사지유):'有常師'가 도치된 문장으로 강조하기 위해
     앞으로 도치시키고 후치사 '之'를 술어 앞에 쓴 것이다.

공자의 수首제자 자공子貢!
"스승님께서는 어디에서나 배우고, 또 정해진 스승이 있었겠습니까?"
아마도 공자께서는 모든 이에게서 배우지 않았을까?

夫子 ┃ 焉不學?
何常師之有?
文武之道在人.

19.子張篇.23章

叔孫武叔語大夫於朝曰"子貢賢於仲尼."
子服景伯以告子貢. 子貢曰"譬之宮牆,
賜之牆也及肩, 窺見室家之好.
夫子之牆數仞, 不得其門而入,
不見宗廟之美, 百官之富.
得其門者或寡矣, 夫子之云, 不亦宜乎?"

숙손무숙어대부어조왈 "자공현어중니." 자복경백이고자공.
자공왈 "비지궁장, 사지장야급견, 규견실가지호. 부자지장수인, 부득기문이입,
불견종묘지미, 백관지부. 득기문자혹과의, 부자지운, 불역의호?"

숙손무숙이 조정에서 대부들에게 말하였다. "자공이 중니보다
현명합니다." 자복경백이 자공에게 고했다. 자공이 말하였다.
"궁궐의 담에 비유하면, 나(賜)의 담장은 어깨에 미쳐, 집안의
좋은 것을 엿봐서 볼 수 있지만, 선생님의 담장은 여러 길이라서,
그 문을 얻어(찾아) 들어가지 못하면, 종묘의 아름다움과 백관의
많음을 보지 못합니다. 그 문을 얻은(찾은) 자가 아마도 적으니,
부자(숙손무숙)께서 〈그렇게〉 말씀하시는 것도 또한 마땅하지
(당연하지) 않겠습니까?"

譬:비유할비 **牆**:담장 **肩**:어깨견 **窺**:엿볼규 **仞**:길인 **寡**:적을과

문법(文法)적 해석

1) 叔孫武叔(숙손무숙):노(魯)나라의 대부로서 숙손(叔孫)이 성이고,
   무(武)는 시호이며, 숙(叔)은 그의 자이다. 이름은 주구(州仇)이다.
2) 子貢賢於仲尼:자공이 중니보다 현명합니다.
   - 於:~보다, ~와(과)/전치사로써, 술어가 '賢'처럼 형용사일 때
     비교를 나타낸다.
   - 仲尼(중니):공자의 자이다.
3) 子服景伯(자복경백):노(魯)나라의 대부로서 자복(子服)이 성이고,

경(景)이 시호이며, 백(伯)은 그의 자이다. 이름은 하(何)이다.
4) 宮牆(궁장):'집의 담장'으로 해석되나, 뒤 문장에 종묘(宗廟)와 백관
   (百官)이 나오므로 여기서는 '궁궐의 담장'으로 해석할 수 있다.
5) 賜之牆也及肩, 窺見室家之好:나(賜)의 담장은 어깨에 미쳐, 집안의
   좋은 것을 엿봐서 볼 수 있지만,
   - 也:~가(이), ~은(는)/주격 후치사.
   - 窺(규):엿보다, 들여다보다/동사이지만 전성 부사처럼 해석할
     수 있다. 즉 '엿봐서'로 해석할 수 있다.
6) 數仞(수인):몇 길, 여러 길. 數는 수나 양을 나타내며, 몇, 횟수 등
   문맥에 따라 해석한다. 仞은 길이 단위로서, '길'로 해석하고 1길은
   7자(尺/22.5cm)에 해당한다.
7) 不得其門而入:그 문을 얻어(찾아) 들어가지 못하면,
   - 不:뒤 문장 전체를 부정한다/부정 보조사.
   - 得:얻다, 찾다/타동사. '할 수 있다' 가능 보조사로 자주 쓰이지만,
     뒤에 술어가 아닌 목적어(명사/명사구)가 오면 타동사가 된다.
8) 不見宗廟之美, 百官之富:종묘의 아름다움과 백관의 많음을 보지
   못합니다.
   - 不見:~보지 못하다/뒤 문장 전체를 목적절로 취한다.
   - 富(부):(내용이나 의미가) 풍부하다, 많다.
9) 夫子之云, 不亦宜乎?:부자(숙손무숙)께서 〈그렇게〉 말씀하시는
   것도 또한 마땅하지(당연하지) 않겠습니까?"
   - 夫子(부자):'叔孫武叔'을 가리킨다.
   - 之:~가(이), ~은(는)/주격 후치사로 볼 수 있다.
   - 不亦宜乎?:또한 마땅하지(당연하지) 않겠습니까?/반어문으로써
     의문이 아닌 강한 강조를 나타내며, 긍정은 부정, 부정은 긍정을
     의미한다.

자공子貢의 스승에 대한 칭찬과 존경의 마음이 담겨져 있는
문장이다. 스승 보다 현명賢하다고?
죽었다가 깨어나도 있을 수 없는 일이라고 하면 될걸,
비유譬를 너무 잘 하였다.
역시 공문십철孔門十哲 중에 언어言語에 뛰어났던 자공!
자공의 비유와 재치가 번뜩이는 문장들이 논어에 참 많다.

19.子張篇.24章

叔孫武叔毁仲尼, 子貢曰 "無以爲也.
仲尼不可毁也. 他人之賢者, 丘陵也, 猶可踰也,
仲尼, 日月也, 無得而踰焉. 人雖欲自絶,
其何傷於日月乎? 多見其不知量也."

숙손무숙훼중니, 자공왈 "무이위야. 중니불가훼야. 타인지현자, 구릉야, 유가유야,
중니, 일월야, 무득이유언. 인수욕자절, 기하상어일월호? 다견기부지량야."

숙손무숙이 중니를 헐뜯자, 자공이 말하였다. "이렇게 하지
마세요. 중니는 헐뜯을 수 없습니다. 다른 사람의 현명함은
언덕이라서, 오히려 넘을 수 있으나, 중니는 해와 달이라서,
넘을 수가 없습니다. 사람들이 비록 스스로를 〈해와 달과 관계를〉
끊고자 하나, 그것이 어찌 해와 달에게 손상이 되겠습니까?
다만 자신이 분수를 알지 못하는 것을 보일 뿐입니다."

毁:헐뜯을훼　陵:언덕릉(능)　踰:넘을유　傷:다칠상　多:다만다　量:분수량

문법(文法)적 해석

1) 無以爲也:이렇게 하지 마세요.
 - 無:~말라/금지 보조사. 毋와 같다.
 - 以:이렇게, 이와 같이/부사로써 쓰인다.
2) 無得而踰焉:넘을 수가 없습니다.
 - 無:~않다/부정 보조사로, 동사 앞에 위치하며 不과 같다.
 - 得而:~할 수 있다/가능 보조사.
 - 踰(유):넘다, 뛰어 넘다, 넘어서다.
 - 焉(언):술어와 붙어서 그 술어의 대상을(목적어) 내포하기도 하고,
   또는 단순히 처소격의 의미를 갖는 서술형 종결사로 쓰인다.
3) 人雖欲自絶, 其何傷於日月乎:사람들이 비록 스스로를 〈해와 달과
   관계를〉 끊고자 히니, 그깃이 어찌 해와 달에게 손상이 되겠습니까?
 - 雖:비록 ~ 할지라도/조건, 양보의 부사이며, 주어는 雖앞에 쓰는
   것이 일반적이다.

- 自絶:스스로를 끊는다/'自'는 일인칭 대명사일 경우는 자기 또는 자신으로 해석하며, 일반적으로 '自'는 의미상 목적어일지라도 어순상 반드시 동사 앞에 쓰인다. 동사가 타동사일 때는 목적어로 '자기를, 자신을', '스스로를'으로 해석한다.
- 其:그(것), 자기, 자기 자신/지시 대명사, 3인칭 대명사이다.
- 何:어찌/의문 부사.
- 傷(상):상처를 입히다, 손상이 되다, 상하다, 다치다.
- 乎:의문, 반문의 어기를 나타내는 의문 종결사.
4) 多見其不知量也:다만 자신이 분수를 알지 못하는 것을 보일 뿐입니다.
- 多(다):다만, 단지 ~(뿐이다)/부사.
- 見:뒤 문장 전체를 목적절로 취한다.
- 其:그, 자기, 자기 자신/3인칭 대명사.
- 量(량):분수, 분량/명사.

스승을 비방毁하니까, 화를 내는 대신에 조근조근 비유하면서 말하는 자공子貢.
역시, 공자의 수首제자이고, 공문십철孔門十哲 중에 언어言語에 뛰어났다고 할 수 있다.

仲尼 日月也.
無得而踰焉.
其何傷於日月乎?
해와 달이라서 넘을 수가 없다.

19. 子張篇. 25章

陳子禽謂子貢曰 "子爲恭也, 仲尼豈賢於子乎?"
子貢曰 "君子一言以爲知, 一言以爲不知,
言不可不愼也. 夫子之不可及也,
猶天之不可階而升也. 夫子之得邦家者,
所謂立之斯立, 道之斯行, 綏之斯來, 動之斯和.
其生也榮, 其死也哀, 如之何其可及也?"

진자금위자공왈 "자위공야, 중니기현어자호?" 자공왈 "군자일언이위지, 일언이위부지,
언불가불신야. 부자지불가급야, 유천지불가계이승야. 부자지득방가자, 소위립지사립,
도지사행, 수지사래, 동지사화. 기생야영, 기사야애, 여지하기가급야?"

진자금이 자공에게 말하였다. "선생(자공)께서는 공손하시지,
중니가 어찌 선생보다 현명하겠습니까? 자공이 말하였다.
"군자는 한 마디 말로 지혜롭다고 여기고, 한 마디 말로 지혜롭지
않다고 여기니, 말은 신중하지 않으면 안됩니다.
〈우리〉 선생님(공자)을 미칠 수 없음은 하늘을 사다리를 놓고서
오를 수 없는 것과 같습니다. 〈우리〉 선생님께서 나라를
얻으신다면, 이른 바 세우면 서고, 인도하면 나아가고, 편안하게
하면 오고, 움직이게 하면 화(목)하게 될 것입니다.
그 (분의) 삶이 영화롭고, 그 (분의) 죽음이 슬프니, 어떻게
〈우리가〉 미칠 수 있겠습니까?"

陳:베풀진 禽:새금 愼:삼갈신 階:(사다리를)놓을계/섬돌계 升:오를승
綏:편안할수 榮:영화영

문법(文法)적 해석

1) 陳子禽(진자금):진(陳)나라 사람으로 공자의 제자인 진(陳)항
   (또는 강/亢)이며, 자공의 제자라고도 한다 자금(子禽)은 그의
   자(字)이고, 공자보다 40세, 자공보다 9세 아래였다.
2) 子爲恭也, 仲尼豈賢於子乎?:선생(자공)께서는 공손하시지,
   중니가 어찌 선생보다 현명하겠습니까?

- 爲恭:공손하다/爲+형용사는 '~하다'의 뜻이며, 爲는 연계동사이다.
- 於:~보다, ~와(과)/전치사로써, 술어가 '賢'처럼 형용사일 때
  비교를 나타낸다.
3) 君子一言以爲知:군자는 한 마디 말로 지혜롭다고 여기고,
- 以爲:~라고 여기다, ~라고 생각하다, ~로 삼다.
4) 言不可不愼也:말은 신중하지 않으면 안 됩니다.
- 不可不:~하지 않으면 안된다, ~하지 않을 수 없다/이중부정으로
  必, '반드시 ~ 해야 한다'의 의미로 不得不과 같다.
5) 猶天之不可階而升也:하늘을 사다리를 놓고서 오를 수 없는 것과
  같습니다.
- 猶(유):~와 같다/비교 형용사로써 뒤 문장 전체가 보어절이다.
- 之:목적어 '天'를 강조하기 위해 앞으로 도치하고, 목적격 후치사
  '之'를 목적어와 술어 사이에 쓴 것이다.
- 不:뒤 문장 전체를 부정한다/부정 보조사.
- 階(계):사다리, 사다리를 놓다.
- 升(승):오르다.
6) 夫子之得邦家者:〈우리〉 선생님께서 나라를 얻으신다면,
- 者:~한다면/가설을 나타내는 복문의 앞 단문 끝에 쓰여 어기를
  나타내는 후치사이다.
7) 所謂立之斯立:이른바 세우면 서고,
- 所謂(소위):이른바/관용어.
- 斯(사):~면/가정, 조건의 접속사.
8) 其生也榮, 其死也哀, 如之何其可及也?:그 (분의) 삶이 영화롭고,
  그 (분의) 죽음이 슬프하니, 어떻게〈우리가〉미칠 수 있겠습니까?
- 其:그, 자기, 자기 자신/3인칭 대명사로서 '공자'를 가리킨다.
- 也:~가(이), ~은(는)/주격 후치사.
- 如 ~ 何:관용어로써 술어로는 '어떻게 할 것인가, 어떠하다'이며,
  부사어로 '어찌, 어떻게'로 해석한다.
- 其:어기를 완만하게 해주며 해석하지 않는 어기조사, 즉 후치사다.

자공子貢은 스승님께 미치지 못함을 하늘天에 비유하였고,
스승님께서 나라를 다스리지 못한 것에 대한 아쉬움과
그 아쉬움에 대한 한恨을 느낄 수 있다. 그 죽음死이 슬프구나哀!

堯曰

20.
堯曰
篇

3章

堯曰 "咨! 爾舜! 天之歷數在爾躬, 允執其中.
四海困窮, 天祿永終." 舜亦以命禹.
曰 "予小子履, 敢用玄牡, 敢昭告于皇皇后帝.
有罪不敢赦. 帝臣不蔽, 簡在帝心.
朕躬有罪, 無以萬方, 萬方有罪, 罪在朕躬."
周有大賚, 善人是富.
"雖有周親, 不如仁人. 百姓有過, 在予一人."
謹權量, 審法度, 修廢官, 四方之政行焉.
興滅國, 繼絕世, 擧逸民, 天下之民歸心焉.
所重民食喪祭. 寬則得衆, 信則民任焉,
敏則有功, 公則說.

요왈 "자! 이순! 천지역수재이궁, 윤집기중. 사해곤궁, 천록영종." 순역이명우.
왈 "여소자리, 감용현모, 감소고우황황후제. 유죄불감사. 제신불폐, 간재제심.
짐궁유죄, 무이만방, 만방유죄, 죄재짐궁." 주유대뢰, 선인시부. "수유주친, 불여인인.
백성유과, 재여일인." 근권량, 심법도, 수폐관, 사방지정행언. 흥멸국, 계절세, 거일민,
천하지민귀심언. 소중민식상제. 관즉득중, 신즉민임언, 민즉유공, 공즉열.

요임금께서 말씀하셨다. "아! 그대(너) 순이여! 하늘의 역수
(차례)가 너의 몸에 있으니, 진실로 그 중도를 잡아라(중용의
도를 지켜라). 사해(천하)가 곤궁하면 하늘의 녹(임금의 자리)이
영원히 끝난다." 순임금 또한 이 말씀으로써 우임금에게 명하셨다.
〈탕임금이〉 말씀하셨다. "나 소자, 리(履)는, 감히 검은 황소를
사용하여(바쳐서) 감히 위대하고 위대하신 천제(하느님)에게
밝게 아룁니다. 죄가 있으면 감히 용서하지 않겠습니다.
천제(하느님)의 신하는 〈그 능력을〉 덮지(은폐하지) 않겠으며,
〈신하〉 선택은 천제의 마음에 있습니다. 내 몸에 죄가 있다면,
만방〈의 백성〉 때문이 아니고, 만방〈의 백성〉에게 죄가 있다면,
죄는 내 몸(자신)에 있는 것입니다."

주나라에서 큰 줌(은혜)이 있으니, 착한 사람들을 부유하게 했다.
〈무왕이 말하기를〉 "〈은나라 주왕에게〉비록 지극한 친척이
있다 하더라도, 인한 사람만 못하다. 백성들에게 잘못이
있다면, 나 한 사람에게 있는 것이다."라고 하였다.
〈무왕은〉권과 량(도량형)을 삼가고(신중하게 하고), 법도를
살피며, 폐지된 관직을 닦으시니(정비하시니), 사방의 정치가
〈제대로〉 행해졌다. 멸망한 나라를 일으켜주고, 끊어진 대를
이어주고, 숨어 사는 인재를 등용하니, 천하의 백성들이 마음을
의탁했다. 중요한 것은 백성과 식량과 상례와 제례였다.
너그러우면 많은 사람들을 얻고, 신의가 있으면 백성들이
신임하고, 민첩하면 공이 있고, 공평하면 〈사람들이〉 기뻐한다.

堯:요임금요 **咨**:탄식할자 **舜**:순임금순 **歷**:책력력(역) **躬**:몸궁 **允**:진실로윤
窮:궁할궁 **祿**:녹록 **禹**:우임금우/성씨우 **履**:밟을리 **玄**:검을현 **牡**:수컷모 **昭**:밝을소
皇:임금황 **后**:임금후 **帝**:임금제 **赦**:용서할사 **蔽**:덮을폐 **簡**:선택할간 **朕**:나짐 **賚**:줄뢰
周:지극할주 **謹**:삼갈근 **權**:저울권 **量**:분량량 **審**:살필심 **度**:법도도 **廢**:폐할폐 **官**:벼슬관
興:일흥 **滅**:멸할멸 **繼**:이을계 **逸**:숨을일 **寬**:너그러울관 **任**:맡길임 **敏**:민첩할민 **公**:공평할공

문법(文法)적 해석

1) 堯曰 "咨! 爾舜!
   - 堯(요):전설상의 제왕으로 오제(五帝)의 한 사람이다.
     성은 기(祁)요, 이름은 방훈(放勳)으로 제곡의 아들이다.
     그는 어질기가 하늘과 같고 지혜가 산과 같았다고 한다.
2) 咨! 爾舜!:아! 그대(너) 순이여!
   - 咨(자):감탄사로써, 놀람, 느낌, 부름, 응답을 나타내며, 독립어로
     떨어져 문장 앞에 사용된다. '아'라고 해석하며 탄식하는 표현이다.
   - 舜(순):순임금은 성이 요(姚)이고, 이름은 중화(重華)이다.
     전설상의 제왕으로 오제(五帝)의 한 사람이이며, 천자가 된 후
     우(虞)나라를 세워 50년 동안 제위했다고 한다.
3) 天之歷數在爾躬, 允執其中:하늘의 역수(차례)가 너의 몸에 있으니,
   신실로 ᄀ 중노를 잡아라(중용의 도를 지켜라).
   - 歷數(역수):차례, '제왕들이 서로 계승하는 순서'라고 주희는 말한다.
   - 允(윤):진실로, 참으로, 정말로/부사.

4) 舜亦以命禹:순임금 또한 이 말씀으로써 우임금에게 명하셨다.
 - 以:앞 문장 '天之歷數(천지역수) ~ 天祿永終(천록영종)'을 가리키는
   대명사 '之'가 생략되었으며, 以다음에 之등의 대명사가 오는 경우는
   생략할 수 있다.
 - 禹(우):순(舜)임금으로부터 나라를 물려받은 우(禹)임금은 홍수를
   잘 다스려 마침내 하(夏, 기원전 2070년~기원전 1600년)나라를
   세웠으며, 중국 고대의 전설상의 국가인 하나라의 첫 임금이다.
5) 曰 "予小子履, 敢用玄牡, 敢昭告于皇皇后帝:〈탕임금이〉 말씀하셨다.
   "나 소자, 리(履)는, 감히 검은 황소를 사용하여(바쳐서) 감히 위대
   하고 위대하신 천제(하느님)에게 밝게 아룁니다.
 - 曰(왈):은나라를 세운 탕임금이 말하는 것이다.
 - 予(여):탕임금을 말하고, 기원전 1600년경에 상(商=은)나라를 세운
   임금으로 이름은 리(履)이다. 하나라 폭군 걸왕(桀王)을 몰아내어
   하왕조를 멸망시켰다.
 - 玄牡(현모):검은 색의 황소.
 - 于:~에게/보어와 목적어 앞에 위치하며, 처소, 대상의 전치사이다.
 - 皇皇(황황):큰 모양, 위대한 모양/형용사.
 - 后帝(후제):천제, 상제, 하느님, 하늘.
6) 帝臣不蔽, 簡在帝心:천제(하느님)의 신하는 〈그 능력을〉 덮지(은폐
   하지) 않겠으며, 〈신하〉 선택은 천제의 마음에 있습니다.
 - 蔽(폐):감추다, 가리(우)다, 막다, 숨기다, 은폐하다.
 - 簡(간):가리다, 선택하다.
7) 朕躬有罪, 無以萬方:내 몸에 죄가 있다면, 만방〈의 백성〉 때문이
   아니고,
 - 朕(짐):나, 짐(천자(天子)의 자칭(自稱))/일인칭 대명사.
 - 無:아니다/不과 같다.
 - 以:미치게 하다, 끼치게 하다, 때문이다/동사.
8) 周有大賚, 善人是富:주나라에서 큰 줌(은혜)이 있으니, 착한 사람
   들을 부유하게 했다.
 - 賚(뢰):주다, 은혜.
 - 是(시):강조를 위해 목적어, 보어가 앞으로 도치할 때 '之'처럼
   붙여주는 후치사이며, 해석하지 않는다. 즉 '富善人'의 문장이
   도치된 것이다.

9) 雖有周親, 不如仁人:〈무왕이 말하기를〉"〈은나라 주왕에게〉비록
   지극한 친척이 있다 하더라도, 인한 사람만 못하다.
   - 武王:문왕의 아들로 은나라를 멸망시키고 주나라를 세운 임금.
   - 雖(수):비록~ 할지라도/조건, 양보의 부사.
   - 周(주):지극(至極)하다, 더할 나위 없다.
   - 不如:~만 못하다/열등비교.
10) 謹權量:〈무왕은〉권과 량(도량형)을 삼가하고(신중하게 하고),
   - 權量(권량):權은 저울과 저울추이고, 量은 말(斗)과 휘(斛)이다.
     즉 도량형을 말한다.
11) 天下之民歸心焉:천하의 백성들이 마음을 의탁했다.
   - 歸(귀):의탁하다, 귀부하다.
   - 焉(언):술어와 붙어서 그 술어의 대상을(목적어) 내포하기도 하고,
     또는 단순히 처소격의 의미를 갖는 서술형 종결사로 쓰인다.
12) 寬則得衆, 信則民任焉, 敏則有功, 公則說:너그러우면 많은 사람
     들을 얻고, 신의가 있으면 백성들이 신임하고, 민첩하면 공이 있고,
     공평하면 〈사람들이〉기뻐한다.
   - 주희(朱熹)는 "이 문장은 무왕의 일에 보이는 바가 없으므로, 아마도
     혹시 제왕(帝王)의 도(道)를 널리 말한 듯하다."라고 하였다.
   - 則:~면/가정, 조건의 접속사.
   - 任(임):신임하다, 신뢰하다.
   - 公(공):공평(公平)하다, 공평무사(公平無私)하다.

요임금부터 공자까지 약 1,700여 년이 이 한 문장에 담겨 있다.
그리고 '제왕의 도道'를 기록하고 있다고 한다.
너그럽고寬, 신의信가 있고, 민첩敏하고, 공평公하라.

子張問於孔子曰 "何如斯可以從政矣?"
子曰 "尊五美, 屛四惡, 斯可以從政矣."
子張曰 "何謂五美?" 子曰 "君子惠而不費,
勞而不怨, 欲而不貪, 泰而不驕, 威而不猛."
子張曰 "何謂惠而不費?"
子曰 "因民之所利而利之, 斯不亦惠而不費乎?
擇可勞而勞之, 又誰怨? 欲仁而得仁, 又焉貪?
君子無衆寡, 無小大, 無敢慢, 斯不亦泰而不驕乎?
君子正其衣冠, 尊其瞻視, 儼然人望而畏之,
斯不亦威而不猛乎?"
子張曰 "何謂四惡?" 子曰 "不敎而殺謂之虐,
不戒視成謂之暴, 慢令致期謂之賊,
猶之與人也, 出納之吝, 謂之有司."

자장문어공자왈 "하여사가이종정의?" 자왈 "존오미, 병사악, 사가이종정의."
자장왈 "하위오미?" 자왈 "군자혜이불비, 노이불원, 욕이불탐, 태이불교, 위이불맹."
자장왈 "하위혜이불비?" 자왈 "인민지소리이리지, 사불역혜이불비호? 택가로이로지, 우수원?
욕인이득인, 우언탐? 군자무중과, 무소대, 무감만, 사불역태이불교?
군자정기의관, 존기첨시, 엄연인망이외지, 사불역위이불맹호?" 자장왈 "하위사악?"
자왈 "불교이살위지학, 불계시성위지폭, 만령치기위지적, 유지여인야, 출납지린, 위지유사."

자장이 공자에게 물었다. "어떻게 하면 정치에 종사할 수
있습니까?" 자왈 "다섯 가지 미(덕)을 높이고, 네 가지 악(덕)을
물리치면 정치에 종사할 수 있다." 자장이 말하였다. "무엇을
다섯 가지 미(덕)이라고 말합니까?" 자왈 "군자는 은혜로우나
허비하지 않으며, 〈백성들을〉 수고롭게 하나 원망을 사지 않으며,
하고자 하나 탐하지 않으며, 태연하나 교만하지 않으며, 위엄이
있으나 사납지 않다." 자장이 말하였다. "무엇을 은혜로우나
허비하지 않는다고 말합니까?" 자왈 "백성들이 이로워하는 것으로

인하여 이롭게 하니, 이것이 또한 은혜로우나 허비하지 않는
것이 아니겠는가? 수고롭게 할 수 있는 일을 가려서 수고롭게
하니, 또 누가 원망하겠는가? 인을 하고자 해서 인을 얻으니,
또 무엇을 탐하겠는가? 군자는 많고 적고가 없고, 작고 크고가
없이 감히 교만하지 않으니, 이것이 또한 태연하면서 교만하지
않는 것이 아니겠는가? 군자가 자신의 의관을 바르게 하고,
자신의 바라봄(시선)을 높여, 엄연(숙)해서 사람들이 바라보고
두려워하니, 이것이 또한 위엄이 있으면서 사납지 않는 것이
아니겠는가? 자장이 말하였다. "무엇을 네 가지 악(덕)이라고
말합니까?" 자왈 "가르치지 않고서 죽이는 것을 잔인하다고
말하고, 〈미리〉 경계(주의)를 주지 않고 성공(과)을 바라는 것을
사납다고 말하고, 명령(내리는 것)을 게을리 하고 기한에 이르는
(재촉하는) 것을 해친다고 말하고, 그 같이(똑같이) 하여 남에게
주면서도, 출납의 인색함을 유사(옹졸한 벼슬아치)라 말한다."

屛:물리칠병/병풍병 費:소(허)비할비 貪:탐낼탐 泰:너그러울태/클태 驕:교만할교
威:위엄위 猛:사나울맹 擇:가릴택 慢:거만할만/게으를만 冠:갓관 瞻:볼첨 儼:엄연할엄
虐:모질학 戒:경계할계 暴:사나울폭 賊:해칠적 納:들일납 吝:인색할린 司:맡을사

문법(文法)적 해석

1) 何如斯可以從政矣?:어떻게 하면 정치에 종사할 수 있습니까?
 - 何如斯(하여사):何如는 무엇과 같은가?, 어떠한가?, 어찌하여/
   가정과 조건의 접속사인 사(斯)가 연용되어 '어떻게 하면'으로
   해석한다.
 - 何~矣:의문사 ~ 서술 종결사를 사용하여 의문의 뜻을 나타내는
   경우이며, 여기서 矣는 의문 종결사이다.
2) 何謂五美?:무엇을 다섯 가지 미(덕)이라고 말합니까?
 - 何:무엇/의문사가 동사의 목적어일 경우에 동사 앞으로 도치된다.
   즉 '謂何五美'이 도치된 것이다.
3) 因民之所利而利之, 斯不亦惠而不費乎?:백성들이 이로워하는 것으로
   인하여 이롭게 하니, 이것이 또한 은혜로우나 허비하지 않는 것이
   아니겠는가?

- 因(인):~으로 인하여, ~을 통해/전치사로써, 명사절 '民之所利'이다.
- 所:~바(것)/所+술어가 오며, 불완전명사(의존명사) 또는
  특수 지시대명사이다. 所利은 이로워 하는 것.
- 斯(사):이것이/지시대명사로써 앞 문장을 가리킨다.
4) 又誰怨? 欲仁而得仁, 又焉貪?:또 누가 원망하겠는가? 인을 하고자
  해서 인을 얻으니, 또 무엇을 탐하겠는가?
- 又:또/문장과 문장을 연결하는 접속사.
- 誰(수):누가/주격 의문 대명사.
- 焉(언):무엇을/의문사가 동사의 목적어일 경우에 동사 앞으로
  도치된다. 즉 '又貪焉'이 도치된 것이다.
5) 尊其瞻視, 儼然人望而畏之:자신의 바라봄(시선)을 높여, 엄연(숙)
  해서 사람들이 바라보고 두려워하니,
- 瞻視(첨시):바라봄, 시선.
- 儼然(엄연):엄연한 모습, 엄숙한 모습/然은 모양이나 상태를
  나타내는 의태어로써 형용사 접미사이다.
6) 不敎而殺謂之虐:가르치지 않고서 죽이는 것을 잔인하다고 말하고,
- 之:뒤에 之는 앞 문장 '不敎而殺'를 가리킨다고 할 수 있는데,
  이처럼 목적어를 강조하거나, 목적어가 긴 경우에, 앞으로 도치
  하고 그 자리에 '之'를 쓸 수 있다.
- 虐(학):잔인하다, 가혹하다, 포악하다.
7) 猶之與人也, 出納之吝, 謂之有司:그 같이(똑같이) 하여 남에게
  주면서도, 출납의 인색함을 유사(옹졸한 벼슬아치)라 말한다.
- 猶(유):같이 하다, 똑같이 하다, 균등하게 하다/동사.
- 與:주다, 베풀어주다/동사.
- 之:'猶之與人也, 出納之吝'을 가리킨다.
- 有司(유사):담당자, 책임자, 벼슬아치, 관리이며
  여기서는 '옹졸한 벼슬아치'를 말한다고 할 수 있다.

자장의 정치에 대한 질문.
다섯 가지 미덕五美과 네 가지 악덕四惡이라.
공자님 자신의 정치政에 대한 생각을 자장의 질문으로
표현하지 않았을까?

20.堯曰篇. 3章

孔子曰 "不知命, 無以爲君子也,
不知禮, 無以立也, 不知言, 無以知人也."

공자왈 "부지명, 무이위군자야, 부지례, 무이립야, 부지언, 무이지인야."

공자왈 "명(천명)을 알지 못하면, 군자가 될 수 없고,
예를 알지 못하면, 〈똑바로〉 설 수 없고,
말을 알지(알아 듣지) 못하면, 사람(의 진면목)을 알 수 없다."

命:천명명/목숨명

문법(文法)적 해석

1) 不知命, 無以爲君子也:명(천명)을 알지 못하면, 군자가 될 수 없고,
 - 不 ~, 無(不) ~ :앞 절(조건절) 부정, 뒤 절(결과절) 부정의 형태로,
  '~ 하지 않으면, ~ 하지 않는다(할 수 없다).'로 해석한다.
 - 命(명):목숨, 생명(生命), 수명(壽命), 천명.
 - 無以:'~할 수 없다'로 관용적으로 쓰인다.
 - 爲:爲+명사, ~이 되다/(자)동사. '爲君子'는 군자가 되다.
2) 立(립):똑바로 서다, 자립하다, 확립하다.
3) 知人(지인):사람(의 올바름과 진면목)을 알다.
 - 주희(朱熹)에 따르면 "말의 득(得)과 실(失)에서 사람의 간사함과
  바름을 알 수 있다."라고 하였다.

공자께서 명命과 예禮와 말言로써 20편, 498장을
마무리하셨다. 예禮와 말言, 그리고 천명命이라.
그럼 이산移山의 천명命은 무엇일까?
그리고, 그대의 천명命은 무엇입니까?

則
寬信敏公
帝王之道
제왕의 도
得衆民有
任功說
焉
※

附錄

부록

漢文 文法

한문 문법(漢文 文法)

본 문법은 논어를 처음 접하는 사람도 한문 문법에 따라서 쉽게 접할 수 있도록 문법文法과 문형文形에 대해 간략하게 설명하였다.

우리 선조들은 한문을 생활화하였으므로 한문 문법을 모르더라도 읽고 해석하는데 큰 문제가 없었지만 지금은 한자를 다 알더라도 문법을 모르고는 정확하게 해석을 한다는 것은 거의 불가능하다. 그래서 논어를 접하면서 동시에 한문 문법을 함께 공부한다면 논어를 좀 더 쉽게 이해할 수 있을 것이다. 이 한문 문법을 부록에 둔 것은 논어 본 문장들과 함께 공부했으면 하는 바램이다.

제 1 장 품사品詞

한문의 품사는 한자가 문장 속에서 어느 위치에 놓이느냐, 어떤 역할을 하느냐에 따라서 품사가 달라진다. 품사가 무엇인지를 아는 것보다 문장에서 어떤 역할을 하는지 파악하는 것이 중요하다.

품사는 크게 두 종류로 나눌 수 있는데, 실제의 뜻을 가진 한자인 실사實詞와 문법적 기능을 하는 한자인 허사虛詞이다. 실사는 명사, 名詞, 대명사代名詞, 수사數詞, 동사動詞, 형용사形容詞, 부사副詞 등이 있고, 허사는 보조사補助詞, 접속사接續詞, 전치사前置詞, 후치사後置詞, 감탄사感歎詞, 종결사終結詞 등이 있다.

1. 명사名詞

사물의 이름을 지칭한 품사를 명사名詞라 한다. 고유명사固有名詞와 보통명사普通名詞로 크게 나눌 수 있고 이들을 완전명사完全名詞라고 한다. 반드시 수식하는 말이 앞이나 뒤에 있어야 하는 명사를 의존명사依存名詞, 불완전명사不完全名詞 또는 특수 지시대명사特殊 指示代名詞라고도 한다. 명사는 문장 내에서 주어, 서술어, 목적어, 보어, 관형어, 독립어 등의 역할을 한다.

(1) 완전명사完全名詞

고유명사固有名詞와 보통명사普通名詞처럼 일반적인 명사를 완전명사完全名詞라고 한다.
- 克己復禮:자기를 이기고 예로 돌아간다.
- 鳥則擇木, 木豈能擇鳥:새가 나무를 택하지만 나무가 어찌 새를 택할 수 있는가.

(2) 의존명사依存名詞(불완전명사不完全名詞 또는 특수 지시대명사
　　　　特殊 指示代名詞)
　반드시 수식어가 필요한 명사로, 수식어가 앞에 오는 者는 '~라는 사람, ~라는 것'으로 해석하며, 수식어가 뒤에 오는 所는 '~라는 바, ~라는 것(사람)'으로 해석한다. 그 외 攸(유), 所以도 의존명사라 할 수 있다.
1) 者
- 知者樂水, 仁者樂山:지혜로운 자는 물을 좋아하고, 인한 자는 산을 좋아한다.
의존명사로써, 수사와 함께 명사구를 이루어 언급한 것을 합산하여 '~가지, ~것, ~사람'으로 해석하거나, 시간을 나타내는 말 뒤에 쓰여 '~(때)에' 라는 뜻을 나타낸다.
- 聞斯二者:이 두 가지 것을 들었다.
- 昔者吾友:옛날에 나의 친구.
'~者, 鮮矣'는 자주 쓰이는 구문으로, '~하는 것이 드물다. ~하는 사람이 드물다'이다.
- 知德者, 鮮矣:덕을 아는 사람이 드물구나.
주격 후치사(어기사)로써 주어 뒤에 쓰여 '~은(는)'으로 해석하며, 경우에 따라서 해석하지 않는다. 문장의 중간이나 끝에 쓰여 어기를 부드럽게 하며, 해석하지 않는다. 또 가설을 나타내는 복문의 앞, 단문의 끝에 쓰여 해석하지 않지만, 간혹 '~한다면'으로 해석하기도 한다.
- 政者正也:정치는 바로 잡는 것이다.
- 不有博奕者乎?:장기와 바둑이 있지 않는가?
- 魯無君子者, 斯焉取斯:노나라에 군자가 없었다면, 이 사람이 어디에서 이것을 취했겠는가?
2) 所
- 此非吾之所得爲也:이것은 내가 할 수 있는 바가 아니다.

所는 뒤에서 술어의 수식을 받고, 所以+술어는 所以를 한 단어로
보아 방법 또는 이유로 해석한다. 所願(소원:원하는 것), 所望(소
망:바라는 것), 所謂(소위:이른바).
명사로써 자리, 지역, 위치, 처소 등으로 해석한다.
- 譬如北辰居其所:비유하면 북극성은 그 자리에 있다.
접속사로써 단문을 연결하며 가설을 나타낸다. 대부분 맹세하는
말 중에 쓰이며, '만약'으로 해석한다.
- 予所否者:내가 만약 나쁘다면(잘못된 것이 있다면)
所 ~ 者:~라는 바의 것, ~라는 것(사람)/所+수식어가 者를 수식
하는 형태로 '所'는 해석하지 않아도 괜찮다.
- 何哉, 爾所謂達者?:무엇이냐? 네가 통달이라고 말하는 것은?
- 君子所貴乎道者三:군자가 도에 귀하게 여기는 것이 세 가지가
  있으니,
- 如有所譽者, 其有所試矣:만약 칭찬한 사람이 있다면 아마도
  시험한 바가 있을 것이다.
所+동사+之+명사에서 '所+동사+之'가 형용사 역할을 한다.
- 所學之人:공부하는 사람.
주어는 대체로 '所'앞에 온다.
- 己所不欲, 勿施於人:자신이 하고자 하지 않는 것을, 남에게 베풀
  지 말아라.
3) 그 외
명사를 반복해서 쓰면 '모든, 마다'의 뜻으로 해석한다.
- 朝朝:아침마다, 日日:날마다, 人人:사람마다,
  念念:모든 생각에, 생각마다.
단수/복수:한 글자 자체가 단수도 되고 복수도 될 수 있다.
  필요할 경우에 수량사를 붙인다.
- 書:책, 群書:많은 책, 百卷書:백 권의 책.
복수형 접미사로는 等, 輩, 曹...등이 있다. 하지만 일반적으로
  접미사를 잘 사용하지 않고 문장 중에서 복수를 나타내는 대명사
  혹은 부사 皆, 擧, 相...등의 자를 써서 복수임을 나타낸다.
명사가 문장 내에서 전성되어 동사, 부사, 형용사 역할도 할 수 있다.
- 人不知而不慍, 不亦君子乎?:남이 알아주지 않더라도 성내지 아니
  하면 또한 군자답지 아니한가?

2. 대명사代名詞

대명사는 명사를 대신하는 품사로 인칭人稱대명사, 지시指示대명사 의문疑問대명사로 나눌 수 있다. 우리 나라에서 대명사代名詞를 중국에서는 대사代詞라고 한다.

(1) 인칭대명사人稱代名詞

사람을 가리키는 대명사이며 자신을 지칭하는 1인칭, 상대방을 지칭하는 2인칭, 자신와 상대방 외의 사람을 지칭하는 3인칭, 불특정 사람을 지칭하는 부정칭으로 구분한다.

1) 1인칭 대명사

我, 吾, 余(여), 予, 朕(짐), 僕(복), 自, 己, 身, 躬(궁), 小人, 寡人 (과인), 不肖(불초), 小生, 小子, 孤(고) 등.

自, 己, 身가 주어로 쓰이면 1인칭 대명사가 된다.

- 己所不欲:내가 원하지 않는 것.

自:자기 또는 자신으로 해석하며, 의미상 목적어일지라도 동사 앞에 위치한다. 동사가 자동사면 '스스로', 저절로, 타동사면 '스스로를, 자기를, 자신을'으로 해석한다.

- 自責(자책)/자신을 꾸짖다, 自尊(자존)/자신을 높이다, 自省(자성)/자기를 반성하다.

2) 2인칭 대명사

汝, 女, 爾, 子, 若, 而, 乃, 君(그대, 당신), 公(당신), 先生(선생), 二三子(너희들/복수), 吾子(그대), 足下(그대, 당신), 卿 등.

3) 3인칭 대명사

其(그), 彼(저), 他(그), 或(어떤사람), 伊(저), 厥(그), 之, 夫 등.

4) 부정칭否定稱 인칭대명사

某(아무개), 皆(모두, 다), 或(어떤 사람), 人(남), 誰, 孰 등.

5) 인칭대명사의 복수複數

인칭대명사 뒤에 等, 輩, 曹 등을 붙여 복수로 표현하다.

- 我等(우리들), 爾等(너희들), 我輩(우리들), 爾輩(너희들), 汝曹(너희들), 爾曹(너희들)

6) 그 외

莫:~한 사람이 없다, ~한 것(곳)이 없다/주어로 쓰이며, 대명사로
써 사람이나 사물을 가르킨다.

- 不患莫己知:자기를 알아주는 사람이 없는 것을 근심하지 말라.

(2) 지시대명사指示代名詞

사물이나 장소, 방향 등을 나타내는 대명사이다.

1) 근칭近稱 지시대명사:이, 이것

此(차), 是, 斯(사), 玆(자), 寔(식), 夫(부) 등.

- 夫子至於是邦也:선생님(공자)께서는 이(한) 나라에 이르면,

  cf. 是:~이다/주어와 보어를 연결하며 반드시 보어를 취하는
    연계동사이다.

   - 富與貴, 是人之所欲也:부유함과 고귀함은 사람들이 바라는
     것이다.

  cf. 是:어떤, 모든, 무릇/총괄적이고 불특정한 것을 나타낸다.

   - 居是邦也:어떤 나라에 살다.

  cf. 是:이렇게, 이리도/상황을 나타내는 부사어이다.

   - 丘何爲是栖栖者與?:구는 어찌하여 이렇게 바빠해하는 것이오?

  cf. 是:문장의 중간에 쓰여 해석하지 않으며, 즉 주격 후치사이다.

   - 豈不爾思? 室是遠而!:어찌 너를 생각하지 않았겠는가마는
     집이 멀구나!

   - 求! 無乃爾是過與?:구야! 네가 잘못한 것이 아닌가?

2) 원칭遠稱 지시대명사:저, 저것, 그, 그것

彼(피), 其, 之, 他(타), 厥(궐), 夫(부) 등...

3) 부정칭否定稱 지시대명사:각각, 모두, 다

某(아무개), 皆(모두), 或(어떤), 各(각각) 등...

4) 그 외

之가 문장끝이나 문장 중에 술어+之로 쓰일 경우, 목적어·대명사
라기보다는 문장의 어감(語感)이나, 어기(語氣), 어세(語勢) 등을
위해서 더 많이 쓰이며, 해석하지 않아도 된다.

- 非其鬼而祭之, 諂也:그(자기) 귀신이 아닌데 제사 지내는 것은
아첨이다.

\# 云爾:~이(그)러하다, 등등의 말, 그러할(이와 같을) 뿐이다/대명사
로써 생략한 말을 대신 가리킨다. 대개 대화나 인용문에서 쓰인다.

- 不知老之將至云爾:늙음이 장차 이르는 줄도 모르는, 이러하다(고).

\# 若(약)은 이런, 이러한, 이와 같은/대명사로써 가까이 있는 사물
이나 상황 등을 나타낸다.

- 君子哉, 若人!:군자구나, 이와 같은 사람은!

\# 子는 성 아래에 붙여 남자에 대한 존칭, 즉 '선생(님)'이라고 해석
하며, 공자(孔子)는 공선생님이라 해석하지만, 논어는 공자의 제자
들이 기록한 책이므로 그냥 '子'로 기록하여 '선생님'이라 하였다.

\# 其+명사는 그의(관형어), 其+동사는 '그가, 그것이(대명사)'의 뜻
으로 쓰인다.

- 祿在其中矣:녹봉은 그 가운데 있다.

\# 每는 대명사로써 사람이나 사물을 총괄하여 가리키며, 매, 모든
등으로 해석한다.

- 子入大廟, 每事問:공자께서 태묘에 들어가서 매사를 물으셨다.

\# 然은 상황이나 성질, 상태 등을 대신 나타내는 대명사로써 '그러한,
그러하다'로 해석하고, 또 대답하는 말을 나타내는 대명사로써
'옳다, 그러하다, 그렇다'로 해석한다.

- 古之人皆然:옛사람들은 다 그러했다.

- 雍之言然:옹의 말이 옳다.

\# 諸는 之와 전치사 於, 之와 의문 종결사 乎의 합음으로써 두 가지
역할을 한다.

- 君子求諸己:군자는 자기에게서 〈잘못이나 일의 원인을〉 구한다.

- 山川其舍諸?:산천이〈의 신이〉 어찌 그것을 내버려두겠는가?

(3) 의문대명사疑問代名詞

의문의 뜻을 나타내며, 목적어나 보어로 쓰일 때는 도치된다.
誰(수), 孰(숙), 何(하), 安(안), 焉(언), 疇(주), 奚(해), 曷(갈), 幾(기)
등이 있으며 '누구, 무엇, 어디'로 해석한다.

- 弟子孰爲好學?:제자 중에 누가 배우기를 좋아합니까?

- 師與商也, 孰賢?:사(자장)와 상(자하)은 누가 〈더〉 현명합니까?

- 誰能出不由戶?:누가 문을 경유하지 않고 〈밖을〉 나갈 수 있는가?
- 於予與何誅?:〈내가〉 재여에 대해 무엇을 꾸짖겠는가?
- 魯無君子者, 斯焉取斯:노나라에 군자가 없었다면, 이 사람이 어디에서 이것을〈덕을〉 취했겠는가?
- 仲尼焉學?:중니는 어디에서 배웠습니까?
- 欲仁而得仁, 又焉貪?:인을 하고자 해서 인을 얻으니, 또 무엇을 탐하겠는가?
- 疇不爲旨:누가 맛이 없다(고 하는가)는가?
- 子將奚先?:선생님께서는 장차 무엇을 먼저 하시겠습니까?

3. 수사數詞

사물의 차례나 순서, 수數와 양量을 나타내는 품사로, 주어, 서술어, 목적어, 보어, 관형어, 부사어 등으로 쓰이며, 기수基數, 서수序數, 분수分數, 약수約數로 구분할 수 있다.

(1) 기수基數

기수는 일반적인 수로, 一, 二, 三... 十(卄), 百, 千, 萬, 億 등이 있다.

(2) 서수序數

서수는 순서를 나타내며, 기수 앞에 '第(제)'를 붙여, **第一**, **第二** 등으로 나타낸다.

(3) 분수分數

1) 분모分母와 분자分子를 연용連用

卄一之錢(십분의 일의 돈), 生者**卄九**(살은 자가 열에 아홉).

2) 분모+**之**+분자

十**之**一(십분의 일), 二十**之**一(이십분의 일).

3) 분모+**分之**+분자

十**分之**一(십분의 일), 三**分之**一(삼분의 일).

(4) 약수約數

숫자 뒤에 餘(여), 許(허), 所(소) 등을 사용하거나, 근접한 두 숫자를 연용連用한다.

1) 餘(여), 許(허), 所(소)

三百**餘**人(삼백여 명), 二十**許**人(이십여 명), 男七人**所**(남자 일곱 명 쯤).

2) 근접한 두 숫자를 연용連用

五六人(오륙 명), 六七人(육칠 명).

4. 동사動詞

사람이나 사물의 동작, 행위, 작용 등을 나타내는 품사로, 일반적으로 주어의 서술어 역할을 한다. 목적어의 유무에 자동사와 타동사, 존재存在동사, 수여授與동사와 고시告示동사, 연계連繫동사, 연련동사 등으로 나눌 수 있으며, 다른 품사에서 전성된 동사를 전성轉成동사라 한다.

(1) 자동사自動詞

목적어를 취하지 않는 동사로써 보어의 유무에 따라 완전完全 자동사와 불완전不完全 자동사로 나눈다.

1) 완전完全 자동사

- 鳥哀鳴:새가 슬프게 운다.
- 大事不成:큰 일이 이루어지지 않는다.

2) 불완전不完全 자동사

- 溫古而知新, 可以爲師矣:옛 것을 익히고 새 것을 알면, 스승이 될 수 있다.

(2) 타동사他動詞

목적어를 취하는 동사로써 보어의 유무에 따라 완전完全 타동사와 불완전不完全 타동사로 나눈다.

1) 완전完全 타동사

\# 타동사가 목적어만 취한다.
- 仁者安仁, 知者利仁:인자는 인을 편안하게 여기고, 지자는 인을 이롭게 여긴다.

2) 불완전不完全 타동사

\# 타동사가 목적어와 보어를 취한다.
- 子禽問孔子於子貢:자금이 자공에게 공자를 물었다.

(3) 존재存在동사

사물이 있고 없음을 나타내며 有와 無(毋)가 있고, 뒤 문장을 보어로 취하며 보어를 주어처럼 해석한다.
- 思無邪:생각에 간사함이 없다.
- 有殺身以成仁:자신을 죽여서 인을 이룸이 있다.

cf. 有는 불특정한 대상을 지목할 때 붙여주는 관용어로써, 이 때는
어떤, 어느, 또는 해석하지 않을 수도 있다.

- **有**朋自遠方來:벗이 먼 곳으로부터 오다.

cf. 有가 부사로써, 동작이나 행위가 반복 혹은 연속적으로 발생하는
것을 나타내며, '또, 다시, 또다시, 거듭'으로 해석한다.

- 子路, **有**聞, 未之能行, 唯恐**有**聞:자로는 〈좋은 가르침〉 들은 것이
있고, 아직 그것을 실행하지 못했으면, 또다시 〈다른 가르침〉
듣는 것을 두려워하였다.

cf. 有는 조사(후치사)로써, 문장의 맨 앞이나 중간, 즉 명사, 형용사
앞에 쓰이며, 해석하지 않는다.

- 孝乎! 惟孝, 友于兄弟, 施於**有**政:효로다! 효도하므로, 형제간에
우애가 있으며, 〈나아가 이를〉 정치에 베푼다(반영한다).

(4) 수여授與동사

수여동사는 대상을 나타내는 간접목적어(보어)와 사물을 나타내는
직접목적어를 취하며, 授(수), 與, 予(여), 賜(사), 給(급), 遺(유), 獻
(헌), 贈(증) 등이 있다.

- 微生高乞諸其隣而**與**之:미생고는 그 이웃에서 빌려서 주었다.
- 見危**授**命:위태로움을 보고 목숨을 준다(바친다).
- 彼**賜**我酒:그가 나에게 술을 주었다.

(5) 고시告示동사

고시동사 또한 대상을 나타내는 간접목적어(보어)와 사물을 나타
내는 직접목적어를 취하며, 謂, 告, 曰, 道 등이 있다.

- **告**諸往而知來者:지나간 일을 일러주니까 닥쳐올 일을 아는구나.
- 無**道**人之短:남의 단점을 말하지 말라.

(6) 연계連繫동사

주어와 보어를 연결하며 반드시 보어를 취하는 동사이고, 是, 非,
爲, 曰, 乃, 卽 등이 있으며, '非'는 '~아니다', 그 외 연계동사는 '~이
(하)다'로 해석한다.

- 富與貴, **是**人之所欲也:부유함과 고귀함은 사람들이 바라는
것이다.

- 非其鬼而祭之:그(자기) 귀신이 아닌데 제사 지내다.
- 曰 '思無邪':'생각에 간사함이 없다'는 것이다.
- 曰使民戰栗:백성들을 전율하게 하려는 것이었다.
爲는 보어로 명사와 형용사를 취한다.
- 里仁爲美:마을이 인한 것은 아름답다(다운 것이다).
- 子爲誰:그대는 누구입니까?

(7) 연連동사

동사가 연속으로 이어지며, 앞의 동사가 문장의 본동사이고, 뒤에서부터 해석한다.
- 好從於斯事:이 일에 종사하기를 좋아하다.
- 好學論語:논어 배우기를 좋아하다.

(8) 전성轉成동사

다른 품사, 즉 명사, 형용사에서 전성된 동사이며, 술어의 위치에 놓일 경우에 동사로 전성된다.

1) 명사에서 전성된 동사

得百里之地而君之:백 리의 땅을 얻어서 임금 노릇을 한다.

2) 형용사에서 전성된 동사

唯女子與小人, 近之則不孫, 遠之則怨:오직 여자와 소인만이 가까이 하면 불손하고, 멀리하면 원망한다.

(9) 그 외

維(유), 惟(유)는 지정, 단정의 뜻을 나타내는 동사로 '~이다, ~되다' 등으로 해석한다.
- 相維辟公, 天子穆穆:'돕는 사람은 제후이다.

5. 형용사形容詞

사물의 성질性質이나 모양貌樣, 상태狀態 등을 나타내는 품사이며, 수식어修飾語 역할과 서술어徐述語 역할, 보어補語 역할과 특수特殊 형용사로 쓰이는 형용사, 비교의 형용사 등이 있다. 그리고 모양과 상태를 나타내는 의태어擬態語인 형용사 접미사接尾詞도 있다.

(1) 수식어修飾語 역할

형용사가 명사 앞에서 명사를 수식한다.

- 富人:부유한 사람.
- 淸風明月:맑은 바람과 밝은 달.

(2) 서술어修飾語 역할

형용사가 명사 뒤에서 명사를 서술, 설명을 한다.

- 風淸月明:바람은 맑고 달은 밝다.

(3) 보어補語 역할

형용사가 연계동사 '爲'의 보어 역할을 하며, '~하(이)다'로 해석한다.

- 里仁爲美:마을이 인한 것은 아름답다(다운 것이다).
- 唯女子與小人, 爲難養也:오직 여자와 소인은, 다스리기(다루기)가 어렵다.

(4) 특수特殊 형용사

특수 형용사 難(난), 易(이), 多, 少, 寡(과), 鮮(선), 罕(한), 稀(희), 異, 同 등이 있으며, 술어로 쓰이는 경우 보어를 취하며, 보어를 주어 처럼 해석한다.

- 少年易老, 學難成:소년은 늙기 쉽고, 학문은 이루기가 어렵다.
- 言寡尤, 行寡悔:말에 허물이 적고, 행동에 후회가 적다.
- 爲力不同科:힘씀에 등급이 같지(동등하지) 않았다.

(5) 비교의 형용사

如, 若, 猶, 似 등 비교의 뜻을 가진 형용사가 서술어로 쓰일 경우 보어를 취한나.

- 有若無 實若虛:있으면서도 없는 것 같고, 가득하면서도 빈 것 같다.

- 吾與回言終日, 不違, **如**愚:내가 회와 더불어 하루 종일 이야기를 했는데, 어기지 않고, 어리석은 것(사람) 같았다.
- 過**猶**不及:지나친 것은 미치지 못한 것과 같다.
  '猶'가 술어 앞에서 부사라면 '오히려'로 해석할 수 있다.
- **似**不能言者:말씀을 못하는 사람 같으셨다.

(6) 형용사 접미사接尾詞 외

형용사 접미사로 如, 然(부사 접미사로도 사용), 焉, 爾, 乎 등이 있으며, 모양이나 상태를 나타내는 의태어擬態語이다.

- 閔子侍側, 誾誾**如**也:민자건이 곁에서 모실 때, 온화하였다.
- 忽**焉**在後:갑자기 뒤에 있는 듯하다.
- 夫子循循**然**善誘人:선생님께서는 〈차근차근〉 질서정연하게 사람들을 잘 인도하시다.
- 如有所立卓**爾**:마치 〈道가〉 높이 선 것이 있는 듯하다.
- 洋洋**乎**盈耳哉!:성대하게 흘러넘쳐 귀를 〈가득〉 채웠도다!

\# 형용사가 전성되어 명사나 부사 역할도 한다.

6. 부사副詞

부사는 동사, 형용사와 다른 부사를 수식하며, 문장의 의미를 결정하는 중요한 역할을 하고, 주로 술어(동사, 형용사)와 수식하는 문장 앞에 오며, 정도程度, 시간時間, 의문疑問, 반어反語, 한정限定, 가정假定, 양보讓步, 조건條件, 강조强調 등을 나타낸다.

(1) 부사副詞의 역할
1) 동사 수식

- 戰**必**勝矣:싸우면 반드시 이긴다.
- 教學**相**長:가르치고 배우면서 서로 성장한다.

2) 형용사 수식

- **至**高**至**順:지극히 높고 지극히 순수하다.
- 水**至**淸則無魚:물이 지극히 맑으면 물고기가 없다.

3) 다른 부사 수식

- 戰**必大**勝矣:싸우면 반드시 크게 이긴다.
- **且復**飮酒:또다시 술을 마셨다.

(2) 부사副詞의 의미상 분류
1) 정도程度 부사

深(심/매우), 最(최/가장), 正(정/바로), 諸(제/모두), 甚(심/매우), 至(지/지극히), 極(극/극히), 殆(태/거의), 必(필/반드시), 益(익/더욱), 大(대/크게), 凡(범/무릇, 대개), 太(태/크게), 尚(상/오히려), 常(상/항상), 實(실/진실로) 등.

2) 시간時間 부사

과거:已(이/이미), 旣(기/이미), 嘗(상/일찍이), 曾(증/일찍이), 昔(석/옛날에) 등.

　cf. 曾은 강한 반문의 어기를 나타내는 의문 부사로써 '설마(어찌) ~ 하겠는가'로 해석하며, 일반적으로 乎와 호응하여 '曾 ~ 乎'의 형식으로 쓰인다. 또 동작이나 행위가 뜻밖에 발생하는 것을 나타내는 부사로써 '의외로, 뜻밖에, 곧, 이에'로 해석한다.
　- **曾**是以爲孝乎?:설마(어찌) 이것으로써 효라고 여기는가?
　- 嗚呼! **曾**謂泰山不如林放乎?:아! 설마(어찌) 태산이 임방보다

못하겠는가(못하단 말인가)?
  - **會**由與求之問:의외로 유와 구를 묻는군요.
현재:方(방/막, 바야흐로), 今(금/이제), 始(시/비로소), 遂(수/
  마침내, 드디어), 適(적/마침내) 등.
미래:將(장/장차), 且(차/장차) 등.
3) 의문疑問 부사
何(하/어찌), 安(안), 焉(언), 胡(호), 豈(기), 寧(녕), 奚(해), 曷(갈)
  庸(용), 惡(오), 蓋(합) 등, 대부분 '어찌'로 해석한다.
4) 반어反語 부사
何(하/어찌), 焉(언) 등, 대부분 의문 부사가 반어 부사로 쓰인다.
  盍(합)은 '어찌 ~ 하지 않는가'라고 해석하며, 何不과 같다.
5) 한정限定 부사
但(단/다만), 只(지), 直(직), 徒(도), 多(다), 獨(독/유독) 등
  대부분 '다만, 단지'으로 해석한다.
惟(유/오직), 唯(유), 維(유) 등 '오직'으로 해석한다.
  非但(비단/다만 ~이 아닐뿐이지), 非徒(비도/다만~이 아닐뿐이지).
  cf.唯, 惟, 維는 조사(후치사)로 문장의 앞이나 중간에 쓰일 때는
    대체로 해석하지 않는다.
  - **唯**求則非邦也與?:구는 나라를 다스리는 것이 아닙니까?
  - 不與其退也, **唯**何甚?:그가 물러나는 것을 허여하는 것은 아니다,
    어찌 심한가(심하게 대하는가)?
  - 正**唯**弟子不能學也:바로 제자(저희)들이 배울 수 없는 것입니다.
  - 孝乎! **惟**孝, 友于兄弟:효로다! 효도하므로, 형제간에 우애가 있다.
  cf.維(유), 惟(유)는 지정, 단정의 뜻을 나타내는 동사로 '~이다,
    ~되다' 등으로 해석한다.
  - 相**維**辟公, 天子穆穆:'돕는 사람은 제후이다.
6) 가정假定, 양보讓步, 조건條件 부사
若(약/만약), 如(여/만약), 使(사/가령), 雖(수/비록 ~면), 縱(종/
  비록 ~면), 假令(가령/가령 ~면), 假使(가사), 設令(설령), 設使
  (설사), 如使(여사), 萬一(만일) 등, 가정 부사는 접속사 則(즉)과
  함께 쓰일 때가 많다.
  - **使**驕且吝:가령 교만하고 또 인색하다면,

진실로 (~면): 良(량), 信(신), 誠(성), 固(고), 苟(구), 允(윤) 등.
- 信如君不君: 진실로 만약 임금이 임금답지 않으면

7) 강조 부사
況(황/하물며), 亦(역/또한), 猶(유/오히려), 尙(상/오히려) 등.

8) 그 외 부사
전치사를 수반한 부사구는 문구 뒤에 위치하는 경우가 많다.
- 爲政以德: 덕으로써 정치를 한다.
東, 西, 南, 北, 上, 下, 左, 右, 前(先), 後, 內, 外, 遠, 近 등이 방향
과 위치를 나타낼 때, 술어 앞에 위치하여 부사가 된다.
- 見不賢而內自省也: 어질지 못한 이를 보고는 안으로 자신을 살핀
다(반성한다).
문장 앞에 오는 발어 부사로 夫(부/무릇), 凡(범/무릇), 蓋(개/대
개, 일반적으로), 大抵(대저/대저), 大凡(대범/대체로), 或(혹/혹시,
아마도), 恐(공/혹시, 아마도), 想(상/상상컨대, 예상컨대), 期(기/
기대컨대, 바라건대), 此(이에) 등이 있다.
  cf. 夫(부)가 문장 중간에 쓰여 어기를 자연스럽게 해 주는데,
      이 경우에는 해석하지 않는다.
    - 小子, 何莫學夫詩?: 얘들아, 어찌하여 시(詩經)를 배우지 않느냐?
    - 食夫稻, 衣夫錦: 쌀밥을 먹고, 비단옷을 입다.
날짜와 때, 시간을 나타내는 명사가 술어 앞에 와서 술어에 영향을
미치는 부사가 된다. 의미상 시간을 나타내는 자(字)인 久, 長 등도
술어 앞에 오면 부사가 되며, '오랫동안, 장구하게'로 해석한다.
- 朝聞道, 夕死可矣: 아침에 도를 들으면(들어 깨우치면), 저녁에
죽어도 괜찮다.
- 宰予晝寢: 재여가 낮에 (낮)잠을 자다.
형용사, 명사, 동사에서 전성된 부사 등이 있는데, 동사에서 전성
된 부사는 연동사와 구별할 수 있다.
- 吾其與聞之: 나는 아마도 참여하여 들었을 것이다.
雖(수)의 주어는 雖앞에 쓰는 것이 일반적이다.
- 福雖未至: 복이 비록 이르지 않았다.
而가 부사 뒤에서, 부사와 술어를 이어주며 해석하지 않는다.
  특히 시간·때의 부사 뒤에서 접미사 역할도 한다.

- 默而識(지)之:묵묵히 기억하고.
- 罔之生也, 幸而免:〈정직이〉 없는 삶은, 다행히 〈화나 죽음을〉
  면한 것이다.
- 俄而(갑자기), 晚而(늦게서야), 旣而(이윽고)...
然이 부사나 형용사 접미사로 쓰이는데 해석하지 않아도 된다.
- 夫子循循然善誘人:선생님께서는 〈차근차근〉 질서정연하게
  사람들을 잘 인도하신다.
是:이렇게, 이리도/상황을 나타내는 부사어이다.
- 丘何爲是栖栖者與?:구는 어찌하여 이렇게 바빠해하는 것이오?
何如는 '무엇과 같은가?, 어떠한가?', 또는 '어찌하여' 의문 부사로
  쓰였으며, 如何가 도치된 것이다.
如之何는 관용어로써 술어로는 '어떻게 할 것인가, 어떠하다'이며,
  부사어로 '어찌, 어떻게'로 해석한다.
何爲는 '어찌하여'로 해석하며, 의문 부사이다.
其는 부사로써 '아마(도), 장차, 어찌, 거의'로 해석한다.
- 其猶穿窬之盜也與!:아마도 〈벽을〉 뚫고, 〈담을〉 넘는 도둑과
  같을 것이다!
 cf. 其:문장의 첫머리에 쓰여 문장을 이끄는 어기를 나타내는데,
    해석하지 않을 수 있다.
   - 其然?:그렇습니까?
其諸는 부사로써 동작이나 행위에 대한 추측이나 예측을 나타내며,
  '아마도, 대개'로 해석한다.
- 其諸異乎人之求之與:아마도 사람들이 (정치 듣기를) 구하는 것과는
  다를 것이다.
莫은 부사로써, 동작이나 행위, 상황 등에 대한 추측을 나타내며,
  '아마도, 대략'으로 해석한다.
- 文, 莫吾猶人也:학문은 아마도 내가 남과 같겠지만은,
 cf. 莫:~한 사람이 없다, ~한 것(곳)이 없다/주어로 쓰이며,
    대명사로써 사람이나 사물을 가르킨다.
   - 不患莫己知:자기를 알아주는 사람이 없는 것을 근심하지 말라.
 cf. 莫(막):~않다/부정을 나타내는 부정 보조사.
   - 何莫學夫詩?:어찌하여 시(詩經)를 배우지 않느냐?

7. 보조사補助詞

보조사는 서술어(동사, 형용사) 앞에 사용되어 서술어를 보조하는 역할을 한다. 영어에서 동사를 도와주는 조동사助動詞와 달리 한문에서는 형용사도 서술어가 되므로 조동사라고 하지 않고 보조사補助詞라고 하며, 부사와 같이 혼용되는 것들도 있다. 가능可能, 부정不定, 금지禁止, 사동使動, 피동被動, 원망願望, 미래未來, 당위當爲 등이 있다.

(1) 보조사補助詞의 의미상 분류

1) 가능可能 보조사

\# 可(可以), 能(能以), 得(得以), 足(足以) 등이 있으며, '~할 수 있다, ~할 만 하다'로 해석한다.

2) 부정不定 보조사

\# 不, 弗, 未, 非, 毋, 無, 莫 등이 있으며, '~않다, ~못하다'로 해석하고, 뒤에 명사나 명사구가 오면 보조사가 아니라 非(연계동사), 無(존재동사)처럼 자체가 서술어으로 사용된다.

3) 금지禁止 보조사

\# 勿, 毋, 無, 莫, 不, 未, 休 등이 있으며, 금지의 뜻을 나타내며 '~하지 마라(말라)'로 해석한다.

4) 사동(역)使動 보조사

\# 使, 敎, 令, 俾(비) 등이 있으며, '~로 하여금 ~하게 하다'로 해석하고, 보조사 다음에 시키는 대상이 오고 서술어가 온다.

5) 피동被動 보조사

\# 被, 見, 爲, 爲~所~ 등이 있으며, '~당하다(되다), ~에게 ~당하다'로 해석한다.

6) 원망願望 보조사

\# 欲(~하고자 하다), 願(~원하다), 請(청컨대 ~하다) 등이 있다.

7) 미래未來 보조사

\# 將, 且 등이 있으며, '장차 ~하려 하다'로 해석한다.

8) 당위當爲 보조사

\# 當(당/마땅히), 宜(의/마땅히), 應(응/응당히), 須(수/모름지기) 등이 있으며, '마땅히(모름지기) ~해야 하다'로 해석한다.

9) 그 외

\# 보조사(得, 能, 使, 欲 등) 뒤에 바로 목적어가 오면 타동사가 된다.
- 使民以時:때(에 맞게)로써 백성들을 부린다(동원해야 한다).

8. 접속사接續詞

접속사는 단어와 단어, 구와 구, 절과 절, 문장과 문장을 연결하는 품사로 '와(과), 및, 또'로 해석하는 일반 접속사와 '그리고, 그러나, 그런데, 하지만' 등으로 해석하는 부사적 접속사로 크게 나눌 수 있다.

(1) 일반 접속사

'와(과), 및, 또'로 해석하는 일반 접속사는 '연결 관계'에 대한 분류로, 단어와 단어를 연결하는 접속사로 與, 及, 和 등이 있고, 구와 절을 연결하는 접속사로 且, 又, 등이 있으며 그 외 有, 如, 若 이 있다. 즉 與, 及, 和는 서술어가 없는 명사와 명사(구)를 연결하고, 且와 又는 서술어가 있는 문장을 연결한다고 할 수 있으며, 有는 又와 같이 수와 수 사이에 쓰여지는 접속사로써 해석하지 않아도 된다. 如는 '또는, 혹은' 등 선택 관계를 나타내는 접속사이다.

- 富與貴, 是人之所欲也:부유함과 귀함은 사람들이 바라는 것이다.
- 予及汝皆生:나와 너 모두 살았구나.
- 有恥且格:부끄러움이 있고 또 (잘못을) 바로잡게 된다.
- 日日新 又日新:날마다 새롭게 하고 또 날로 새롭다.
- 吾十有五而志於學:나는 열하고도 다섯 살에 학문에 뜻을 두었다.
- 方六七十, 如五六十:사방 육칠십리 또는 오육십리.

(2) 부사적 접속사

'그리고, 그러나, 그런데, 하지만' 등으로 해석하는 부사적 접속사는 '연결 내용'에 대한 분류로, 순접順接, 역접逆接, 가정假定/조건條件, 인과因果 접속사로 분류할 수 있다.

1) 순접順接 접속사

而(이/그리고, 그래서), 故(고/그러므로), 以(이/그래서), 乃(내/이에), 爰(원/이에), 然則(연즉/그렇다면), 然後(연후/그런 후에), 以(而)後(이후/이후), 以往(이왕/이후) 등이 있다.

- 學而時習之:배우고 (그리고) 때때로 익힌다.
- 使民敬忠以勸, 如之何:백성으로 하여금 공경하게 하고 진심으로 따르게 하면서 부지런하게 하려면, 어떻게 합니까?
- 然則管仲知禮乎:그렇다면 관중은 예를 알았습니까?

- 歲寒, **然後**知松栢之後彫也:한 해(날씨)가 추워진 연후에 소나무와 측백(잣)나무가 뒤에 시든다는 것을 안다.

2) 역접逆接 접속사

而(이/그러나), 然(연/그러나), 抑(억/그러나, 아니면), 無他(무타/다름이 아니라) 등이 있다.

- 貧**而**無諂, 富**而**無驕, 何如:가난하면서도 아첨하지 않고, 부유하면서도 교만하지 않으면, 어떻습니까?
- 知, **然**不語於其已而矣:알지만 그러나 그에 대해서 말하지 않을 뿐이다.
- 求之與, **抑**與之與:구했습니까? 그렇지 않으면 주었습니까?
- 此**無他**, 與民同樂也:이것은 다름이 아니라 백성들과 더불어 함께 즐거워합니다.

3) 가정/조건假定/條件 접속사

則(즉/~이면, ~하면), 斯(사/~하면), 而(이/만약 ~면), 微(미/~없었다면) 등이 있다.

- 過**則**勿憚改:잘못이 있으면 고치기를 꺼리지 말라.
- 觀過, **斯**知仁矣:〈그〉 허물을 보면, 인(한 지)을 안다.
- 管氏**而**知禮, 孰不知禮:만약 관씨가 예를 안다면, 누가 예를 알지 못하겠는가?
- **微**管仲, 吾其被髮左衽矣:관중이 없었다면, 나는 아마도 머리를 풀어 헤치고 옷깃을 왼편으로 했을(하는 오랑캐가 되었을) 것이다.
  cf. 則은 앞뒤 문장의 인과 관계를 나타내는 접속사로써 '곧, 즉'으로 해석하거나, 앞뒤의 의미가 상반됨과 전환을 나타내는 접속사로써 '이지만, 그러나, 오히려'로 해석한다.
    - 至於他邦, **則**曰 '猶吾大夫崔子也.':다른 나라에 이르러서 곧 말하기를 〈이 사람도〉 우리나라 대부 최자와 같다.'
    - 學**則**不固:배우지만 견고하지 않다.

所는 접속사로써 단문을 연결하며 가설을 나타낸다. 대부분 맹세하는 밀 중에 쓰이며, '만약 ~면'으로 해석한다.
- 予**所**否者:내가 만약 나쁘다면(잘못된 것이 있다면).

4) 인과因果 접속사

- # 故(고/그러므로), 是以·是用(시이·시용/이때문에), 是故·以故(시고·이고/이러한 까닭으로), 於是(어시/이에), 因(인/인하여), 便(변/곧) 등이 있다.
- 吾少也賤, 故多能鄙事:나는 젊었을 때 천했기에 그러므로 비천한 일에 능함이 많다.
- 是以謂之文也:이 때문에 그를 문이라고 〈시호〉 한 것이다.
- 怨是用希:원망이 이 때문에 드물었다.
- 是故惡夫佞者:이러한 까닭으로 저 말 잘하는 사람을 미워하는 것이다.
- 因不祥察事情:인하여 실정을 자세히 살피지 않았다.

5) 그 외

- # 접속사 而는 앞에 명사(구)나 부사, 술어 등이 올 수도 있고, 특히 시간·때의 부사 뒤에서 접미사 역할도 한다.
- 默而識之:묵묵히 기억하고.
- 罔之生也, 幸而免:〈정직이〉 없는 삶은, 다행히 〈화나 죽음을〉 면한 것이다.
- 俄而(갑자기), 晚而(늦게서야), 旣而(이윽고) 등.
- # 而가 '之'와 같이 주어와 술어 사이에 쓰여 문장의 독립성을 없애주는 역할을 하는 어조사, 즉 주격 후치사라 할 수 있다.
- 君子恥其言而過其行:군자는 자신의 말이 행동을 지나치는(능가하는) 것을 부끄러워 한다,
- # 구와 절을 연결하는 접속사, 且와 又가 부사(또, 또한)로도 쓰인다.
- # '與其~, 寧~'은 선택형 비교형이며, '~하기보다 차라리 ~하는 것이 낫다'의 뜻으로 해석하고, '與其'는 접속사로써 단문을 연결시키는 역할을 하며, '寧' 또한 단문을 연결시키며, 선택 관계를 나타내는 접속사이다.
- 禮, 與其奢也, 寧儉:예는 사치스럽기보다는 차라리 검소한 것이 낫다.
- # 문장이 길어서 띄어쓰기를 할 때는 而 앞에서 끊는다. 그러나 띄어 쓰기를 하지 않은 문장은 읽을 때는 而 다음에서 끊어 읽는다.
- # '則' 앞에 명사, 즉 주어가 위치하면 '은(는), 이(가)'로 해석하고 '則' 뒤에는 술어가 위치한다.

- 鳥則擇木, 木豈能擇鳥:새가 나무를 택하지, 나무가 어찌 새를 택할 수 있는가?
- 一則以喜, 一則以懼:하나(한편으로)는 〈장수하시므로〉 기쁘고, 하나(한편으로)는 〈늙어가심에〉 두렵다.

\# 然(而)는 역접 접속사로써 '그러나, 그렇지만'로 해석한다.
- 爲難能也, 然而未仁:어려운 것을 하는 데는 유능하지만, 그러나 〈아직〉 인하지는 않다.

  cf. 然은 상황이나 성질, 상태 등을 대신 나타내는 대명사로써 '그러한, 그러하다'로 해석하고, 또 대답하는 말을 나타내는 대명사로써 '옳다, 그러하다, 그렇다'로 해석한다.
  - 古之人皆然:옛사람들은 다 그러했다.
  - 雍之言然:옹의 말이 옳다.

9. 전치사前置詞

전치사는 개사介詞라고도 하며, 명사나 명사구, 명사절 앞에 놓여 중요한 역할을 하는 품사를 전치사라 한다. 전치사는 본래 전치사인 일반一般 전치사와 실제의 뜻을 가진 실사가 전치사로 바뀐 전성轉成 전치사로 구분할 수 있다.

(1) 일반一般 전치사

서술어 다음과 보어 또는 목적어 앞에 위치하고, 於, 于, 乎 등이 있으며, '~에, ~에서, ~에게, ~로, ~을(를)'로 해석하고, 처소, 출발, 대상, 비교, 피동, 목적 등을 나타낸다.

- 八佾舞於庭:〈천자의 악무인〉 팔일무를 뜰에서 춤추다.
\# 술어가 형용사일 때 비교를 나타내며, '~보다, ~와(과)'로 해석한다.
- 季氏富於周公:계씨가 주공보다 부유했다.
- 于湯有光:탕왕보다 빛날 것이다.
- 以吾一日長乎爾:내가 너희들보다 〈나이가〉 다소 많기 때문에,
\# 타동사 뒤에는 전치사가 오지 않지만, 올 경우에는 '~을(를)', 목적어로 해석하거나, 또는 피동으로 해석한다.
- 何患乎無兄弟也:어찌 형제가 없음을 걱정하는가?
- 三年無改於父之道:삼년 (동안) 아버지의 도를 고치지 않는다.
- 屢憎於人:자주 남에게 미움을 받게 된다.

(2) 전성轉成 전치사

전치사가 체언(주어의 기능을 하는 명사, 대명사, 수사 등) 앞에서 부사어를 만들며, 以, 爲, 自, 由, 從, 與, 因, (比) 등이 있다. 전성 전치사를 수반한 부사구는 문구 뒤(문장 끝)에 위치하는 경우가 많다.

1) 以
\# 전치사로써 '以+명사(구), 명사(구)+以'일 때 기구, 자격, 동작, 수단, 방법 등을 나타내며, '로써, 로서'로 해석하고, '用'과 통하며, 목적을 나타낼 때는 '~을(를)'로 해석한다.
- 使民以時:때(에 맞게)로써 백성들을 부린다(동원해야 한다)
- 以不敎民戰:백성들을 가르치지 않고서 싸우게 하다.
- 不忮不求, 何用不臧?:〈남을〉 해치지도 않고 〈남의 것을〉 탐하지

도 않으니, 어찌하여 훌륭하지 않은가?
- 詩三百, 授之以政:시경을 외우더라도 정치를 주었다(맡겼다).
'(명사절)+以+서술어'는 접속사로써 순접의 而와 유사하며 '그리고,
  그래서'등으로 해석하고, '以+서술어(명사절)'일 때 접속사로써,
  단문을 연결시켜주는 역할을 하며, '때문에, 때문이다'로 해석한다.
- 吾不徒行以爲之椁, 以吾從大夫之後:내가 걸어다니면서 외관을
  만들어 주지 않은 것은, 내가 대부의 뒤를 따르기 때문이다.
以다음에 之 등의 대명사가 오는 경우는 之를 생략할 수 있다.
- 舊令尹之政, 必以告新令尹:옛날 〈자신이 맡았던〉 영윤의 정사를,
  반드시 새로운 영윤에게 알려주었다.
관용적으로 '以爲, 以 ~ 爲'로 쓰이며, '~로 여기다, ~로 삼다,
  ~로 생각하다'로 해석한다.
- 君子一言以爲知:군자는 한 마디 말로 지혜롭다고 여기다.
- 女以予爲多學而識之者與:너는 내가 많이 배워서 기억하는 사람
  이라고 여기느냐?
- 天將以夫子爲木鐸:하늘은 장차 선생님을 목탁으로 삼으실
  것입니다.
以가 부사로써 '너무, 이와 같이, 이렇게'의 뜻과 동사로써 '~하다,
  쓰다, 때문이다', 명사로써 '이유, 까닭'을 나타낸다.
- 不以泰乎:너무 크지 않습니까?
- 無以爲也:이렇게 하지 마세요.
- 視其所以:그가 하는 것을 보다.
  cf. 無以는 '~할 수 없다(못한다)', '無는 없다(못한다)'로 해석하고
      '以'는 '~하다'의 의미이다.
    - 不知命, 無以爲君子也:명(천명)을 알지 못하면, 군자가 될 수 없다.
- 夏后氏以松:하나라 왕조는 소나무를 썼다.
- 朕躬有罪, 無以萬方:내 몸에 죄가 있다면, 만방〈의 백성〉 때문이
  아니다.
- 我不爲, 有以也:내가 하시 않은 것은 이유가 있다.
2) 爲
전치사로써 '~을 위하여, ~하기 위해서, ~때문에' 등으로 해석하며

漢文 文法 | 751

동사로써 '~을 위하다, ~인 체하다.' 등으로 해석한다.
- 冉子爲其母請粟:염자가 그의 어머니를 위해서 곡식을 청했다.
- 爲力不同科:힘씀에 등급이 같지(동등하지) 않았기 때문이니,
- 無臣而爲有臣 신하가 없는데 신하가 있는 체하다.
- 古之學者爲己:옛날의 배우는 자는 자기를 위하였다.
연계동사로써 '~이(하)다'로 해석하며 보어로 명사와 형용사를 취한다.
- 里仁爲美:마을이 인한 것은 아름답다(다운 것이다).
- 子爲誰:그대는 누구입니까?
- 爾爲爾, 我爲我:너는 너이고, 나는 나이다.
불완전 자동사로써 '~이 되다'로 해석한다.
- 可以爲師矣:스승이 될 수 있다.
타동사로써 목적어를 취하며, 즉 '爲+명사'는 '~하다'로 해석하며 목적어의 성격에 따라 그 뜻을 적절하게 해석할 수 있다.
- 爲政以德:덕으로써 정치를 하다.
謂와 같이 '말하다'의 의미로 해석한다.
- 知之爲知之, 不知爲不知:아는 것을 안다고 말하고, 모르는 것은 모른다고 말하는 것이다.
被와 같이 피동을 나타내며 '~당하다'의 의미로 해석한다.

3) 自, 由, 從
전치사로써 출발 지점을 나타내며 '~로부터' 등으로 해석한다.
- 有朋自遠方來:벗이 먼 곳으로부터 오다.
- 禮義由賢者出:예와 의는 현자로부터 나온다.
- 從外來, 驕其妻妾:밖으로부터 돌아와서, 그의 처와 첩에게 교만하였다.

4) 與
전치사로써 '~와 더불어, ~와 함께' 등으로 해석한다.
- 與朋友交而不信乎:벗과 더불어 사귀는데 미덥지 않았는가?
'와(과), 및, 또'로 해석하는 일반 접속사로 쓰인다.
- 富與貴, 是人之所欲也:부유함과 귀함은 사람들이 바라는 것이다.

5) 因

전치사로써 '~을 통해, ~로 인해서' 등으로 해석한다.

 - 貧者因書富, 富者因書貴:가난한 자는 책으로 부자가 되고,
   부자는 책으로 귀하게 된다.

6) (比)及

전치사로써 '~할 때(는), ~에 이르러' 등으로 해석한다.

 - 及其使人也, 器之:그가 사람을 부릴 때에는 그릇으로 쓴다.

 - 比及三年, 可使有勇:삼 년에 이르러(면), 〈백성들을〉 용맹함이
   있게 할 수 있다.

10. 후치사後置詞

후치사는 개사介詞라고도 하며, 명사나 명사구 뒤에서, 즉 관형어, 주어, 목적어, 부사어 뒤에서 관계를 표시하는 품사로써, 후치사라는 말보다 '어조사 또는 조사'라는 명칭으로 많이 사용해 왔다.

(1) 주격主格 후치사

之, 者, 也, 也者, 是, 矣, 與, 其 등이 있으며, 해석은 '~은, ~는, ~이, ~가'로 해석한다.

1) 之

주격 후치사 之는 주어 다음에, 술어 앞에 오며, 즉 '주어+之+술어'의 구조이며, 주격 후치사로 之가 사용되는 경우가 많지는 않지만 문을 고르게 하거나, 주어를 강조하기 위해서, 간혹 글자 수를 앞 문장과 같게 하기 위해서 쓰인다고 볼 수 있다. 또 술어 다음에 之는 술어를 술어답게 해주거나 대명사로써 목적어로 쓰인다.

- 不病人之不己知也:남이 자기를 알아주지 않음을 근심하지 않는다.
- 君子之於天下也, 無適也, 無莫也:군자는 천하에 〈일에〉 있어, 마땅히 해야만 하는 것도 없고, 안되는 것도 없다.

'之+所'일때는 之가 주격 후치사이며, ~가(이), ~은(는)로 해석한다.
- 我之所欲學:내가 배우고자 하는 바이다.

2) 者

주격 후치사(어기사)로써 주어 뒤에 쓰여 '~은(는)'으로 해석하며, 경우에 따라서 해석하지 않고, 문장의 중간이나 끝에 쓰여 어기를 부드럽게 하며 해석하지 않는다. 또 가설을 나타내는 복문의 앞, 단문의 끝에 쓰여 해석하지 않지만, 간혹 '~한다면'으로 해석한다.

- 政者正也:정치는 바로 잡는 것이다.
- 不有博奕者乎?:장기와 바둑이 있지 않는가?
- 魯無君子者, 斯焉取斯:노나라에 군자가 없었다면, 이 사람이 어디에서 이것을 취했겠는가?

3) 也

주격 후치사로써 주어 뒤에 쓰여 '~은, ~는, ~이, ~가'로 해석하거나

또는 앞 절 마지막 부분에 놓이거나, 병렬 문장의 끝에 놓여 잠시
쉬어감을 나타내며 해석하지 않거나 간혹 '~면'으로 해석하기도 한다.

- 人之過也, 各於其黨:사람의 허물은, 그 〈어울리는〉 무리에 따른다.
- 鳥之將死, 其鳴也哀, 人之將死, 其言也善:새가 장차 죽을 때에는,
  그 울음소리가 슬프고, 사람이 장차 죽을 때에는, 그 말이 선합니다.
- 更也, 人皆仰之:〈잘못을〉 고치면, 사람들이 모두 우러러본다.

4) 也者

\# '~은(는)'으로 해석하며, 경우에 따라서 해석하지 않는다.

- 孝弟也者, 其爲仁之本與!:효도와 공경이라는 것은 아마도 인을
  하는 근본일 것이다!

5) 是

\# 문장의 중간에 쓰여 해석하지 않으며, 즉 주격 후치사이다.

- 豈不爾思?室是遠而!:어찌 너를 생각하지 않았겠는가? 〈마는〉 집이 멀구나!
- 求! 無乃爾是過與?:구야! 네가 잘못한 것이 아닌가?

6) 矣

\# 문장의 중간이나 복문 앞쪽 단문의 끝에 쓰여 어기를 완화하는
역할을 하는 후치사이며, 해석하지 않아도 된다.

- 其爲仁矣, 不使不仁者加乎其身:그가 인을 행하는 데에, 인하지
  않는 것으로 그 자신에게 가하지 못하게 한다.
- 苟志於仁矣:진실로 인에 뜻을 두면,

7) 與

\# 문장의 중간이나 끝에 쓰여 완만한 어기를 나타내거나 잠시 쉬는
역할을 하며 해석하지 않아도 된다.

- 於予與何誅:〈내가〉 재여에 대해서는 무엇을 꾸짖겠는가?
- 我之大賢與, 於人何所不容:내가 크게 어질다면은 남들에 대해
  어떤 것(누구)인들 용납하지 못하겠는가?

8) 其

\# 주어 뒤에서 주격 후치사로도 쓰인다.

- 樂其可知也:음악은 알 수 있나

(2) 관형격冠形格 후치사 '之'

관형격 후치사는 之가 있으며, 뒤에 피수식어로 명사가 오며 앞에

오는 수식어에 따라서 해석은 '~의, ~하는, ~는, ~한' 등으로 해석한다.

1) ~의

수식어가 '체언(주어의 기능을 하는 명사, 명사구, 대명사, 수사
  등)+之+명사'일 경우 '~의'로 해석한다.

 - 三年無改於父之道:3년 동안 아버지의 도(행동)를 고치지 않는다.

2) ~하는, ~는, ~한

수식어가 '동사+之+명사, 동사구(동사+목적어)+之+명사, 형용사
  +之+명사'일 경우 '~하는, ~는, ~한' 등으로 해석한다.

 - 孝弟也者, 其爲仁之本與!:효도와 공경이라는 것은 아마도 인을
   하는 근본일 것이다!

 - 巽與之言, 能無說乎:공손하게 해주는 말은 기쁘지 않을 수 있겠는가?

 - 罔之生也, 幸而免:〈정직이〉 없는 삶은, 다행히 〈화나 죽음을〉
   면한 것이다.

 - 少之時, 血氣未定, 戒之在色:젊을(은) 때, 혈기가 안정되지 않아,
   경계할 것은 여색에 있다.

所+동사+之+명사에서 '所+동사+之'가 형용사 역할을 하며,
  '~하는, ~는, ~한' 등으로 해석한다.

 - 所眠之子:잠자는 아이.

(3) 목적격目的格 후치사 '之, 是'

강조를 위해 목적어를 술어 앞으로 도치시키고 '之나 是'를 목적어
와 술어 사이에 써 준다. 목적격 후치사는 술어가 대부분 '말하다'의
뜻을 갖는 경우(謂=爲)가 많다.

知之爲知之, 不知爲不知:아는 것을 안다고 말하고, 모르는 것은
  모른다고 말하는 것이다.

義之與比:의로움(만)을 더불어 따른다.

論篤是與:말하는 것이 도타운(독실한) 것(사람)을 허여한다.

周有大賚, 善人是富:주나라에서 큰 줌(은혜)이 있으니, 착한 사람
  들을 부유하게 했다.

(4) 부사격副詞格 후치사 '其, 也, 乎'

부사 뒤에서 부사를 강조하는 후치사이며, 문장의 중간에 쓰여
어기를 완만하게 해주거나 해석하지 않아도 되는 어조사, 즉 부사격
후치사다. 주로 의문 부사 뒤에 온다.

- 如之何其廢之:어찌 폐할 수 있겠습니까?
- 子之迂也! 奚其正?:선생님의 우활함이여! 어찌 바로 잡겠습니까?
- 信乎才之難得:정말로 인재를 얻기가 어렵다.
- 惡乎成名?:어찌 이름(명성)을 이루겠는가?
- 必也射乎:〈있다면〉 반드시 활쏘기일 것이다!

(5) 호격呼格 후치사 '也, 乎'

이름이나 사물을 호명할 때 쓰는 후치사이다.

- 賜也, 始可與言詩已矣:사야, 비로소 더불어 시를 말할 수 있구나.
- 參乎! 吾道一以貫之:삼아! 나의 도는 하나로써 꿰뚫는다.

(6) 그 외

'다수+之+소수'는 관형격 후치사로써 '~중에'로 해석한다.
- 有人之仁者乎:사람 중에 어진 자가 있는가?
- 民之富者:백성들 중에 부유한 자.
- 鄕人之善者:마을 사람들 중에 선한 자.
云(운)은 어구가 조화를 이루도록 하며, 이 경우에는 해석하지
  않는다. 즉 어조사, 즉 후치사이다.
- 禮云禮云:예이다, 예이다.
之가 술어일 때는 실사實詞로써 '~가다'로 해석한다.
- 之一邦, 則又曰:〈다른〉 한 나라에 가서, 곧 또 말했다.
唯, 惟, 維는 문장의 맨 앞에 쓰일 때는 해석하지 않는다.
- 不與其退也, 唯何甚?:그가 물러나는 것을 허여하는 것은 아니다,
  어찌 심한가(심하게 대하는가)?
而가 '之'와 같이 주어와 술어 사이에 쓰여 문장의 독립성을 없애
  주는 역할을 하는 어조사, 즉 주격 후치사라 할 수 있다.
- 君子恥其言而過其行:군자는 자신의 말이 행동을 지나치는(능가
  하는) 것을 부끄러워 한다.

11. 감탄사感歎詞

감탄사는 탄식, 감동, 놀람, 느낌, 부름, 응답을 나타내며 독립어로 떨어져 문장 앞에 사용되며 '아'라고 해석한다. 惡(오), 於(오), 噫(희), 咨(자), 嗟(차), 嗚呼(오호), 於乎(오호), 嗟乎(차호), 惜乎(석호), 於戲(오희) 등이 있다.

- 嗚呼(오호)! 痛哉:아! 슬프고 원통하구나.
- 惡(오)! 是何言也:아! 무슨 말인가.

'於'가 감탄사로 쓰일 경우에는 '오'로 발음한다.

- 王在靈沼, 於(오)! 牣魚躍:왕이 영소에 계시니, 아! 가득히 물고기들이 뛰노는도다.
- 於乎(오호)! 不顯, 文王之德之純:아! 뚜렷이 나타나지 않았을까, 문왕의 덕의 순일함이여!
- 噫(희)! 天喪予:아! 하늘이 나를 망하게 하는구나(버리시는구나).
- 咨(자)! 爾舜:아! 그대(너) 순이여.
- 嗟(차)! 予子行役:아! 내 아들이 부역에 가는구나.
- 嗟乎(차호)! 臣有三罪:아! 신에게는 세가지 죄가 있습니다.
- 惜乎(석호)! 吾見其進也:애석하구나! 나는 그가 〈앞으로〉 나아가는 것을 보았다.

감탄문은 그 자체로는 도치 아닌 본래의 문형이라 볼 수 있지만 평서문을 기준으로 보면 앞부분의 감탄사와 뒤의 문장이 도치된 형태, 즉 주어와 술어의 도치 형식으로 볼 수 있다. 주어와 술어의 도치는 주로 의문문과 감탄문에서 이루어진다.

- 君子哉, 若人!:군자구나, 이와 같은 사람은!

'唯'는 '예'라고 대답을 하고 바로 응하는 것이고, '諾'은 '예'라고 대답만 하고 바로 응하지 않는 것을 뜻한다.

- 參乎! 吾道一以貫之." 曾子曰 "唯":삼아! 나의 도는 하나로써 〈모든 것을〉 꿰뚫는다." 증자가 "예"하고 대답하였다.
- 諾, 吾將問之:예, 내가 장차 여쭈어 보지요.

12. 종결사終結詞

종결사는 문장의 끝에 놓여 문장의 종류를 결정하는 중요한 역할을 한다. 단정·지정·서술 종결사, 의문과 반어 종결사, 한정 종결사, 감탄 종결사 등으로 구분할 수 있으며, 어기조사, 어기사라고도 한다.

(1) 단정·지정·서술 종결사

평서문을 만드는 종결사로써 평서문 종결사라고 할 수 있으며, 也, 矣, 焉 등이 있다.

1) 也

\# 단정·지정·서술 종결사로써, 평서문 종결사이다.

- 孔子聖人也:공자는 성인이다.
- 富與貴, 是人之所欲也:부유함과 고귀함은 사람들이 바라는 것이다.

2) 矣

\# 단정·지정·서술 종결사로써, '확신'을 나타내는 평서문 종결사이다.

- 朝聞道, 夕死可矣:아침에 도를 들으면, 저녁에 죽어도 괜찮다.
- 溫故而知新, 可以爲師矣:옛 것을 익히고 새로운 것을 알면, 스승이 될 수 있다.

3) 焉

\# 단정·지정·서술 종결사로써, 술어에 붙어서 그 술어의 대상(목적어), 즉 대명사(=於此, 於是)를 내포하기도 하고, 또는 단순히 처소격의 의미를 갖는 평서문 종결사이다.

- 其餘則日月至焉而已矣:그 나머지 〈사람들〉는 하루나 한 달 〈한 번〉 여기에 이를 뿐이다.
- 衆惡之, 必察焉:많은 사람들이 미워하더라도 반드시 〈좋은 점이 있는지〉 살펴보아야 한다.
- 天下歸仁焉:천하가 인에 귀의할 것이다.

4) 그 외

\# 也已는 긍정과 감탄의 어기를, 也已矣는 긍정과 감탄과 제한의 어기를, 已矣는 긍정의 어기를 나타내는 종결사들이다.

- 能近取譬, 可謂仁之方也已:가까운 데에서 취해서 비유할 수 있다면(깨달음을 얻을 수 있다면) 인의 방법이라고 말할 수 있다.
- 吾末如之何也已矣:나는 그를 어떻게 할 수가 없다.

- 賜也, 始可與言詩已矣:사야, 비로소 (너와) 더불어 시를 말할 수
 있구나.
然, 然矣는 서술문의 끝에 위치하여 종결의 어기를 나타내는
 종결사로써 해석하지 않는다.
- 若由也, 不得其死然:유(자로)와 같은 사람은 그 죽음을 얻지 못할
 것이다(제 명대로 살지 못할 것이다).
- 禹, 吾無間然矣:우임금은 내가 흠잡을 데가 없으시다.

(2) 의문·반어 종결사

의문문과 반어문을 만드는 종결사로써 乎, 哉, 與, 夫, 諸〈=之乎(於)〉,
也, 矣, 焉, 耶(야), 歟(여), 邪(야), 爲 등이 있다.
與朋友交而不信乎?:벗과 더불어 사귀는데 미덥지 않았는가?
不爲酒困, 何有於我哉?:술 때문에 곤란하지 않는 것, 〈이 중에〉
 무엇이 나에게 있는가?
是誰之過與?:누구의 잘못이겠는가?
吾歌可夫?:내가 노래를 불러도 괜찮습니까?
諸는 대명사를 포함한 의문(반어) 종결사로써 '之乎'와 같다.
- 山川其舍諸?:산천이〈의 신이〉 어찌 그것을 내버려두겠는가?
汝狗猛耶?:그대의 개는 사나운가?
三王聖者歟?:삼왕은 성인입니까?
操舟可學邪?:배를 젓는 것은 배울 수 있는가?
爲가 의문, 반어 종결사로써 의문, 반문을 나타내는 반어 부사인
 奚, 何, 何以 등과 함께 의문, 반문을 나타낸다.
- 是社稷之臣也, 何以伐爲?:사직의 신하인데, 무엇 때문에 정벌을
 하는가?
- 亦奚以爲?:또한 어디에 쓰겠는가?
也, 矣, 焉은 단정·지정·서술 종결사로써, 평서문 종결사이지만
 의문사와 함께 의문 종결사로 쓰인다. 또한 의문사가 없을지라도
 문맥상, 의미상으로 의문 종결사 역할을 한다.
- 彼且奚適也?:그대는 장차 어디로 갈 것인가?
- 何器也?:어떤 그릇입니까?
- 何如斯可以從政矣?:어떻게 하면 정치에 종사할 수 있습니까?

- 亦何如焉?:또한 어떠합니까?
矣乎?, 乎哉?, 也哉?, 也與?, 也與哉?, 云乎哉?, 焉爾乎? 등은 연용
  하여 의문(반문)의 어기를 나타내는 의문(반어) 종결사라고 할 수
  있으며 연용해서 쓰일 때는 마지막에 쓰인 종결사에 중점을 두어
  해석한다.
- 由也, 女聞六言六蔽矣乎?:유야, 너는 여섯 가지 말(덕목)과
  여섯 가지 폐단을 들었느냐?
- 仁遠乎哉?:인이 멀리 있겠는가?
- 吾豈匏瓜也哉 ?:내가 어찌 박이겠는가?
  cf. 也哉는 감탄의 어기를 나타내는 종결사로도 쓰인다.
- 仲由, 可使從政也與?:중유는 정치에 종사하게 할 만합니까?
  cf. 也與가 문장 가운데에 쓰여 정돈을 나타낸다.
    - 道之將行也與, 命也:도가 장차 행해지는 것도 천명이다.
- 鄙夫可與事君也與哉?:비루한 사람은 (사람과) 함께 임금을 섬길
  수 있겠는가?
- 禮云禮云, 玉帛云乎哉?:예이다, 예이다, 옥과 비단이겠는가(을
  이르겠는가)?
- 女得人焉爾乎?:너는 인재를 얻었느냐?
也者는 문장의 끝에 쓰여, 의문 또는 반문의 어기를 나타내는
  종결사이며, '~인가, 하겠는가'로 해석한다.
- 安見方六七十如五六十, 而非邦也者?:어찌 사방 육칠십 리 또는
  오륙십리가 나라가 아니라고 보는 것이냐?
者與(乎)는 어기를 강조하는 '者'와 의문, 반문을 나타내는 '與(乎)'
  로 이루어진 종결사이며, 중점은 '與'에 있다.
- 丘何爲是栖栖者與?:구는 어찌하여 이렇게 바빠해하는 것이오
  (바쁘게 뛰어다니는 것이오)?

(3) 한정 종결사
한정문을 만드는 종결사로써, 한정 부사와 함께 쓰이기도 한다.
而已矣, 而已, 已, 耳, 爾, 也已矣, 焉爾(耳) 등이 있으며, '~일 뿐이다,
~일 따름이다'로 해석한다.
- 夫子之道, 忠恕而已矣:선생님의 도는 충과 서일 뿐입니다.

- 有婦人焉, 九人而已:이 중에 부인이 있으니, 아홉 사람뿐이다.
- 汝之所欲言, 可知已:너가 말하고자 하는 것을 알 수 있을 뿐이다.
- 偃之言是也. 前言戲之耳:언의 말이 옳다. 앞의 말은 희롱(농담)한
  것일 뿐이다.
- 明日取虞爾:내일 우나라를 취할 따름이다.
- 此亦死者也已矣:이 또한 죽은 자일 뿐이다.
- 亦願從事於左右焉爾:또한 좌우에서 일을 따르기를 원할 뿐이다.

(4) 감탄 종결사

감탄문을 만드는 종결사로써, 감탄사와 함께 쓰이기도 한다.
乎, 哉, 與, 夫, 兮, 矣, 焉, 而, 爲, 也哉, 也與, 也夫, 矣乎, 矣哉, 矣夫
乎爾 등이 있으며, '~구나, ~로다'로 해석한다.
- 巍巍乎! 唯天爲大:높고 크도다! 오직 하늘만이 위대하거늘,
- 其由也與!:아마도 유일 것이다!
- 逝者如斯夫!:〈흘러〉 가는 것이 이와 같구나!
- 甚矣, 吾衰也!:심하구나, 나의 노쇠함이여!
- 舜禹之有天下也, 而不與焉!:순임금과 우임금은 천하가 있으면서
  도(소유하시고도), 간여하지 않으셨다!
- 予無所用天下爲!:나에게 천하가 소용이 없구나!
- 今之從政者殆而!:지금의 정치를 따르는 자는 위태롭구나!
  cf. 명령문의 끝에 쓰여 충고의 어기를 나타내는 종결사로
  '~하라'로 해석한다.
    - 已而! 已而!:그만 두라! 그만 두라!
- 語之而不惰者, 其回也與!:〈道를〉 말해주면 게으르지 않는 자는,
  아마도 안회일 것이다!
- 莫我知也夫!:나를 알아주는 사람이 없구나!
- 已矣乎! 吾未見能見其過, 而内自訟者也:끝났구나! 나는 아직 자기의
  허물을 보고서, 〈마음〉 속으로 자신을 꾸짖는 사람을 보지 못했다.
- 好行小慧, 難矣哉!:작은 지혜를 행하기 좋아하는 것은 곤란하구나!
- 苗而不秀者, 有矣夫!:싹이 나고서 꽃이 피지 않는 자도 있구나!
- 二三子以我爲隱乎? 吾無隱乎爾!:너희들은 내가 숨긴다고 여기는냐?
  나는 숨기는 것이 없다!

兮(혜)는 주로 댓구를 이루는 명사(구)뒤에 붙여서 감탄의 어기를 돕는 감탄 종결사로써, 대부분 운문(시)에 쓰인다.

- 巧笑倩兮, 美目盼兮, 素以爲絢兮:예쁜 웃음에 보조개가 예쁘고, 아름다운 눈에 눈동자가 또렷하며, 흰 비단(바탕)에 무늬를 〈더〉하였네.

與는 추측이나 감탄의 어기를 나타내는 종결사로써, 일반적으로 추측을 나타내는 부사인 '其(諸)'와 함께 쓰인다.

- 孝弟也者, 其爲仁之本與!:효도와 공경이라는 것은 아마도 인을 하는 근본일 것이다!

제 2 장 한문 문장의 구조構造

한문 문장의 구조는 주어+서술어, 주어+서술어+목적어, 주어+서술어+(於)보어, 주어+서술어+보어+직접목적어, 주어+서술어+목적어+(於)보어로 구분할 수 있으며, 주어, 서술어, 목적어, 보어 등과 관형어와 부사어가 수식하고자 하는 글자 앞에 위치하여 문장이 더욱 길어지게 된다. 한문 문장의 구조에서 서술어와 목적어(보어)의 순서가 우리말의 순서와 다르다.

1. 주어主語

주어는 문장에서 주체 역할을 하는 말로써 '은(는), 이(가)로 해석하며, 명사, 명사구, 대명사, 주어절 등이 주어가 된다.
- **君子**不重則不威:군자가 신중하지(장중하지) 않으면 위엄이 없다.
- **人**不知而不慍:남이 알아주지 않더라도 성내지 아니한다.
- **禮之用**, 和爲貴:예의 쓰임은, 화합(조화)이 귀중(중요)하다.
- **吾與回言終日**, 不違:내가 회와 더불어 하루 종일 이야기를 했는데, 〈내 말을〉 어기지 않았다.
- **朝聞道,** 夕死可矣 :아침에 도를 들으면(들어 깨우치면), 저녁에 죽어도 괜찮다.

2. 서술어敍述語

서술어는 주어의 움직임, 상태, 성질 따위를 서술하며, 동사, 형용사, 명사, 명사구, 명사也, 명사구也, 서술절 등이 서술어가 된다.
- 溫**故而知新**:옛 것을 익히고, 새로운 것을 안다.
- 言**寡尤**, 行**寡悔**:말에 허물이 적고, 행동에 후회가 적다.
- 山**青**:산이 푸르다.
- 我**學生**:나는 학생이다.
- 予**孔子之弟子**:나는 공자의 제자이다.
- 我**天也**, 彼**地也**:나는 하늘이고, 그대는 땅이다.
- 孔子**魯之人也**:공자는 노나라 사람이다.
- 女與回也**孰愈**?:너와 회는 누가 나으냐?

3. 목적어目的語

목적어는 서술어, 즉 타동사가 쓰인 문장에서 동작의 대상이 되며, 명사, 명사구, 대명사, 목적절 등이 목적어가 된다.

- 或乞醯焉:어떤 사람이 식초를 빌렸다(빌리려 왔다).
- 知者樂水:지혜로운자는 물을 좋아한다.
- 夫子之言性與天道:선생님께서 성과 천도(본성과 자연의 이치)를 말씀하셨다.
- 丘亦恥之:나 또한 이것을 부끄러워 한다.
- 不患人之不己知:남이 나를 알아주지 않음을 걱정하지 말라.

4. 보어補語

보어는 주어와 서술어만으로는 뜻이 완전하지 못한 문장에서 서술어의 의미를 보충하며, 명사, 명사구, 대명사, 형용사, 보어절 등이 보어가 된다. 불완전자동사, 불완전타동사, 연계동사, 존재동사, 비교의 형용사, 특수 형용사, 형용사 뒤에 비교의 전치사가 오는 경우에는 모두가 보어를 취한다.

(1) 불완전자동사

보어를 취하는 자동사이며, 보어 앞에 전치사가 위치할 수도 있다.
- 登低山:낮은 산에 오르다.
- 靑出於藍:청색은 남색에서 나왔다.

(2) 불완전타동사

보어를 취하는 타동사이며, 보어 앞에 전치사가 위치할 수도 있다.
- 讀書百遍:책을 백 번 읽는다.
- 守死善道:죽음으로써 선한 도를 지키다.
- 季康子問政於孔子:계강자가 공자에게 정치를 물었다.

(3) 연계동사

주어와 보어를 연결하며 반드시 보어를 취하는 동사이고, 是, 非, 爲, 曰, 乃, 卽 등이 있으며, '非'는 '~아니다', 그 외 연계동사는 '~이 (하)다'로 해석하면 된다.
- 富與貴, 是人之所欲也:부유함과 고귀함은 사람들이 바라는 것이다.
- 非其鬼而祭之:그(자기) 귀신이 아닌데 제사 지내다.
爲는 보어로 명사와 형용사를 취한다.

- 里仁爲美:마을이 인한 것은 아름답다(다운 것이다).
- 子爲誰:그대는 누구입니까?
- 曰 '思無邪':'생각에 간사함이 없다'는 것이다.

(4) 존재동사

사물이 있고 없음을 나타내며 有와 無가 있고, 뒤 문장을 보어로 취하며 보어를 주어처럼 해석한다.

思無邪:생각에 간사함이 없다.

有殺身以成仁:자신을 죽여서 인을 이룸이 있다.

(5) 비교의 형용사

如, 若, 猶, 似 등 비교의 뜻을 가진 형용사가 서술어로 쓰일 경우 보어를 취한다.

- 有若無 實若虛:있으면서도 없는 것 같고, 가득하면서도 빈 것 같다.
- 吾與回言終日, 不違, 如愚:내가 회와 더불어 하루 종일 이야기를 했는데, 어기지 않고, 어리석은 것(사람) 같았다.
- 過猶不及:지나친 것은 미치지 못한 것과 같다.
- 似不能言者:말씀을 못하는 사람 같으셨다.

(6) 특수 형용사

특수 형용사 難(난), 易(이), 多, 少, 寡(과), 鮮(선), 罕(한), 稀(희), 異, 同 등이 있으며, 술어로 쓰이는 경우 보어를 취하며 주어처럼 해석한다.

- 少年易老, 學難成:소년은 늙기 쉽고, 학문은 이루기가 어렵다.
- 言寡尤, 行寡悔:말에 허물이 적고, 행동에 후회가 적다.
- 爲力不同科:힘씀에 등급이 같지(동등하지) 않았기 때문이다.

(7) 형용사 뒤에 비교의 전치사

형용사 뒤에 전치사 於, 于, 乎 등과 함께 보어가 올 경우에 형용사는 비교의 의미를 나타내며, 전치사는 '~보다, ~와(과)'로 해석한다.

季氏富於周公:계씨가 주공보다 부유했다.

于湯有光:탕왕보다 빛날 것이다.

以吾一日長乎爾:내가 너희들보다 〈나이가〉 다소 많기 때문이다.

5. 관형어冠形語

관형어는 명사, 대명사, 수사 등을 수식하는 역할을 한다

(1) ~의
수식어가 '명사, 명사구, 대명사, 수사 등+之+명사'일 경우 '~의'로 해석한다.
- 三年無改於父之道:3년 동안 아버지의 도(행동)를 고치지 않는다.

(2) ~하는, ~는, ~한
수식어가 '동사+之+명사, 동사구(동사+목적어)+之+명사, 형용사+명사, 형용사+之+명사'일 경우 '~하는, ~는, ~한' 등으로 해석한다.
- 孝弟也者, 其爲仁之本與!:효도와 공경이라는 것은 아마도 인을 하는 근본일 것이다!
- 巽與之言, 能無說乎:공손하게 해주는 말은 기뻐하지 않을 수 있겠는가?
- 罔之生也, 幸而免:〈정직이〉 없는 삶은, 다행히 〈화나 죽음을〉 면한 것이다.
- 美人:아름다운 사람
- 少之時, 血氣未定, 戒之在色:젊을(은) 때, 혈기가 안정되지 않아, 경계할 것은 여색에 있고,
所+동사+之+명사에서 '所+동사+之'가 형용사 역할을 하며, '~하는, ~는, ~한' 등으로 해석한다.
- 所眠之子:잠자는 아이.

6. 부사어副詞語

부사어는 동사, 형용사와 다른 부사를 수식하며, 문장의 의미를 결정하는 중요한 역할을 하고, 주로 술어(동사, 형용사)와 수식하는 문장 앞에 온다.

(1) 동사 수식
- 戰必勝矣:싸우면 반드시 이긴다.
- 敎學相長:가르치고 배우면서 서로 성장한다.

(2) 형용사 수식
- 至高至順:지극히 높고 지극히 순수하다.

- 水至淸則無魚:물이 지극히 맑으면 물고기가 없다.

(3) 다른 부사 수식

- 戰必大勝矣:싸우면 반드시 크게 이긴다.
- 且復飮酒:또 다시 술을 마셨다.

7. 생략省略과 도치倒置

생략은 앞에 나온 것이나 없어도 알 수 있는 것은 생략되며, 주어와 목적어(보어)가 생략된다. 도치는 문법에 따라 강조를 하기 위해서 앞으로 도치하거나, 표현의 형식미, 기교나 어세를 위해서도 도치되며, 주어와 술어, 술어와 목적어, 술어와 보어가 도치된다.

(1) 생략省略
1) 주어의 생략

\# 주어의 생략으로, 한문은 주어가 잘 생략된다.
- 先之勞之:먼저(솔선수범) 하고 〈몸소〉 애쓰며 일해야 한다.
- 欲速則不達:빨리 하고자 하면 달성하지 못한다.

2) 목적어(보어) 생략

\# 목적어 생략
- 父爲子隱, 子爲父隱:아버지는 아들을 위해 〈죄를〉 숨겨주고,
  아들은 아버지를 위해 〈죄를〉 숨겨준다.

\# 보어 생략
- 弟子, 入則孝, 出則弟:젊은이는 들어가면 〈부모님께〉 효도하고,
  나오면 〈어른들께〉 공경한다.

3) 허사 생략

\# 訥(於)言(而)敏(於)行:말에 어눌하고, 행동에 민첩하다.
\# 溫故(而)知新:옛 것을 익히고, 새로운 것을 안다.

(2) 도치倒置
1) 주어와 술어의 도치

\# 의문문과 감탄문에서 주어와 술어의 도치가 된다.
- 孰與, 言者?:누구인가? 말하는 자가.
- 何哉, 爾所欲之者?:어디냐? 네가 가고자 하는 것이.

- 賢哉, 回也!:어질구나, 회여!
- 君子哉, 若人!:군자구나, 이와 같은 사람은!
- 久矣哉, 由之行詐也!:오래되었구나, 유가 거짓을 행한 지가!

2) 술어와 목적어의 도치
부정문에서 인칭 대명사 또는 대명사가 목적어일 때 앞으로
  도치된다.
- 不患人之不己知:남이 나를 알아주지 않음을 걱정하지 말라.
- 豈不爾思? 室是遠而!:어찌 너를 생각하지 않았겠는가?〈마는〉
  집이 멀구나!
- 未之有也:(아직) 있지 않다.
의문사가 술어와 전치사의 목적어일 때 앞으로 도치되며, 의문사
  는 거의 술어 앞에 위치한다.
- 貧而無諂, 富而無驕, 何如:가난하면서도 아첨하지 않고, 부유하
  면서도 교만하지 않으면 어떻습니까?
- 於予與何誅?:〈내가〉 재여에 대해서는 무엇을 꾸짖겠는가?
- 不敬, 何以別乎?:공경하지 않으면, 무엇으로써 구별하겠는가?
목적어를 강조하거나 목적어가 긴 경우에 앞으로 도치된다.
- 子入大廟, 每事問:공자께서 태묘에 들어가 매사를 물으셨다.
- 小不忍則亂大謀:작은 것을 참지 못하면 큰 계책을 어지럽힌다.
- 己所不欲, 勿施於人:자신이 하고자 하지 않는 것을, 남에게 베풀지
  말아라.
- 汝之所欲得, 可以知與?:네가 얻고자 하는 것을 알 수 있을까?
- 三年學, 不至於穀, 不易得也:삼 년 동안 배우고, 녹봉에 이르지 않는
  자를(벼슬에 뜻을 두지 않는 자를), 쉽게 얻을(할) 수 없다.
목적어(보어)를 강조하기 위해 以+목적어+술어, 목적어+之(是)+
  술어의 형태로 하여 앞으로 도치한다.
- 以其子妻之:자신의 딸을 그에게 시집 보내셨다.
- 三以天下讓:세 번 천하를 사양하였다.
- 堯以天下與舜:요임금이 순임금에게 천하를 주었다.
- 周有大賚, 善人是富:주나라에서 큰 줌(은혜)이 있으니, 착한 사람
  들을 부유하게 했다.

- 論篤是與:말하는 것이 도타운(독실한) 것(사람)을 허여하다.
- 知之爲知之, 不知爲不知:아는 것을 안다고 말하고, 모르는 것은
  모른다고 말하는 것이다.
- 其斯之謂與:아마도 이것을 말하는 것입니까?
- 古者言之不出:옛날에 말을 〈함부로〉 하지 않았다.
- 何陋之有?:무슨 누추함이 있겠는가?
- 亦何常師之有?:또한 어찌 일정한 스승이 있었겠습니까?
목적어를 강조하기 위해 목적어를 앞에 제시하고, 그 자리에
  '之'를 사용하여 도치한다.
- 老者安之, 朋友信之, 少者懷之:노인들을 편안하게 해주고, 친구
  들을 믿게 하고, 젊은이들을 감싸주는 것이다.
- 孔文子何以謂之文也?:공문자를 어찌하여 문이라고 하였습니까?
- 聖人, 吾不得而見之矣:성인을 내가 만나볼 수 없다.
- 人而不仁, 疾之已甚, 亂也:사람이 인하지 않다고 해서, 미워하는
  것이 너무 심해도, 난을 일으킨다(어지럽게 한다).

3) 술어와 보어의 도치
 # 의문대명사가 보어일 때 도치된다.
- 子行三軍, 則誰與?:선생님께서 삼군을 행(통솔)하신다면 누구와
  함께 하시겠습니까?
보어(於, 于, 乎+보어)를 강조하기 위해 술어 앞으로 도치한다.
- 危邦不入, 亂邦不居:위태로운 나라에는 들어가지 않고, 어지러운
  나라에는 살지 않는다.
- 於從政乎, 何有?:정치를 따르는(하는) 데에, 무엇이(무슨 문제가)
  있겠는가?
- 食夫稻, 衣夫錦, 於女安乎?:쌀밥을 먹고, 비단옷을 입는 것이,
  너에게는 편안하냐?
- 於我如浮雲:나에게는 뜬구름과 같다.

제 3 장 한문 문장의 형식形式

한문 문장의 형식은 평서문平敍文, 의문문疑問文, 반어문反語文, 억양문抑揚文, 한정문限定文, 가정문假定文, 부정문不定文, 금지문禁止文, 사동(역)문使動(役)文, 피동문被動文, 비교문比較文, 감탄문感歎文 등으로 구분할 수 있다.

1. 평서문平敍文

한문 문장에서 가장 기본적인 문장 형식으로써, 평서문 종결사는 단정·지정·서술 종결사인 也, 矣, 焉 등이 있으며, 종결사에 없는 문장이 대부분이다.
- 我學生:나는 학생이다.
- 予孔子之弟子:나는 공자의 제자이다.
- 我天也, 彼地也:나는 하늘이고, 그대는 땅이다.
- 民德歸厚矣:백성의 덕이 후(돈독)함에 돌아온다.
- 或乞醯焉:어떤 사람이 식초를 빌렸다(빌리려 왔다).

2. 의문문疑問文

문장 내에 의문 대명사, 의문 형용사, 의문 부사 등을 사용하거나, 또는 문장 끝에는 의문 종결사를 사용하거나, 의문사와 의문 종결사를 함께 사용하여 의문을 나타내는 문장 형식이다.

(1) 의문 대명사 사용

의문 대명사 誰(수), 孰(숙), 何(하), 安(안), 焉(언), 疇(주), 奚(해), 曷(갈), 幾(기) 등을 사용하여 의문문을 만들며, '누구, 무엇, 어디'로 해석한다.
- 弟子**孰**爲好學?:제자 중에 누가 배우기를 좋아합니까?
- 師與商也, **孰**賢?:사(자장)와 상(자하)은 누가 〈더〉 현명합니까?
- **誰**能出不由戶?:누가 문을 경유하지 않고 〈밖을〉 나갈 수 있는가?
- 於予與**何**誅?:〈내가〉 재여에 대해서는 무엇을 꾸짖겠는가?
- 魯無君子者, 斯**焉**取斯:노나라에 군자가 없었다면, 이 사람이 어디에서 이것을〈덕을〉 취했겠는가?
- 仲尼**焉**學?:중니는 어디에서 배웠습니까?

- 欲仁而得仁, 又**焉**貪?:인을 하고자 해서 인을 얻으니, 또 무엇을 탐하겠는가?
- **疇**不爲旨:누가 맛이 없다(고 하는가)는가?
- 子將**奚**先?:선생님께서는 장차 무엇을 먼저 하시겠습니까?

(2) 의문 형용사 사용

의문 대명사 誰(수), 孰(숙), 何(하), 安(안), 焉(언), 疇(주), 奚(해), 曷(갈), 幾(기) 등이 명사 앞에 위치하여 형용사 역할을 하면서 의문문이 된다.

- **何**器也?"日"瑚璉也:어떤 그릇입니까?" (자)왈 "호련이다.
- 汝有**奚**事?:너에게 무슨 일이 있느냐?

(3) 의문 부사 사용

의문 부사 何(하/어찌), 安(안), 焉(언), 胡(호), 豈(기), 寧(녕), 奚(해), 曷(갈), 庸(용), 惡(오), 蓋(합) 등이 술어 앞에 위치하여 부사 역할을 하면서 의문문이 되며, 대부분 '어찌'로 해석한다.

- 由之瑟, **奚**爲於丘之門?:유의 거문고를, 어찌 나의 문 〈앞〉에서 연주하는가?
- 未知生, **焉**知死?:삶도 〈제대로〉 알지 못하는데, 어찌 죽음을 알겠느냐?
- 子**奚**不爲政?:선생은 어찌 정치를 하지 않습니까?
- **安**見方六七十如五六十, 而非邦也者?:어찌 사방 육칠십 리 또는 오륙십리가 나라가 아니라고 보는 것이냐?
- 仲尼**豈**賢於子乎?:중니가 어찌 선생보다 현명하겠습니까?

(4) 의문 종결사 시용

의문 종결사 乎, 哉, 與, 夫, 諸〈=之乎(於)〉, 也, 矣, 焉, 耶(야), 歟(여), 邪(야), 爲 등이 문장의 맨 끝에 위치하여 의문문이 된다.

- 與朋友交而不信**乎**?:벗과 더불어 사귀는데 미덥지 않았는가?
- 是誰之過**與**?:누구의 잘못이겠는가?
- 吾歌可**夫**?:내가 노래를 불러도 괜찮습니까?
- 汝狗猛**耶**?:그대의 개는 사나운가?
- 三王聖者**歟**?:삼왕은 성인입니까?

- 仁遠乎哉?:인이 멀리 있겠는가?
- 仲由, 可使從政也與?:중유는 정치에 종사하게 할 만합니까?
- 鄙夫可與事君也與哉?:비루한 사람은(사람과) 함께 임금을 섬길 수 있겠는가?
- 禮云禮云, 玉帛云乎哉?:예이다, 예이다, 옥과 비단 이겠는가(을 이르겠는가)?
- 女得人焉爾乎?:너는 인재를 얻었느냐?

(5) 의문사와 종결사가 함께 사용
의문사와 의문 종결사가 함께 사용하여 의문문이 된다.
- 何器也?" 曰 "瑚璉也:어떤 그릇입니까?" (자)왈 "호련이다.
- 彼且奚適也?:그대는 장차 어디로 갈것인가?
- 吾豈匏瓜也哉?:내가 어찌 박이겠는가?

(6) 그 외
\# '如 ~ 何'는 관용어로써 술어로는 '어떻게 할 것인가, 어떠하다'이며, 부사어로는 '어찌, 어떻게'로 해석하며, 목적어는 중간에 위치한다.
- 人而不仁, 如禮何?:사람이 인하지 않으면, 예를 어떻게 할 것인가?
\# '何如'는 '어떻습니까? 어떠한가?' 如何가 도치된 것이며, 술어로 쓰인다.
- 富而無驕, 何如:부유하면서도 교만하지 않으면, 어떻습니까?
\# '何如斯'는 何如와 가정과 조건의 접속사인 사(斯), 즉(則)과 연용되어 '어떻게 하면'으로 해석한다.
- 何如斯可以從政矣?:어떻게 하면 정치에 종사할 수 있습니까?

3. 반어문反語文

　의문문의 형식이지만, 강조를 위한 문장 형식으로, 긍정은 부정의
뜻을, 부정은 긍정의 뜻을 나타낸다. 의문문처럼 의문 대명사, 의문
형용사, 의문(반어) 부사 등을 사용하거나, 또는 문장 끝에는 의문
종결사를 사용하거나, 부정사와 의문 종결사를 함께 사용한다.

- 子帥以正, **孰**敢不正?:선생께서 바름으로써 인도한다면, 누가 감히
　바르지 않겠습니까?
- **何**爲不可:무엇을 한들 좋지 않겠는가?
- 未能事人, **焉**能事鬼?:사람을 〈제대로〉 섬기지 못하는데, 어찌
　귀신을 섬길 수 있겠는냐?
- 山川其舍**諸**?:산천이〈의 신이〉 어찌 그것을 내버려두겠는가?
- 人不知而不慍, **不**亦君子**乎**?: 남이 알아주지 않더라도 성내지
　아니하면 또한 군자답지 아니한가?
- 才難, **不**其然**乎**?:인재가〈얻기가〉어렵구나, 그것이 그러하지 않는가?
- 文王旣沒, 文**不**在玆**乎**?:문왕이 이미 돌아가셨고, 문화가 여기에
　(나에게) 있지 않는가?
- # **盍**(합)은 '어찌 ~ 하지 않는가'의 뜻이며, 何~不과 같다.
- **盍**各言爾志?:어찌 각각 너희들의 뜻을 말하지 않는가?

4. 억양문抑揚文

　억양문은 표현을 눌렀다가 다시 강세를 높여서 뜻을 강하게 하는
문장 형식이며 '況 ~ 乎' 등이 있으며 '하물며 ~ 있어서랴'로 주로
해석한다.

- 天地尙不能久, 而**況**於人**乎**:천지가 오히려 오래갈 수 없는데,
　하물며 사람에 있어서랴.
- 一夫不可狃, **況**國**乎**:한 사람이라도 모욕을 당해서는 안 되는데,
　하물며 나라에 있어서랴.

5. 한정문限定文

한정문은 대상이나 행위의 범위 또는 정도를 한정하는 문장 형식이다. 한정 부사 또는 한정 종결사를 사용하거나, 한정 부사와 한정 종결사를 함께 사용하는 경우로 구분할 수 있다.

(1) 한정 부사 사용

但(단/다만), 只(지), 直(직), 徒(도), 多(다), 獨(독/유독) 등 대부분 '다만, 단지' 등으로 해석한다.

- 多見其不知量也:다만 자신이 분수를 알지 못하는 것을 보일 뿐이다.
- 直不百步耳, 是亦走也:단지 백 보가 아닐 뿐이지, 또한 달아난 것이다.
- 徒善不足以爲政:단지 선함만으로 정치를 할 수 없다.
- 人皆有兄弟, 我獨亡:남들은 모두 형제가 있는데, 나만 홀로 없습니다.

惟(유/오직), 唯(유), 維(유) 등 '오직'으로 해석한다.
非但(비단/다만 ~이 아닐 뿐만 아니라), 非徒(비도/다만~이 아닐 뿐만 아니라).

- 唯其疾之憂:오직 그(자식)의 병을(병나지 않을까) 근심한다.
- 惟仁者能好人, 能惡人:직 인한 사람만이 사람을 〈제대로〉 좋아할 수 있고, 〈제대로〉 미워할 수 있다.
- 惟我與爾有是夫!:오직 나와 너만이 이것이 있구나!
- 非徒無益, 而又害之:다만 무익할 뿐만 아니라, 또 해친다.

(2) 한정 종결사 사용

而已矣, 而已, 已, 耳, 爾, 也已矣, 焉爾(耳) 등이 있으며, '~일 뿐이다, ~일 따름이다'로 해석한다.

- 夫子之道, 忠恕而已矣:선생님의 도는 충과 서일 뿐입니다.
- 有婦人焉, 九人而已:이 중에 부인이 있으니, 아홉 사람뿐이다.
- 二三子! 偃之言是也. 前言戲之耳:애들아! 언의 말이 옳다. 앞의 말은 희롱(농담)한 것일 뿐이다.
- 此亦妄人也已矣:이 또한 방자한 사람일 뿐이다.

(3) 한정 부사와 한정 종결사를 함께 사용

- 直好世俗之樂耳:다만 세속의 음악을 좋아할 뿐이다.

6. 가정문假定文

　가정문은 일이나 상황을 가정해서 그 결과를 예상하는 문장 형식으로, 문두의 서술어 앞에 위치하는 가정 부사가 사용되는 경우, 접속사 則이 사용되는 경우, 가정 부사와 접속사 則이 함께 사용되는 경우, 부정사를 사용하는 경우, 의미상·문맥상 가정문인 경우로 구분할 수 있다.

(1) 가정 부사 사용

若(약/만약), 如(여/만약), 使(사/가령), 雖(수/비록~면), /縱(종/비록~면), 假令(가령/가령 ~면), 假使(가사), 設令(설령), 設使(설사), 如使(여사), 萬一(만일) 등이 있다.

- 如不可求, 從吾所好:만약 구할 수 없다면, 내가 좋아하는 바를 따르겠다.
- 若臧武仲之知:만약 장무중의 지혜.
- 使驕且吝, 其餘不足觀也已:가령 교만하고 또 인색하다면, 그 나머지는 보기에 부족하다(볼 것이 없다).
- 雖小道, 必有可觀者焉:비록 작은 도(재주)일지라도, 반드시 볼 만한 것이 있다.
- 且予縱不得大葬, 予死於道路乎?:또 내 비록 큰(성대한) 장례는 얻지 못한다 하더라도, 내가 길에서 죽기야 하겠는가?
- 假令不能者爲之, 其將濟乎?:가령 능력이 없는 자가 한다면 그것이 장차 이루어지겠는가?

진실로 (~면)의 가정 부사는 良(량), 信(신), 誠(성), 固(고), 苟(구), 尤(윤) 등이 있다.

- 善哉! 信如君不君:훌륭합니다! 진실로 만약 임금이 임금답지 않는다면,
- 苟志於仁矣, 無惡也:진실로 인에 뜻을 두면, 악〈함〉이 없을 것이다.

(2) 접속사 則, 而, 斯 등을 사용

欲速則不達, 見小利則大事不成:빨리 하고자 하면 달성하지 못하고, 작은 이익을 보면 큰 일이 이루어지지 않는다.

小不忍則亂大謀:작은 것을 참지 못하면 큰 계책을 어지럽힌다.

行有餘力, 則以學文: 행하고도 남는 힘이 있으면 (그 남는 힘으로써) 글을 배우는 것이다.

而는 단문을 연결하는 역할을 하며 가설을 나타내는 가정 접속사

이고 '(만일) ~하면'으로 해석한다.
- 士而懷居, 不足以爲士矣:선비가 편안하기를(편안하게 살기를)
  생각한다면, 선비가 될 수 없다.
- 管氏而知禮, 孰不知禮?:관씨가 예를 안다면, 누가 예를 알지
  못하겠는가?
斯는 단문을 연결하는 역할을 하는 가정 접속사이다.
- 觀過, 斯知仁矣:〈그〉 허물을 보면, 인(한 지)을 안다.

(3) 가정 부사와 접속사 則 사용
王如知此, 則無望民之多於隣國也:왕께서 만약 이를 아신다면,
  백성이 이웃나라보다 많아지기를 바라지 마십시오.
若聖與仁, 則吾豈敢?:만약 성인과 인자이라면 내 어찌 감히 〈될
  수 있겠는가〉?

(4) 부정사 사용
앞 절에 부정사 不, 非, 無 등을 사용하여 가정문이 된다.
- 非禮勿視:예가 아니면 보지말라.
- 不登高山, 不知天之高也:높은 산을 오르지 않으면, 하늘이 높은
  것을 알지 못한다.
- 道不同, 不相爲謀:도가 같이 않으면, 서로 도모하지 않는다.
- 克伐怨欲, 不行焉, 可以爲仁矣?:이기려하고 자랑하고 원망하고
  욕심내는 일을 행하지 않으면 인이라고 말할 수 있습니까?

(5) 의미상·문맥상 가정문
朝聞道, 夕死可矣:아침에 도를 들으면(들어 깨우치면), 저녁에
  죽어도 괜찮다.
樂多賢友, 益矣:현명한 벗이 많기를 좋아하면 유익하다.
天之未喪斯文也, 匡人其如予何?:하늘이 아직 이 문화를 잃게 하지
  않는다면(없애려 하지 않는다면) 광 땅 사람들이 장차 나를 어찌
  하겠는가?"

(6) 그 외
'者'는 가설을 나타내는 복문의 앞, 단문의 끝에 쓰여 해석하지
  않지만, 간혹 '~한다면'으로 해석하기도 한다.
- 魯無君子者, 斯焉取斯:노나라에 군자가 없었다면, 이 사람이
  어디에서 이것을 취했겠는가?

7. 부정문不定文

부정문은 부정의 뜻을 나타내는 문장 형식으로, 부정 보조사 不, 弗, 未, 非, 毋, 無, 莫 등이 술어 앞에 위치하며, 단순 부정, 이중 부정, 부분 부정, 완전 부정, 조건 부정 등으로 나눌 수 있다.

(1) 단순 부정

\# 술어 앞에 不, 弗, 未, 非, 毋, 無, 莫 등을 사용하여 부정한다.
다만 '非와 無' 뒤에 술어(동사, 형용사)가 오면 부정 보조사이지만, 명사나 명사구가 오면 '非'는 연계동사, '無'는 존재동사로 쓰인다.
- 仁者不憂, 知者不惑, 勇者不懼:인한 사람은 근심하지 않고, 지혜로운 사람은 미혹되지 않고, 용감한 사람은 두려워하지 않는다.
- 女弗能救與?:네가 막을 수 없겠는가?
- 子未可以去乎?:당신은 (아직) 떠날 수 없습니까?
- 非多 亦非少, 直中而已矣:많지도 않고, 또한 적지도 않고, 다만 중간일 뿐이다.
- 我非生而知之者:나는 태어나면서 아는 자가 아니다.(연계동사)
- 小子, 何莫學夫詩?:얘들아, 어찌하여 시(詩經)를 배우지 않느냐?
- 我欲毋行:나는 가지 않고자 한다.

(2) 이중 부정

\# 부정사 뒤에 부정사가 위치하여 강조나 강한 긍정을 나타내며, 不不, 未不, 非不, 莫不, 無~非, 莫非, 無~不 등이 있다.
- 不爲不多矣:많지 않다고 할 수 없다.
- 十斫木 無不顚:열 번 찍은 나무는 넘어지지 않음이 없다.
- 其非不善:그대가 착하지 않는 것이 아니다.
- 終日以語, 無非德聲:종일토록 말함에 덕성스런 말이 아닌 것이 없었다.
- 子正 莫不正:당신이 바르면 바르지 않는 것이 없다.
- 詳其本源 莫非經典:그 본원을 자세히 헤아려보면 경전이 아닌 것이 없다.
- 以吾從大夫之後, 不敢不告也:내가 대부의 뒤를 따랐기 때문에 감히 아뢰지 않을 수 없었다.

'不可(以)不, 不得(以)不'은 '~ 하지 않을 수 없다, ~ 하지 않으면 안된다'로 해석하며, 必(반드시)의 의미와 같다.
- 讀書 不可不愼也:책을 읽음에 신중하지 않을 수 없다.
- 士不可以不弘毅:선비는 〈마음이〉 넓고 굳세지 않으면 안 된다.
- 言不得不愼:말은 신중하지 않을 수 없다.

(3) 부분 부정
부정사 뒤에 必, 常, 甚, 皆, 俱, 盡 등의 부사가 오면 부분 부정이 되며, '~하는 것은 아니다'라고 해석한다.
- 有言者不必有德:〈훌륭한〉 말이 있는 사람이 반드시 덕이 있는 것은 아니다.
- 勇者不必有仁:용기가 있는 사람이 반드시 인함이 있지는 않다.
- 君之智未必賢於衆也:임금의 지혜가 반드시 대중들보다 현명한 것은 아니다.

(4) 완전 부정
부분 부정 달리, 완전부정은 부정사 앞에 必, 常, 甚, 皆, 俱, 盡 등의 부사가 오며, 전체를 부정한다.
- 有言者必不有過:말이 있는 사람은 반드시 과실이 있지 않다.
- 勇者必不有弱:용기가 있는 사람은 반드시 허약함이 있지 않다.

(5) 조건 부정
앞 절(조건절) 부정, 뒤 절(결과절) 부정의 형태로, '~ 하지 않으면, ~ 하지 않는다.'로 해석한다.
- 吾不與祭, 如不祭:내가 제사에 참여하지 않으면, 제사를 지내지 않은 것과 같다.
- 道不同, 不相爲謀:도가 같이 않으면, 서로 도모하지 않는다.
- 無辭讓之心, 非人也:사양하는 마음이 없으면 인간이 아니다.
- 不憤不啓, 不悱不發:〈배우려고〉 힘쓰지 않으면 이끌어 주지 않고, 표현할려고 애쓰지 않으면 밝혀주지 않는다(일깨워주지 않는다).
- 不登高山, 不知天之高也:높은 산을 오르지 않으면, 하늘이 높은 것을 알지 못한다.
앞 절에 부정사 不, 非, 無 등을 사용하여 가정(문), 조건이 된다.
- 非禮勿視:예가 아니면 보지말라.

(6) 그 외

\# 不+술어(+之)와 같이 부정을 하는구문은 대체로 어세(語勢)가
좋지 못하므로 특별한 경우가 아니면 '之'를 쓰지 않는다.

- 知之爲知之, 不知爲**不知**:아는 것을 안다고 말하고, 모르는 것은
모른다고 말한다.

8. 금지문禁止文

금지문은 금지의 뜻을 나타내는 문장 형식으로, 금지 보조사 勿,
毋, 無, 莫, 不, 未, 休 등이 술어 앞에 위치하며, '~하지 마라(말라)'로
해석한다.

- 不患人之不己知:남이 나를 알아주지 않음을 걱정하지 말라.
- 不患無位, 患所以立:자리가 없음을 걱정하지 말고, 〈자리에〉 설
수 있는 까닭(방법)을 걱정하라.
- 非禮勿言, 非禮勿動:예가 아니면 말하지 말고, 예가 아니면 움직
이지 말아라.
- **毋**友不如己者:자기보다 못한 자를 벗하지 말아라.
- **無**說己之長:자신의 장점을 말하지 말라.
- 勸君**休**嘆恨:그대에게 권하건대 탄식하고 원통해 하지 말라.

9. 사동(역)문 使動(役)文

사동(역)문은 남으로 하여금 어떤 동작을 하게 하는 문장 형식으로, 사동 보조사가 사용되는 경우, 사동 동사가 사용되는 경우, 의미상·문맥상 사동인 경우로 구분할 수 있다.

(1) 사동 보조사 사용

＃ 使, 敎, 令, 俾(비) 등이 있으며, '~로 하여금 ~하게 하다'로 해석하고, 보조사 다음에 시키는 '대상'이 오고 서술어가 온다.

- **使**民敬忠以勸, 如之何:백성으로 하여금 공경하게 하고 진심으로 따르게 하면서 부지런하게 하려면 어떻게 해야 합니까?
- 子路**使**門人爲臣:자로가 문인으로 하여금 가신이 되게 하였다.
- 子**使**漆雕開仕:공자께서 칠조개에게 벼슬을 하도록 했다.
- 誰**敎**汝學論語乎:누가 너로 하여금 논어를 배우게 하였는가?
- 賢婦**令**夫貴:어진 아내는 남편을 귀하게 한다.

(2) 사동 동사 사용

＃ 命, 遣, 勸, 招, 率 등이 있으며, 사동 동사 다음에 시키는 대상이 오고 서술어가 온다. ' ~을 명령하여(보내어, 권하여, 불러서, 거느려) ~하게 하다'로 해석한다.

- 誰**命**汝爲之乎:누가 너에게 명령하여 하게 했는가?
- **遣**彼爲之:그를 보내어 하게 했다.
- 其**勸**我學論語:그가 나에게 권하여 논어를 공부했다.
- 其**招**我來於斯:그가 나를 불러서 이 곳에 왔다.

(3) 의미상·문맥상 사동인 경우

- 孔子**感**民, 自**動**:공자께서 백성들을 감동시키고, 스스로 움직이게 하였다.

10. 피동문被動文

피동문은 다른 사람이나 사물에 의해 동작을 하게 되는 문장 형식으로, 피동 보조사가 사용되는 경우, 전치사가 사용되는 경우, 피동 보조사와 전치사가 함께 사용되는 경우, 의미상·문맥상 피동인 경우로 구분할 수 있다.

(1) 피동 보조사가 사용되는 경우

피동 보조사는 被, 見, 爲, 爲~所~(~에게 ~를 당하다) 등이 있다.

- 民不**被**其澤:백성들이 그 혜택을 입지 못하였다.
- 年四十而**見**惡焉, 其終也已:나이 사십에 〈남에게〉 미움을 당한다면(받는다면), 아마도(그대로) 끝난 것이다.
- 甚者**爲**戮, 薄者**見**疑:심한 자는 죽임을 당하고, 가벼운 자는 의심을 받았다.
- 夫直議者, 不**爲**人**所**容:무릇 바르게 말하는 사람은 남에게 받아들이지 못한다.

(2) 전치사가 사용되는 경우

타동사 뒤에는 전치사 於, 于, 乎가 오지 않지만, 올 경우에는 '~을(를)', 목적어로 해석하거나, 또는 '피동'으로 해석한다.

- 禦人以口給, 屢憎**於**人:구급(말재주)으로써 남을 막으면(대하면), 자주 남에게 미움을 받게 된다.

(3) 피동 보조사와 전치사가 함께 사용되는 경우

피동 보조사 '被, 見, 爲'와 전치사 '於, 于, 乎'가 함께 사용된 것이다.

- 子路**爲**殺**於**衛:자로는 위나라에 죽임을 당했다.
- 三**見**棄**於**其女:세 번이나 그녀에게 버림을 받았다.

(4) 의미상·문맥상 피동

- 狡兎死, 走拘**烹**:교활한 토끼가 죽으니, 달리던 개가 삶겨진다.
- 直木先**伐**, 曲木守山:곧은 나무는 먼저 베어지고, 굽은 나무가 산을 지킨다.

11. 비교문比較文

비교문은 대상이나 상태 등을 비교하는 문장 형식으로, 동등(대등) 비교, 열등 비교, 비교급 비교, 선택형 비교, 최상급 비교 등으로 구분할 수 있다.

(1) 동등(대등) 비교

\# 비교 의미의 형용사 如, 若, 猶, 似 등이 술어로 쓰이고, '~와 같다'로 해석한다.

- 上善**若**水:최고의 선은 물과 같다.
- 過**猶**不及:지나침은 미치지 못하는 것과 같다.
- 君子之交淡**如**水, 小人之交甘**若**醴:군자의 사귐은 맑기가 물과 같고, 소인의 사귐은 달기가 단술과 같다.
- 恂恂如也, **似**不能言者:성실하게〈과묵하게〉하시어, 말씀을 못하는 사람 같으셨다.
- 不義而富且貴, 於我**如**浮雲:의롭지 않으면서 부하고 또 귀함은 나에게는 뜬구름과 같다.

(2) 열등 비교

\# 비교 의미의 형용사 如, 若, 猶, 似 앞에 부정 보조사가 추가되어 '不+如(若, 猶, 似)'의 형태로, 뒤에 명사(구)가 위치할 때는 '~ 보다(만) 못하다'로 해석하고, 뒤에 술어가 위치할 때는 '~ 하는 것보다(하는 것만) 못하다'로 해석한다. 不如가 비교급으로 사용되지만 원급으로 사용될 때도 있으며 '~와 같지 않다'로 해석한다.

- 百聞**不如**一見:백 번 듣는 것은 한 번 보는 것보다 못하다.
- 知之者**不如**好之者:아는 자는 좋아하는 자보다 못하다.
- 豈愛身**不若**桐梓哉?:어찌 자신을 사랑하는 것이 오동나무, 가래나무보다 못한가?
- 夷狄之有君, **不如**諸夏之亡也::오랑캐의 나라도 군주가 있으니, 여러 중원의 나라가 없는 것(군주가 있는지 없는지 모르는 것)과 같지 않다(보다 낫다). 不如가 '원급'으로 해석한다.

(3) 비교급 비교

\# 술어가 형용사이고 그 다음에 전치사 於, 于, 乎 등이 위치하면

비교를 나타내며, '~보다, ~와(과)'로 해석한다.

- 季氏富於周公:계씨가 주공보다 부유했다.
- 于湯有光:탕왕보다 빛날 것이다.
- 以吾一日長乎爾:내가 너희들보다 〈나이가〉 다소 많기 때문에,

(4) 선택형 비교

\# 선택형 비교의 형태는 '與其A 不如(不若)B, A하는 것은 B하는 것만 못하다', '與其A 寧(無寧)B, A하느니 차라리 B하겠다', '與其A 孰若(孰如)B, A하는 것이 B하는 것과 무엇이 같겠는가?(=A하기보다 B하는 것이 낫지 않겠는가?)', 與其A 豈若(曷若)B, A하는 것이 어찌 B하는 것과 같겠는가?' 등이 있다.

- 與其生辱, 不如死快:살아서 욕됨은 죽어서 쾌함보다 못하다.
- 禮, 與其奢也, 寧儉:예는 사치스럽기보다는 차라리 검소한 것이 낫다.
- 與其媚於奧, 寧媚於竈:아랫목〈신〉에게 아첨하기(잘 보이기)보다, 차라리 부엌〈신〉에게 아첨하는(잘 보이는) 것이 낫다.
- 且予與其死於臣之手也, 無寧死於二三子之手乎?:또 내가 가신의 손에서 죽기보다는 차라리 너희들의 손에서 죽는 것이 낫지 않겠는가?
- 與其有樂於身, 孰若無憂於心?:몸에 즐거움이 있기보다는 마음에 근심이 없음이 낫지 않겠는가?
- 且而與其從辟人之士也, 豈若從辟世之士哉?:또 당신은 사람을 피하는 선비를 따르는 것이, 어찌 세상을 피하는 선비를 따르는 것과 같겠소?

\# '寧A, 不(勿, 毋, 無, 莫/금지 보조사)B' 또한 선택형 비교의 형태라고 할 수 있으며, '차라리 A할지언정, B는 하지 말라'로 해석한다.

- 寧爲鷄口, 勿爲牛後:차라리 닭의 부리가 될지언정, 소꼬리는 되지 마라.

(5) 최상급 비교

\# 최상급 비교의 형태는 'A 莫如(莫若) B, A는 B만 한(B 같은) 것이 없다', 'A 莫 서술어 於 B, A는 B보다 ~ 한 것이 없다' 등이 있다.

- 一年之計 莫如樹穀, 十年之計 莫如樹木, 終身之計, 莫如樹人:

일 년의 계획은 곡식을 심는 것 만한 것이 없고, 십 년의 계획은 나무를 심는 것 만한 것이 없고, 평생의 계획은 인재를 양성하는 것 만한 것이 없다.

- 可以生人, 可以殺人, 莫若兵與刑:사람을 살릴 수도 있고, 사람을 죽일 수도 있는 것에는 전쟁과 형벌만 한 것이 없다.
- 天下之水, 莫大於海:천하의 물은 바다보다 큰 것이 없다.
- 惡莫甚於言人之非:악함은 남의 그릇된 것을 말하는 것보다 심한 것이 없다.

12. 감탄문感歎文

감탄문은 기쁨, 슬픔, 탄식 등의 감정을 표현하는 문장 형식으로 문두에 감탄사를 사용하거나 문미에 감탄 종결사를 사용하여 감탄문이 된다.

(1) 감탄사 사용

감탄사는 탄식, 감동, 놀람, 느낌, 부름, 응답을 나타내며 독립어로 떨어져 문장 앞에 사용되며 '아'라고 해석한다. 惡(오), 於(오), 噫(희), 咨(자), 嗟(차), 嗚呼(오호), 於乎(오호), 嗟乎(차호), 惜乎(석호), 於戲(오희) 등이 있다.

- 嗚呼(오호)! 痛哉:아! 슬프고 원통하구나.
- 惡(오)! 是何言也:아! 무슨 말인가.
- 於乎(오호)! 不顯, 文王之德之純:아! 뚜렷이 나타나지 않았을까, 문왕의 덕의 순일함이여!
- 噫(희)! 天喪予:아! 하늘이 나를 망하게 하는구나(버리시는구나).
- 咨(자)! 爾舜:아! 그대(너) 순이여.
- 嗟(차)! 予子行役:아! 내 아들이 부역에 가는구나.
- 嗟乎(차호)! 臣有三罪:아! 신에게는 세가지 죄가 있습니다.
- 惜乎(석호)! 吾見其進也:애석하구나! 나는 그가 〈앞으로〉 나아가는 것을 보았다.

(2) 감탄 종결사 사용

감탄문을 만드는 종결사로써, 감탄사와 함께 쓰이기도 한다.
乎, 哉, 與, 夫, 兮(혜), 矣, 而, 爲, 也哉, 也與, 也夫, 矣乎, 矣哉,

矣夫, 乎爾 등이 있으며, '~구나, ~로다'로 해석한다.

- 巍巍乎! 唯天爲大:높고 크도다! 오직 하늘만이 위대하거늘,
- 孝弟也者, 其爲仁之本與!:효도와 공경이라는 것은 아마도 인을
  하는 근본일 것이다!
- 逝者如斯夫!:〈흘러〉 가는 것이 이와 같구나!
- 巧笑倩兮, 美目盼兮, 素以爲絢兮:예쁜 웃음에 보조개가 예쁘고,
  아름다운 눈에 눈동자가 또렷하며, 흰 비단(바탕)에 무늬를
  〈더〉하였네.
- 甚矣, 吾衰也!:심하구나, 나의 노쇠함이여!
- 已而! 已而! 今之從政者殆而!:그만 두라! 그만 두라! 지금의 정치를
  따르는 자는 위태롭구나!

復
다시(부)

"學而時習之,
不亦說乎?"

終

論語相長 下